基金项目：国家自然科学基金青年基金“外商直接投资对中国制造业生态不平等交换的影响研究”（72104189）。

中国双向 FDI 的环境效应研究

龚梦琪　著

中国环境出版集团·北京

图书在版编目（CIP）数据

中国双向 FDI 的环境效应研究/龚梦琪著. —北京：中国环境出版集团，2022.8
ISBN 978-7-5111-5227-5

Ⅰ. ①中… Ⅱ. ①龚… Ⅲ. ①外商直接投资—环境效应—研究—中国②对外投资—直接投资—环境效应—研究—中国 Ⅳ. ①F832.6

中国版本图书馆 CIP 数据核字（2022）第 138236 号

出 版 人 武德凯
责任编辑 殷玉婷
责任校对 薄军霞
封面设计 宋 瑞

出版发行 中国环境出版集团
（100062 北京市东城区广渠门内大街 16 号）
网 址：http://www.cesp.com.cn
电子邮箱：bjgl@cesp.com.cn
联系电话：010-67112765（编辑管理部）
发行热线：010-67125803，010-67113405（传真）
印 刷 北京中献拓方科技发展有限公司
经 销 各地新华书店
版 次 2022 年 8 月第 1 版
印 次 2022 年 8 月第 1 次印刷
开 本 787×960 1/16
印 张 11
字 数 162 千字
定 价 60.00 元

前 言

国际资本流动与环境污染之间的关系一直是学术界关注的重点，外商直接投资（Inward Foreign Direct Investment，IFDI）和对外直接投资（Outward Foreign Direct Investment，OFDI）（两者简称双向 FDI）作为全球范围内资本流动的重要形式，会通过规模效应、结构效应和技术效应影响一个国家或地区的环境污染状况，且这三种效应的叠加就是双向 FDI 影响环境污染的综合效应。从中国的现实状况来看，IFDI、OFDI 和环境污染之间的相关性越来越明显，均呈逐年增强的态势。在这一背景下，本书系统考察 IFDI、OFDI 影响环境污染的综合效应、规模效应、结构效应和技术效应，以及二者的协调发展对环境综合效应和结构效应的影响，以期为中国制定相应的引资政策、对外直接投资政策和环境政策奠定基础。因此，本书的撰写具有明显理论意义和现实意义。

本书首先系统分析了中国 IFDI、OFDI 和环境污染的发展现状，揭示中国双向 FDI 及环境污染的特征和存在的问题。其次采用理论和实证研究的方法，对 IFDI、OFDI 影响环境污染的综合效应、规模效应、结构效应和技术效应四个层面进行分析。具体而言：从双向 FDI 影响环境污染的综合效应视角，利用中国的时间序列数据，通过协整检验判断 IFDI、OFDI 和碳排放之间是否存在长期均衡关系，进而通过向量自回归模型检验了 IFDI、OFDI 与碳排放之间的互动关系，以及双向 FDI 协调发展与碳排放之间的互动关系。从双向 FDI 影响环境污染的规模效应视角，结合中国除香港、台湾、澳门、西藏外的 30 个省（自治区、直辖市）的面板数据进行分析，通过 KAYA 恒等式将影响碳排放的因素分解为人口、人均 GDP、能源强度、能源结构四个方面，并用地区人均 GDP 表征经济发展水平，然后利用联立方程模型估计了双向 FDI 的碳排放规模效应，由于要素市场扭曲的存在会对经济规模产生显著影响，因此在分析双向 FDI 规模效应的过程中同时纳入了要素市场扭曲因素。从双向 FDI 影响环境污染的结构效应视角，结合中国除香港、台湾、澳门、西藏外的 30 个省（自治区、直辖市）的面板数据进行分析，由于双向 FDI 协调发展对地区产业结构演进的影响可能更强，因此，主要分析双向 FDI 协调发展通过产业结构演进影响环境污染的效应，具体通过脉冲响应函数考察了 IFDI 和 OFDI 之间的互动关系，然后运用耦合协调函数测算了各省（自治区、直辖市）双向 FDI 协调发展指标，并将产业结构演进指标表征为产业结构合理化和产业结构高度化两个层面，最后运用 GMM 方法分析了双向 FDI 协调发展水平、产业结构演进与环境污染之间的关系。从双向 FDI 影响环境污染的技术效应视角，选取中国 34 个工业行业作为分析对象，基于数据包络分析的思想，运用规模报酬不变（CRS）的方法在全要素生产关系的框架下测度中国 34 个工业行业的全要素减排效率，然后通过 GMM 方法分析了中国工业行业双向 FDI 对全要素减排效率的影响。

在本书撰写过程中，我的恩师——华中科技大学经济学院刘海云教授给予了学术上的关心与指导，正是因为有刘老师的帮助，我才能在有限的时间内完成本书的撰写工作。感谢刘老师在生活中的帮助与工作中给予我的诸多教导，正是因为有他的关怀、鼓励与支持，我才能成长为今天的模样，在这里由衷感谢恩师的栽培，您渊博的学识、严谨的作风，以及为人处世的态度值得我用一生去学习。在此，我还要感谢我亲爱的家人，你们一直以来的关心与支持是我前行的最大动力。

中国环境出版集团殷玉婷编辑为本书的出版倾注了大量心血，没有她的敬业付出，本书至今可能尚在襁褓之中，在此表示深深的谢意。

由于笔者学识所限，本书缺点和谬误在所难免，敬请读者不吝赐教、批评指正。

龚梦琪

2022 年 1 月

目　录

1 绪论

1.1 选题背景及意义

1.1.1 选题背景

随着环境污染问题日益严重，国际社会对环境问题的关注力度逐渐增强。工业革命以前，生产活动进行的主要方式是人类的手工活动，此时，人口以及生产力的增长都处于比较缓慢的状态，环境与经济增长之间的关系总体也呈和谐发展态势。但随着工业化程度的逐渐深入，经济增长与环境效益之间的矛盾日益突出，加上部分国家在追求经济快速发展的过程中，忽视了对环境的影响，这就给当地的资源环境带来了巨大压力。此后，第二次世界大战爆发，国际贸易快速发展，环境污染问题日益严重，贸易与环境之间的潜在联系开始逐渐显现。到20世纪70年代，人类历史上第一次国际环境保护大会召开，即在瑞典斯德哥尔摩召开的联合国人类环境会议。会议通过了《人类环境宣言》和《人类环境行动计划》，但这些政策法规依然是从贸易制度的角度，而非从环境保护的角度出发。这一时期，学术界所关注的焦点也都集中在环境政策对贸易的影响层面（Pethig，1976；Siebert，1977），即控制环境污染所导致的成本增加对国际竞争力的影响。20 世纪 70 年代后期，贸易与环境污染之间的关系开始处于一种停滞状态，直到 20 世纪 90 年代，二者之间的关系才重新浮出水面。与 20 世纪 70 年代不同，这次是环境保护者对贸易体制的发难，针对美国和墨西哥的海豚-金枪鱼案，环保主义者认为“GATT（关税及贸易总协定）给环境污染者创造了一个有规则保护的天堂”。因此，随着人们对环境保护的关注力度逐渐加强，越来越多的学者开始关注贸易自由化对环境的影响、贸易政策与环境政策之间的冲突以及南北贸易和“污染天堂”假说等问题（Grossman，1991；Pearson，1993）。进一步，随着全球经济一体化的逐渐深入，直接投资开始成为企业海外扩张的重要形式，直接投资主要表现为外商直接投资（Inward Foreign Direct Investment，IFDI）和对外直接投资（Outward Foreign Direct Investment，OFDI）两种形式，因此考察一个国家或地区在引入 IFDI 和进行 OFDI 过程中，影响地区环境污染的机制不容忽视。

从中国的现实情况来看，中国的 IFDI 和 OFDI 快速发展，《全球投资趋势报告》的数据显示，2014 年中国 IFDI 规模首次超越美国，跃居世界第一，同比增长 3%，其中实际利用 IFDI 总额达到 1 195.6 亿美元，同比增长 1.7%，明显高于美国、欧盟等主要经济体。到 2017 年，中国的实际利用 IFDI 总额达到 1 363.2 亿美元，连续 25 年成为吸引 IFDI 最多的发展中国家。而中国的 OFDI 虽然起步相对较晚，但增长迅速，截至 2014 年，年流量达到 1 231.2 亿美元，同比增长 14.2%。到 2017 年，OFDI 的流量额更是达到了 1 582.9 亿美元，位居世界第二。从 IFDI 和 OFDI 的发展历程来看，近年来两者均呈快速发展的态势，实际利用 IFDI 与 OFDI 之间的比例也由 1995 年的 1∶0.053 0 转变为 2017 年的 1∶1.161 2。伴随着 IFDI 和 OFDI 的快速发展，中国的能源消耗也由 2000 年的 146 964 万吨标准煤上升到

2017 年的 449 000 万吨标准煤。荷兰环境评估机构的统计研究报告指出，中国的碳排放总量于 2006 年首次超越美国，跃居世界第一，排放量高达 62 亿吨；2007 年的排放量更是在 2006 年的基础上增长了 8%，碳排放问题已经严重制约了中国的经济发展。与此同时，雾霾天气的持续恶化引起了学术界的关注，张庆丰等（2012）指出世界上污染最严重的 10 个城市中就有 7 个来自中国。国际能源署（IEA）的研究报告也显示，2017 年全球二氧化碳排放量达到了 323.1 亿吨，其中，中国的碳排放量就占总量的 28%。可以发现，IFDI、OFDI 以及两者的互动关系已经成为中国经济发展的新特点，且中国双边投资和能源消耗规模的变动呈现较强的趋同性。那么中国持续快速增加的 IFDI 和 OFDI 对环境到底有何影响？作为发展中大国，中国各地区的经济、社会发展水平存在较大差异，各行业的发展也存在一定差异，相关差异是否对环境污染产生了影响？双向 FDI（IFDI 和 OFDI）又是否有利于中国减排效率提高？现有文献虽然在个别方面涉及了上述问题，但要全面系统地回答这些问题，还有赖于针对双向 FDI 对中国环境污染影响的系统、深入研究。

1.1.2 选题意义

本书在借鉴已有研究的基础上，结合中国经济发展的现实背景，通过对中国环境污染以及减排过程中涉及的减排效率进行研究，试图在理论、方法和实践上为该领域的研究提供一定支撑。

理论意义：第一，建立了双向 FDI 与环境污染的理论框架。基于 Copeland-Taylor 提出的理论模型，本书将双向 FDI 影响环境污染的效应同样分解为规模、结构和技术三个层面，并系统阐释了 IFDI 和 OFDI 通过这三种效应影响环境污染的机制。

第二，深化了技术溢出理论在环境经济学中的应用。长期以来，由于新古典经济增长理论对技术进步高度重视，以及新兴国家外来资本、本国 OFDI 与经济持续增长的同步实现，众多学者十分关注 IFDI 技术溢出效应和 OFDI 逆向技术溢出效应对经济增长、技术进步的影响。但是现有研究鲜少涉及 IFDI、OFDI 如何影响一个国家或地区的减排效率。因此考虑到环境技术在中国低碳经济发展过程中的重要作用，本书将 IFDI 和 OFDI 对全要素减排效率的影响引入中国环境污染的研究当中，系统考察了双向 FDI 对中国全要素减排效率的影响。

第三，丰富了国际直接投资理论。随着各国经济的快速发展，双向 FDI 也呈迅猛增加的态势，两者之间的互动特征越来越明显，逐渐成为发展中大国经济增长的新特点。而现有的国际直接投资理论并未有效解释 IFDI 和 OFDI 之间的互动机制以及其对环境和经济的影响。本书则从双向 FDI 的视角出发，综合考虑 IFDI 流入、OFDI 流出以及二者之间的交互效应对环境的影响，丰富了传统的国际直接投资理论。

现实意义：第一，有利于中国制定环境保护政策。本书从综合效应、规模效应、结构效应和技术效应的角度出发，系统考察了 IFDI、OFDI 以及双向 FDI 协调发展水平对中国环境污染的影响，能够比较客观地刻画出目前中国“引进来”和“走出去”战略影响环境污染的效应，进而为中国制定相应的环境保护政策以改善环境污染状况提供参考。

第二，有利于中国制定“引进来”和“走出去”政策。近年来，中国的 IFDI 和 OFDI 快速发展，环境问题也日益严重，那么未来中国是应该直接通过环境政策缓解污染还是应该借助直接投资政策来缓解污染？本书的研究就为中国未来制定相应的政策提供了参考。

第三，有利于中国制定双向 FDI 协调发展政策。在研究双向 FDI 影响环境污染的过程中，充分考虑了中国同时作为引资大国和对外直接投资大国的双重身份，并考虑了两者之间相互协调、相互融合、相互转化的关系，这就为政府制定相应的双向 FDI 协调发展政策，从而在促进经济发展的同时改善环境提供了有力的支撑。

1.2 文献综述

IFDI 和 OFDI 作为资本、技术等诸多要素的载体，在促进一个国家经济和社会发展的同时，也会对地区的环境产生显著影响。目前基于 IFDI 影响东道国环境污染的研究十分丰富，但大多忽略了 OFDI 对母国环境污染的影响，因此，本书的文献梳理将从以下几方面展开：第一，IFDI 与环境污染的关系研究；第二，OFDI 与环境污染的关系研究；第三，双向 FDI 与环境污染的关系研究。

1.2.1 IFDI 与环境污染

现有文献中，关于 IFDI 影响环境污染盛行的三个观点是“污染天堂”假说（Pollution Heaven Hypothesis）、“污染光环”假说（Pollution Halo Hypothesis）和 IFDI 影响环境污染的综合效应。

1.2.1.1 IFDI 的“污染天堂”效应

“污染天堂”假说又称“污染避难所”假说，其理论基础起源于经典的国际贸易理论，最早由 Walter 和 Ugelow（1979）两位教授提出，并由 Baumol 等（1988）进行论证，使之成为相对完善的理论。该理论的核心思想是发达国家的企业为了降低环境规制所带来的成本费用，会将一些夕阳产业和高污染、高能耗产业通过国际直接投资转移到环境规制相对较低的发展中国家（Chichilnisky，1994）。在此基础上，Morawski（1997）、Esty（1997）的研究认为发展中国家出于自身经济发展的需要，通常会降低环境规制标准吸引这些外资流入，这就恶化了发展中国家的环境。Jeffrey Kentor（2003）利用 66 个国家 1980—1996 年的面板数据进行分析，发现 IFDI 会显著促进碳排放上升。杨海生（2005）认为由于中国受到全球经济一体化的影响，部分地区急于引进外资，加之环境管理体系不完善，使得 IFDI 的引入给中国环境带来了严重的负面影响。沙文兵等（2006）的研究，同样证明了外资流入与环境污染之间的正相关关系。He（2006）搜集了中国29 个省（自治区、直辖市）的 IFDI 和工业行业二氧化硫数据，通过构建联立方程模型，从规模、结构和技术三个层面系统考察了 IFDI 与环境污染之间的关系，结果表明 IFDI 每增长一个百分点，会导致同期二氧化硫排放量增长 0.098 个百分点。Jorgenson 等（2007）选取全球 39 个非发达国家 1975—2000 年的数据进行分析，发现引入 IFDI 会导致地区的环境污染水平显著上升。苏振东等（2010）以工业废水作为度量环境污染的指标，利用相关数据进行分析，发现外资流入对中国环境具有明显的负向影响，且这一效应呈现出“东高西低”的梯度特征。朱平芳（2011）通过构建空间计量模型系统分析了中国 277 个地级城市环境规制与 IFDI 之间的关系，认为环境规制对引进 IFDI 的“逐底效应”在 IFDI 处于中高水平的某一区间上显著存在，而在其他区间并不显著，间接证明了“污染避难所”假说在中国部分地区存在的现实。Kim 等（2011）利用跨国面板数据分析了 IFDI 与东道国二氧化碳排放之间的关系，结果显示无论是长期还是短期，IFDI 都会显著促进碳排放量增加。Pao 等（2011）利用 1980—2007 年金砖五国的数据进行研究之后，发现总体上外资流入会显著促进这些国家的碳排放量上升。史青（2013）系统考察了中国 IFDI、环境规制和环境污染之间的关系，认为外资流入确实增加了地区的环境污染。Lee（2013）利用协整检验方法分析了 IFDI、经济增长和二氧化碳之间的关系，结果发现 IFDI 的增加会显著促进地区经济规模上升，而经济规模上升又会导致地区二氧化碳排放显著增强。Omri 等（2014）同样认为引入 IFDI 会促进东道国经济规模上升，且经济规模上升会导致东道国的环境污染水平增加。Ren 等（2014）利用中国的行业面板数据进行分析，发现贸易开放程度上升或 IFDI 规模增加均会显著促进行业二氧化碳排放量上升。张宇等（2014）认为 IFDI 流入对中国环境的影响总体为负，其会显著增加中国的水污染。Shahbaz M.（2015）研究了高收入、中等收入和低收入国家 IFDI 与环境退化之间的关系，认为外资流入会显著恶化东道国环境质量，“污染天堂”效应存在。金春雨（2016）利用空间 VAR 模型分别对中国的环境规制、IFDI 和对外贸易之间的关系进行实证检验，结果发现，就全国整体而言，环境规制与IFDI之间呈显著负相关，因此认为“污染避难所”假说是成立的。Bakhsh（2017）分析了巴基斯坦 IFDI 与环境污染之间的关系，发现二者之间存在显著的正相关关系。Liu 等（2018）考察了 2003—2014 年中国 285 个城市 IFDI 与环境污染之间的关系，结果发现“污染天堂”假说显著存在，IFDI 会导致废水和二氧化硫显著增加。冉启英等（2019）认为 IFDI 的“污染避难所”效应会随着城市化水平的上升而下降，中国的中西部地区存在明显的“污染避难所”效应，东部地区则不存在。

1.2.1.2 IFDI 的“污染光环”效应

部分学者认为 IFDI 的流入不仅没有恶化东道国的环境，反而有利于改善环境污染，主要原因在于跨国企业具备较强的清洁生产技术，进而会通过技术溢出效应改善东道国的环境，即“污染光环”假说。Letchumanan 等（2000）的研究发现，IFDI 会通过改善东道国的环境技术，以及引入环境友好型的产品，促进环境质量上升。Wei 等（1999）认为环境规制标准的下降并未提高东欧和前苏联国家的外资吸引力。Mielnik 等（2002）利用 IFDI 规模较大的 20 个国家 1975—1999 年的数据进行分析，发现 IFDI 规模增加会显著促进地区能源利用效率的上升。Wang 等（2002）利用中国的“三资”企业数据进行分析，发现 IFDI 企业所携带的高技术，有利于促进能源利用效率的增加，进而降低环境污染。Fisher（2004）对中国 2 000 多个大中型工业企业的能源利用效率进行实证研究，发现 IFDI 的技术溢出效应对能源效率的提高有积极影响。Cole 等（2005）利用美国、墨西哥、巴西的外贸数据进行分析，发现地区环境规制并不是抑制 IFDI 的原因，外资企业更看重东道国的资本密集程度。Eastin（2009）通过分析影响 IFDI 流入的因素，发现并未有明显的证据显示中国是因为较低的环境规制而吸引外资流入，“污染天堂”假说只是一个假象，他的研究同时表明跨国公司会通过 IFDI 将国内先进的环保技术和环保管理理念引入东道国，这就有利于改善东道国的环境。Wagner 等（2009）则认为产业集聚程度是影响外资落户的重要原因，且环境规制的高低对 IFDI 的影响并不显著，因此 IFDI 流入并不会导致“污染天堂”。Sanna 等（2009）认为外资企业在进行区位选择时，更加注重地区的市场规模，环境规制仅是外资企业进行区位选择的次要因素。Perkins 等（2012）的研究认为 IFDI 会通过技术溢出效应促进东道国环境技术上升，进而减少碳排放量。许和连等（2012）认为 IFDI 的集聚程度越高，越有利于改善中国的环境污染，但 IFDI 来源地的不同会导致其对区域环境污染的影响存在差异，其中来自全球离岸金融中心的 IFDI 会显著降低中国的环境污染，但来自东亚和欧美等发达国家（地区）的 IFDI 对环境污染的影响则不显著。Elliott 等（2013）的研究表明环境规制的增强有助于外商资本的进入，即“污染光环”假说是成立的。Liang（2014）认为 IFDI 会对国内部分低效率或无效率的企业产生“挤出效应”，进而促进东道国产业升级，提升东道国的环境技术，最终降低环境污染。白俊红等（2015）认为 IFDI 质量的提升有利于促进中国环境污染下降，且用不同测算指标所表征的 IFDI 质量对环境污染产生的影响存在显著的区域异质性。聂飞等（2015）的研究表明，IFDI 具备显著的“污染光环”效应，有利于改善城市生态环境，但城市过低的环境规制标准则会吸引垂直型 IFDI 的资金流向高污染加工制造业。原毅军等（2015）认为 IFDI 的流入虽然未对中国的绿色全要素生产率产生直接影响，但会驱使东道国提高环境规制水平，进而促进绿色全要素生产率提高。徐昱东（2016）对山东省 1995—2012 年的时间序列数据进行分析，结果显示 IFDI 的流入对地区碳强度具有较强的抑制作用。郑强（2017）基于对中国 2003—2014 年的省级面板数据进行分析，认为“污染光环”假说在中国基本成立，但不同地区这一效应大小有所不同，主要表现为沿海和内陆地区的 IFDI 具有显著的“污染光环”效应。李金凯等（2017）认为 IFDI 会通过“示范效应”“溢出效应”“竞争效应”等促进我国环保技术的提升，支持了“污染光环”假说。Huang 等（2017）通过构建空间计量模型，系统分析了 IFDI 与中国环境和经济增长之间的关系，发现外资的引入不仅促进了地区经济规模的显著增强，也有利于地区环境质量的改善，因此认为“污染光环”假说在中国显著存在。Wang（2017）使用 DEA 方法对北京 35 个子行业的能源技术和能源效率指标进行测算，发现 IFDI 能够显著提升东道国的能源利用效率。郑月明（2019）利用中国 29 个省（自治区、直辖市）1998—2010 年的数据进行分析，发现 IFDI 会持续改善中国的生态环境。李强（2019）选取长江经济带 104 个地级市 2003—2015 年的数据作为分析样本，发现 IFDI 会显著促进长江经济带环境污染水平下降。Shao 等（2019）分析了金砖五国、墨西哥、印度尼西亚、尼日利亚和土耳其 1982—2014 年 IFDI 与环境污染之间的关系，发现 IFDI 与环境污染之间呈负向因果关系，因此认为“污染天堂”假说并不成立。

1.2.1.3 IFDI 影响环境污染的综合效应

实证研究结论的不一致意味着 IFDI 与东道国环境污染之间的影响机制可能更为复杂，但事实上，这种两相背离的研究结论并非无法解释。IFDI 影响环境的综合效应表明其对环境污染的影响可以分解为规模、结构和技术三个层面，也就是说，IFDI 会通过影响地区经济规模、产业结构和环境技术，进而对环境污染产生影响，但这三个层面的影响效应可能存在差异，既可能是正向影响，又可能是负向影响，因此，这三种效应的综合才是 IFDI 影响环境污染的最终效应。对于发展中国家而言，三种效应中一般只有技术效应会改善地区环境污染状况，规模效应和结构效应则会导致环境污染上升。这就意味着，在开放经济的条件下，要避免 IFDI 恶化环境质量，必须从根本上依赖技术进步的影响，只有当技术效应的影响足够大，超过规模效应和结构效应影响环境污染的总和时，才能显著改善本国环境。也就是说，“污染天堂”与“污染光环”假说所强调的是两个层面的问题，“污染天堂”假说对应于 IFDI 影响环境污染的规模效应和结构效应，而“污染光环”假说则对应于 IFDI 影响环境污染的技术效应。因此，IFDI 对东道国环境的影响可能同时存在“污染天堂”和“污染光环”两种效应。

Grossman 等（1991）最早将国际贸易对环境污染的影响进行了分解，认为国际贸易能通过规模效应、结构效应和技术效应影响一个国家的环境污染状况。基于这一研究，后来很多文献也都认为 IFDI 对环境污染的影响是复杂的，不能一概而论，应从国家经济发展阶段、居民收入水平、环境政策等角度辩证、动态地综合分析 IFDI 对环境的影响（Copeland et al.，1994；Grossman et al.，1995）。国内部分学者也从 IFDI 影响环境的综合效应出发，系统考察了二者之间的关系，周力等（2009）指出 IFDI 主要通过规模效应、结构效应和技术效应的直接传导机制以及收入和政策效应的间接传导机制对工业污染产生影响，一方面 IFDI 通过扩大生产规模加剧了中国的环境污染，另一方面又通过优化产业结构带来了环境质量的改善。包群等（2010）认为 IFDI 对环境污染的影响与其所产生的规模效应和收入效应有关。张学刚等（2010）认为 IFDI 会通过规模效应促进环境污染上升，但会通过结构效应和技术效应改善地区的环境污染，然而 IFDI 影响环境污染的管制效应并不明显，其对环境污染的净效应为负。盛斌等（2012）从行业面板的层面进行分析，认为 IFDI 无论是在总体上还是在行业上都有利于减少中国工业行业的环境污染，其主要原因在于 IFDI 通过技术引进与扩散带来的正向技术效应超过了负向的规模效应与结构效应。张宇等（2013）认为 IFDI 对中国环境污染的影响同时具备“污染避难所”和“污染光环”两种效应，IFDI 在引起我国产业结构向高污染行业转移的同时会显著促进当地和其他地区的环保技术应用。曹翔等（2014）则认为外资给中国工业二氧化硫带来了正的规模效应、负的结构效应和技术效应。施震凯等（2017）利用中国 220 个地级市 1998—2010 年的 $PM_{2.5}$ 浓度值数据，选取 Sp VAR 模型实证分析了 IFDI 影响雾霾污染的时空效应。结果显示在研究初期，全国层面呈现“污染天堂”效应，第六期之后转为“污染光环”效应。分样本结果则显示中国不同地区，同时存在“污染天堂”和“污染光环”效应。周杰琦等（2018）选取中国省级面板数据，通过构建联立方程模型和门槛回归模型系统分析了 IFDI、环境规制对中国雾霾的影响，结果显示 IFDI 会通过规模效应和结构效应加剧中国的雾霾污染，但会通过技术效应改善中国的雾霾污染。

1.2.2 OFDI 与环境污染

随着 IFDI“污染天堂”和“污染光环”假说的提出，OFDI 对环境污染的影响也开始引起学术界的关注。但目前基于 OFDI 的研究主要集中在经济增长效应、产业结构效应和逆向技术溢出效应等方面，对 OFDI 影响环境污染的研究还处于起步阶段。事实上，OFDI 对环境污染的影响同样可以分解为规模效应、结构效应和技术效应三种，当一个经济体将高能耗、高污染的边际产业转移到另一个经济体后，该经济体可以更专业化地生产一些高技术的清洁商品，这就有利于规模的扩张，从而产生规模效应，降低环境污染水平。同时，专业化地生产清洁商品，减少高污染、高能耗商品的生产，会对该经济体的产业结构产生影响，这就构成了 OFDI 对环境污染的结构效应。此外，由于环境污染存在治理成本，一个经济体不仅可以将一些高能耗的商品生产转移出去以规避环境污染，还能通过与东道国企业进行环境技术研发合作应对环境规制，这就构成了环境污染的技术效应，但现有研究鲜少涉及这一领域。

1.2.2.1 OFDI 的经济增长效应

魏巧琴等（2003）选取中国 1982—2000 年的时间序列数据，利用 Granger 因果检验的方法分析了中国 OFDI 与经济增长之间的关系，认为现阶段中国 OFDI 与经济增长之间并不存在因果关系，但在中国 OFDI 快速发展的背景下，未来二者之间的因果关系会逐渐显现。王滨（2006）对中国 1993—2004 年 OFDI 影响经济增长的效应进行分析，认为在研究期内中国的 OFDI 并未挤出国内投资。Herzer（2008）选取 14 个工业化国家的数据作为分析样本，测算了 OFDI 与经济发展水平之间的关系，发现 OFDI 会显著促进一个国家经济发展水平上升。Herzer（2010）进一步分析了 OFDI 与经济发展之间的关系，同样认为二者之间呈显著正相关。Denzer（2011）利用内生增长模型分析了二者之间的关系，也得出了类似结论。冯彩（2012）则认为 OFDI 的母国经济增长效应存在显著的区域异质性，从全国、东部和中部地区的效应来看，OFDI 与经济增长之间存在长期协整关系，而这种长期协整关系在西部地区并不存在，且东部地区 OFDI 对经济增长的促进作用最大，明显超过了全国和中部地区。Chen（2012）在因果分析的框架下实证检验了马来西亚的 OFDI 与经济增长之间的关系，结果显示 OFDI 与经济增长之间确实存在长期正相关关系，且二者之间存在长期双向因果关系，但这一效应在短期内并不存在。潘雄锋（2016）选取中国 2003—2013 年 25 个省（自治区、直辖市）的面板数据，利用有向无环图方法实证分析了 OFDI、技术创新和经济增长三者之间的动态相关性，认为 OFDI 不仅会直接促进经济增长，还会通过逆向技术溢出效应和竞争效应间接促进经济增长。Ciesielska（2017）考察了波兰 OFDI 存量与母国经济增长速度之间的关系，认为 OFDI 的增长速度明显高于经济增长速度。孔群喜等（2019）以 2005—2016 年中国和投资东道国的面板数据为分析样本，系统考察了 OFDI 对经济增长质量的影响，结果表明 OFDI 会通过逆向技术溢出效应显著促进母国经济增长效益和质量的提高。

1.2.2.2 OFDI 的产业结构效应

有关 OFDI 影响母国产业结构的研究十分丰富，国外学者小岛清的“边际产业扩张论”、赤松要的“雁行模式”等均从不同角度解释了 OFDI 如何影响母国产业结构。实证研究方面，Barrios（2005）系统考察了爱尔兰制造业的 OFDI 与母国产业结构之间的关系，结果显示 OFDI 的增加会显著促进母国产业结构优化升级。Liang 等（2011）以 1981—2008 年韩国的行业面板数据为样本进行实证检验，发现 OFDI 与母国产业结构优化之间存在长期正相关关系。张远鹏等（2014）利用灰色关联方法分析了中国的 OFDI 与产业结构升级之间的关系，研究结果表明中国在进行 OFDI 的过程中会显著促进产业结构升级，但这种促进效应较小。刘海云等（2015）选取 2003—2012 年 113 个国家的投资和贸易面板数据进行研究，将中国的 OFDI 分为顺梯度和逆梯度，利用 Heckman 的选择效应模型估计了两类 OFDI 的动机和贸易结构效应，认为顺梯度的 OFDI 有利于促进产业转移，而逆梯度 OFDI 则能促进产业内技术水平上升。李东坤等（2016）基于 2004—2013 年中国 30 个省（自治区、直辖市）的面板数据，分别从产业结构合理化和产业结构高度化两方面分析了 OFDI 影响产业结构升级的空间溢出效应，杜宾模型的结果表明中国 OFDI 对产业结构的促进作用存在明显的空间溢出效应，OFDI 能通过空间溢出效应对邻近地区的产业结构升级发挥推动作用。王丽（2016）以 1990—2014 年 34 个经济合作与发展组织（Organization for Economic Co-operation and Development，OECD）国家的数据为分析样本，分析了 OFDI 对母国产业结构升级的影响，结果显示 OFDI 每上升一个百分点，国内产业水平层次将上升 0.02 个百分点。Padilla-Perez（2016）认为发展中国家进行 OFDI 是为了获取战略资产，因此发展中国家对发达国家的 OFDI 会显著促进母国产业升级。卢进勇（2017）在供给侧结构性改革的背景下分析了中国的 OFDI 效应，认为各行业的企业在不同程度上通过对外投资、并购等方式实现了自身由低端产业链向高端产业链的提升。王运良等（2018）选取中国 31 个省（自治区、直辖市）2003—2015 年的面板数据进行分析，发现 OFDI 对地区产业结构升级的影响与地区金融生态运行效率有关。毛海欧等（2018）认为中国逆分工梯度和顺分工梯度的 OFDI 均抑制了母国产业升级。

1.2.2.3 OFDI 的逆向技术溢出效应

从母国视角考察 OFDI 逆向技术溢出效应的研究也十分丰富，但仍旧没有得出一致的结论。Kogut 等（1991）最早提出了 OFDI 逆向技术溢出的设想，利用日本制造业对美国进行 OFDI 的数据进行分析，结果发现日本制造业对美国进行 OFDI 的主要目的是获取美国研究与发展（Research and Development，R&D）密集产业的逆向技术溢出。Potterie 等（2001）以美国、日本、德国等 13 个国家的相关数据作为分析样本，测算了 OFDI 对母国生产率的影响，结果显示，对技术密集型国家进行直接投资有利于母国生产率上升。赵伟（2006）认为尽管中国的 OFDI 历史不长，但 OFDI 规模增长迅速，这就会显著促进中国的技术进步。Lee（2006）基于 16 个 OECD 国家的面板数据进行分析，发现 OFDI 不是国际技术溢出的有效渠道。Pradhan 等（2008）以印度汽车行业的 OFDI 数据为分析样本进行研究，发现其对发达国家和发展中国家的 OFDI 均会产生显著的逆向技术溢出效应，这就有利于母国生产率的提升。Bitze 等（2008）通过对 OECD 国家的 OFDI 效应进行分析，发现并不存在显著的逆向技术溢出效应，而且非七国集团（Group of Seven，G7）国家的 OFDI 还会抑制国内生产率。白洁（2009）利用中国对 14 个主要国家和地区的 OFDI 数据进行分析，结果显示由于技术寻求性的 OFDI 较少，导致 OFDI 并未产生显著的逆向技术溢出效应。李梅等（2011）认为 OFDI 所传导的国际 R&D 技术溢出效应对国内技术进步和全要素生产率的影响并不显著，也就是说，OFDI 对母国技术进步的正向影响还未显现。Chen 等（2012）认为对于新兴市场国家而言，通过对发达国家进行 OFDI，会显著促进母国的技术进步。沙文兵（2012）的研究显示，中国东部地区的 OFDI 对国内技术进步的促进作用最大，中部地区次之，而西部地区 OFDI 的逆向技术溢出效应还未显现。李梅等（2012）则认为 OFDI 仅对东部地区产生了显著为正的逆向溢出效应，对中部地区的影响显著为负，对西部地区的影响不显著。Huang（2013）以台湾信息技术企业对中国大陆进行 OFDI 的数据为分析样本，发现 OFDI 的增加能有效带动企业的 R&D 投入。尹忠明等（2014）认为中国 OFDI 的上升能显著促进全要素生产率的提高。付海燕（2014）发现印度和俄罗斯的 OFDI 会产生显著的技术溢出效应，但包括中国在内的其他发展中国家的 OFDI 则作用甚微，有些国家和地区 OFDI 的逆向技术溢出效应对当地的技术进步甚至会产生负向影响。宋勇超（2015）的研究认为，中国 OFDI 的逆向技术溢出效应显著存在，但由于东部地区的人力资本和研发资本优势更强，因此，逆向技术溢出效应也更大。Cozza（2015）认为中国企业对欧洲发达国家的 OFDI 有利于母国企业生产率的提高。姚惠泽等（2019）利用 2009—2013 年中国微观企业面板数据进行分析，发现中国企业的 OFDI 并未显著提升其技术创新能力。邱丽萍等（2019）以 2010—2017 年中国的省级面板数据为分析样本，对 OFDI 的逆向技术溢出效应进行研究，发现中国的 OFDI 对全要素生产率的影响为负，主要原因在于中国的 OFDI 主要集中在发展中国家的非技术领域。Zhou 等（2019）利用中国 30 个省（自治区、直辖市）的面板数据进行分析，发现中国的 OFDI 会促进绿色全要素生产率上升，但各省（自治区、直辖市）之间存在较大的异质性。

1.2.2.4 OFDI 影响环境污染的研究

Eskeland 等（2003）测度了 20 世纪 80 年代和 90 年代初美国的 OFDI 模式是否可以用美国经济中不同部门的减排成本变化来解释，认为发达国家倾向于将一些“三高”（高污染、高能耗、高排放）产业进行对外直接投资，此时 OFDI 呈现明显的污染规避特征，这就有利于母国环境质量的改善。Spatareanu（2007）认为母国环境规制越严格，越有利于促进 OFDI 发生，说明 OFDI 确实存在一定的污染转移特征。Dijkstra 等（2011）认为发达国家进行 OFDI 并不受较低的环境规制影响，OFDI 的目的主要是提高东道国企业的生产成本，因此 OFDI 并非一定呈现污染转移特征。周力等（2013）从中国区域异质性的视角出发，研究了不同经济发展水平下各地区 OFDI 影响母国环境污染的效应，结果显示经济发展水平较高的地区，OFDI 会显著促进地区环境污染下降，而对经济欠发达的地区而言，OFDI 则会导致环境污染水平显著上升。许可等（2015）以中国省级面板数据作为分析样本，系统考察了中国 OFDI 对母国碳排放的影响，研究结果显示，中国的 OFDI 会显著促进地区碳排放量增加。聂飞等（2016）认为中国 OFDI 对碳排放的影响存在城镇化门槛特征，在中高城镇化水平的地区，OFDI 会显著抑制碳排放，而在城镇化水平较低的地区，OFDI 则会导致碳排放水平显著上升。肖德等（2018）考察了“一带一路”沿线省（自治区、直辖市）OFDI 的碳排放效应，结果发现 OFDI 抑制了“一带”地区碳排放量的增加，却促进了“一路”地区碳排放量的增加。王柏杰等（2018）以中国 30 个省（自治区、直辖市）2003—2015 年的数据为分析样本进行考察，发现 OFDI 与环境污染之间虽然呈正相关，但并未通过显著性水平检验。刘夏等（2018）利用中国 30 个省（自治区、直辖市）2003—2014 年的数据进行分析，发现中国对发达国家进行 OFDI 所产生的逆向技术溢出效应并未有效减缓我国的二氧化碳排放。

1.2.3 双向 FDI 与环境污染

谢文武（2011）、罗良文等（2012）认为 IFDI 和 OFDI 均有利于降低国内的碳排放水平。张艺影等（2015）的研究则表明从规模效应和结构效应来看，双向 FDI 不利于低碳经济的发展，而从技术效应来看，双向 FDI 会促进碳排放量的下降。岳舞等（2017）利用“一带一路”沿线样本国的数据进行实证检验，研究结果表明，IFDI 与 OFDI 可以通过资本流动产生的规模效应、结构效应和技术效应影响碳排放水平，IFDI 整体是不利于低碳经济发展的，尤其表现在规模效应和结构效应上，而 OFDI 虽然促进了低碳经济发展，但并未带来明显的逆向技术溢出效应。王恕立等（2017）基于中国 29 个省（自治区、直辖市）的面板数据，分析了在资源环境约束下，中国双向 FDI 影响绿色全要素生产率的效应，结果显示，IFDI 显著抑制了中国总体和中部地区的绿色全要素生产率，OFDI 则显著提升了中国总体和东部地区的绿色全要素生产率。杨恺钧等（2018）利用 2006—2016 年长江经济带 11 个省市的面板数据进行分析，发现 IFDI 和 OFDI 均会显著改善长江经济带的环境污染状况，但在不同的环境规制水平下，其影响效果有所不同。

1.2.4 研究现状述评

通过对现有文献进行梳理可以发现，目前基于 IFDI 影响东道国环境污染的研究已经十分丰富，基于 OFDI 影响母国环境污染的研究也已处于起步阶段，但将二者置于同一分析框架测度其环境污染效应的研究较少。

首先，从 IFDI 影响环境污染效应的研究来看，学术界不仅对引入 IFDI 过程中是否会导致污染物转移从而使得发展中国家成为“污染天堂”或者具有“污染光环”效应的问题进行了分析，也有一部分研究集中在 IFDI 对环境的规模效应、结构效应和技术效应影响上，即这三种效应的叠加对环境影响的净效应为正还是为负。这就对“污染天堂”和“污染光环”假说的针锋相对进行了调和，但值得注意的是，现有研究仅仅只是单一地将 IFDI 对环境污染的影响分解为规模效应、结构效应和技术效应三种，并未对 IFDI 如何通过这三种效应影响环境污染的机制进行数理说明，特别是缺乏 IFDI 如何通过规模效应影响环境污染的实证研究。

其次，从 OFDI 与环境污染之间的关系来看，基于 OFDI 影响环境效应的研究起步较晚，目前还处于初步研究阶段，从模型设计到理论阐述都还比较粗糙，大部分研究均认为 OFDI 存在一定的污染转移特征，会在一定程度上减缓环境污染现状。但现有研究在分析 OFDI 对环境污染的影响时，主要是从整体效应进行考察，忽视了 OFDI 在影响环境污染时也存在规模效应、结构效应和技术效应，基于这三种效应的实证研究更是少有。

最后，基于双向 FDI 影响环境效应的研究少有涉及，且大部分忽视了双向 FDI 之间可能存在的替代或互补关系，也并未有文献从规模、结构和技术三个层面分别探讨其对环境污染的影响。同时，在中国双向 FDI 快速发展的背景下，IFDI 和 OFDI 之间发展的协调程度也可能对环境污染产生影响，而现有研究并未关注到这一问题。

因此，未来的研究应更侧重于 IFDI、OFDI 以及双向 FDI 的协调发展程度如何影响一个国家或地区的环境，使其在经验模型的设计上更加符合现实。

1.3 研究思路、方法及创新点

1.3.1 研究思路与框架

本书以双向 FDI 影响环境污染的效应为研究主题，深入分析了中国 IFDI、OFDI 以及环境污染的发展现状，并测度了双向 FDI 影响环境的综合效应，以及通过规模、结构和技术三种作用机制讨论其对环境污染的影响。结合相应的理论模型，选用协整分析、向量自回归模型、系统 GMM、差分 GMM、联立方程模型、分位数回归等方法，从定性和定量两个层面深入探讨了中国双向 FDI 的发展给环境带来的影响，以期为中国制定相应的双边投资政策，促进双向FDI的协调发展，进而为提升环境技术、改善环境质量、拓宽经济增长与环境改善的双赢之路提供依据。主要研究思路如下：

第一，从IFDI与环境污染、OFDI与环境污染以及双向FDI与环境污染三个层面对现有文献进行梳理，深度剖析了双向FDI与环境污染之间的内在关联性，为后续探讨双向FDI影响环境污染的理论机制，进而深入到规模效应、结构效应和技术效应层面奠定研究基础。

第二，通过对国际直接投资的经典理论进行回顾，构建双向FDI影响环境污染的理论分析框架，从而为后续研究奠定理论基础。

第三，通过总结中国IFDI、OFDI以及环境污染的发展现状，揭示当前IFDI、OFDI与环境污染的总体特征、行业特征、区域特征及变化趋势，为后续的实证研究奠定现实基础。

第四，通过实证分析验证相关机理。首先，在不考虑双向FDI影响地区经济规模、产业结构和技术水平，进而影响环境污染的情况下，系统分析了双向FDI影响环境污染的净效应，即中国双向FDI影响环境的综合效应，运用向量自回归模型检验IFDI、OFDI和环境污染之间的动态关系，同时考虑到IFDI和OFDI之间的协调发展水平也会在一定程度上对环境污染产生影响，因此考察了双向FDI协调发展水平与环境污染之间的动态关系，以检验中国双向FDI影响环境污染的整体效应。其次，为了考察双向FDI通过规模效应、结构效应和技术效应对环境污染产生的影响是否有差异，从而为我国从不同层面制定相应的政策提供参考，本书分别从规模、结构和技术三个层面分析了双向FDI影响环境污染的效应。从规模效应角度出发，由于IFDI、OFDI均会对中国的经济发展水平产生显著影响，且考虑到中国要素市场扭曲对经济规模存在显著影响的现实，运用联立方程模型系统检验了IFDI、OFDI、要素市场扭曲与环境污染之间存在的相互影响关系，以考察中国双向FDI影响环境污染的规模效应。再次，从结构效应角度出发，由于引进IFDI和OFDI对经济规模的影响更直接，但IFDI和OFDI之间是否协调发展，对产业结构的影响可能更明显，主要原因在于在引入 IFDI 对产业结构产生影响的同时，OFDI 可能会对产业结构的调整产生回调效应，因此，运用 GMM 的方法检验了双向 FDI 协调发展通过产业结构影响环境污染的效应，以考察双向 FDI 影响环境污染的结构效应。最后，从技术效应角度出发，由于引进 IFDI 和 OFDI 均会对地区的技术水平产生影响，因此，为了有效测度在引进 IFDI 和 OFDI 过程中通过影响技术水平进而影响环境污染的效应，本书以全要素减排效率作为因变量，运用 IV-GMM、系统 GMM 和分位数回归的方法实证分析了双向 FDI 如何影响工业行业的全要素减排效率，以考察双向 FDI 影响环境的技术效应。

第五，通过总结实证检验部分得出的研究结论，提出政策建议，从而实现双向 FDI 的良性互动对环境污染改善的促进作用。

本书的研究思路及框架见图 1.1。

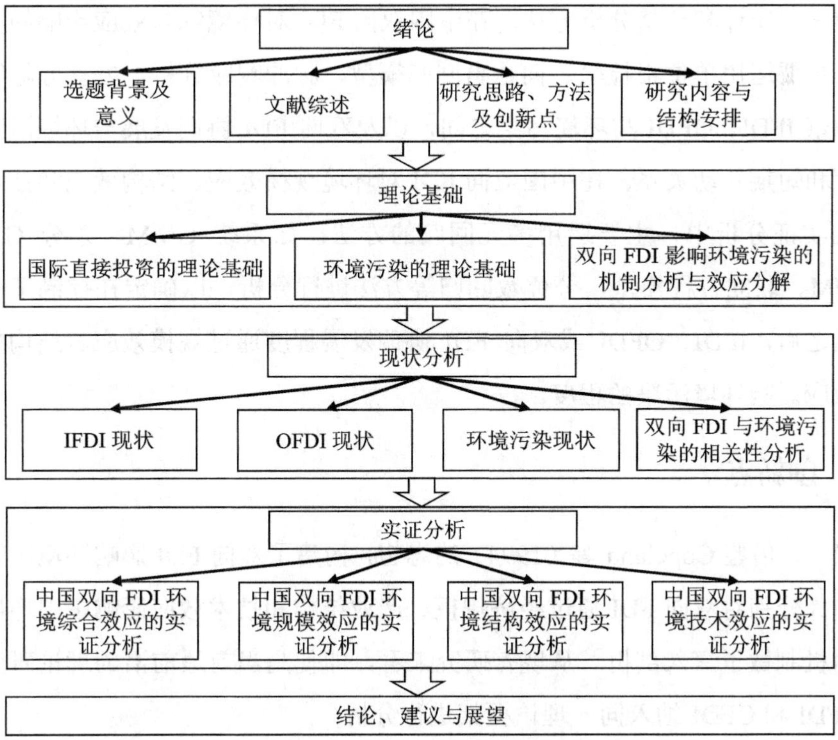

图 1.1 研究思路及框架

1.3.2 研究方法

本书主要研究双向 FDI 对环境的影响，研究过程中采用理论分析和实证分析相结合的方法对问题进行说明。具体研究方法如下：

第一，文献研究法。通过对现有文献进行梳理，了解和借鉴该领域的基本理论、科学研究思路、研究方法以及最新的研究成果，进而分析 IFDI、OFDI 以及二者共同影响环境污染的机制，从而为下文的研究奠定基础。

第二，理论与实证相结合。通过系统梳理国际直接投资的经典理论，充分结合目前中国 IFDI、OFDI 和环境污染的发展现状，构建相应的理论框架，然后以 IFDI、OFDI 和环境污染数据为依据开展实证研究，通过理论和实证研究相结合的方式，对研究主体做到更系统、全面地把握。

第三，统计和计量分析方法。在中国双向 FDI 对环境综合效应影响的实证分析中，主要运用单位根检验、向量自回归模型、脉冲响应分析、方差分解等方法系统考察 IFDI、OFDI 与环境污染之间，以及双向 FDI 协调发展与环境污染之间的长期和短期互动关系。在中国双向 FDI 对环境规模效应、结构效应和技术效应影响的实证分析中，主要运用多元回归的方法，如系统 GMM、差分 GMM、IV-GMM、联立方程模型、分位数回归等方法进行分析，以确定在控制了部分影响因素之后，IFDI、OFDI 或双向 FDI 协调发展程度通过规模效应、结构效应和技术效应影响环境污染的程度。

1.3.3 创新点

第一，借鉴 Copeland 等（1994）的思想，构建了双向 FDI 影响环境污染的理论模型。分别对双向 FDI 通过经济规模、产业结构和技术效应影响中国环境污染的作用机制做了深入剖析。从现有研究来看，即使是当前最前沿的理论研究也鲜有将 IFDI 和 OFDI 纳入同一理论框架进行分析。

第二，从双向 FDI 协调发展的视角研究了双向 FDI 影响环境污染的综合效应和结构效应。从现有研究来看，尽管已有文献将 IFDI 和 OFDI 纳入同一分析框架进行实证分析，测度其对环境整体效应的影响，但还未有文献意识到双向 FDI 协调发展水平可能对环境污染产生的影响，因此，本书在一定程度上对现有研究进行了补充。

第三，在分析双向 FDI 影响环境污染的效应时，将规模效应剥离出来进行研究。在测度 IFDI 或 OFDI 对环境污染的影响时，现有研究大多关注其影响环境污染的整体效应，但在中国双向 FDI 快速发展的背景下，其对经济发展水平会产生较大影响，已有研究证实了地区环境污染状况会随着经济发展水平的上升而有所改善，但尚未有研究关注到双向 FDI 通过影响经济规模进而影响环境污染的效应，因此本书对这种基于经济发展水平上升的间接环境污染效应是否成立进行了细致的探讨。

1.4 研究内容与结构安排

本书的主要研究内容是在回顾和整理经典国际直接投资理论和环境理论的基础上，提出了双向 FDI 影响环境污染的理论模型，并对其影响效应进行了分解。同时，分析了目前中国 IFDI、OFDI 和环境污染的发展现状，最后选取合适的数据从综合效应、规模效应、结构效应和技术效应四个方面检验了双向 FDI 对环境污染的影响。结构安排如下：

第 1 章是绪论。包括本书的选题背景及意义，文献综述，研究思路、方法及创新点，研究内容与结构安排四个方面。

第 2 章是理论基础。理论基础主要包括国际直接投资的经典理论、环境污染的经典理论两个方面，其中国际直接投资的经典理论又可以分为发达国家国际直接投资理论和发展中国家国际直接投资理论。发达国家国际直接投资理论主要包括垄断优势理论、产品生命周期理论、内部化理论、国际生产折中理论和边际产业扩张理论等。发展中国家的国际直接投资理论主要包括小规模技术理论、技术地方化理论和投资发展周期理论等。环境污染的经典理论则主要包括“污染避难所”假说和波特假说等。在此基础上，本章进一步构建了双向FDI影响环境污染的理论模型，并对其具体效应进行了分解。

第3章是对中国双向FDI与环境污染的现状分析。系统总结了中国IFDI、OFDI的发展历程，揭示了中国双向FDI的总体特征、行业特征、区域特征和国别特征，同时对中国环境污染的总体特征、行业特征、区域特征进行了分析概括，为后续实证研究奠定了现实基础。

第4章是中国双向FDI环境综合效应的实证分析。利用中国1982—2016年的时间序列数据，首先考察了IFDI和OFDI影响环境污染的作用机制，进而利用向量自回归模型系统分析了IFDI、OFDI以及双向FDI协调发展对环境污染的具体影响。

第5章是中国双向FDI环境规模效应的实证分析。利用中国2004—2015年30个省（自治区、直辖市）的数据，考虑到要素市场扭曲会显著影响地区经济规模，因此，从规模效应和要素市场扭曲的视角阐述了双向FDI影响地区环境污染的作用机制，以碳排放作为环境污染的代理变量，利用KAYA恒等式将碳排放的影响因素分解为人口、经济发展水平、能源强度和能源结构四个方面，构建联立方程模型实证检验了全样本和分样本情况下双向FDI影响环境污染的规模效应。

第6章是中国双向FDI环境结构效应的实证分析。考虑到双向FDI协调发展程度对产业结构的影响，本章从双向FDI协调发展的视角出发，在系统梳理了双向FDI协调发展、产业结构演进影响环境污染理论机制的基础上，利用耦合协调函数测算了双向FDI协调发展水平的指标，最后实证检验了双向FDI协调发展水平、产业结构演进对环境污染的影响，据此分析中国双向FDI如何通过结构效应影响地区环境污染状况。

第7章是中国双向FDI环境技术效应的实证分析。考察了中国双向FDI如何通过技术效应影响行业污染状况，首先从理论上分析了双向FDI影响全要素减排效率的机制；其次基于数据包络分析的思想，运用规模报酬不变（CRS）的方法在全要素生产关系的框架下测度了 34 个工业行业的全要素减排效率；最后运用 GMM 的方法实证检验了中国工业行业双向 FDI 对全要素减排效率的影响。

第 8 章是结论、建议与展望。结合中国双向 FDI 影响环境污染的综合效应、规模效应、结构效应和技术效应的实证结论，提出政策建议，并指出本书存在的不足及前景展望。

2

理论基础

2.1 国际直接投资的理论

2.1.1 发达国家国际直接投资的经典理论

20 世纪 60 年代以来，随着以美国为首的国际直接投资活动的日益增长，跨国公司直接投资的理论研究也实现了较大的突破，形成了以下经典理论。

2.1.1.1 垄断优势理论

美国学者 Hymer（1960）提出的垄断优势理论指出市场的非完全性和企业的垄断优势决定了企业的国际直接投资，当市场存在由规模经济、技术垄断、贸易壁垒等造成的不完全性时，企业进行国际贸易的成本会上升，所获收益则会下降，此时，企业会选择进行直接投资来参与国际市场。Kindleberger（1969）进一步补充和完善了垄断优势理论，并将市场的不完全性分为产品市场的不完全性、要素市场的不完全性和贸易壁垒三个方面，他同时认为市场的不完全性仅为企业参与国际直接投资提供了客观条件，企业自身的垄断优势才是其参与国际直接投资的主要决定因素。

2.1.1.2 产品生命周期理论

美国学者 Raymond Vernon（1966）首次基于产品引入、成长、成熟、衰退规律提出了企业国际直接投资的产品生命周期理论，即新产品从进入市场到被淘汰的过程，从而揭示了国际资本流动的规律。产品生命周期理论可以划分为产品研发创新、产品成熟以及产品标准化三个阶段。在不同阶段，企业国际直接投资特点存在差异。具体而言，在产品研发创新阶段，发达国家率先进行新产品的创新开发，主要满足国内高收入群体的需求，该阶段基本不会出现企业跨国投资行为。在产品成熟阶段，新产品逐渐被国外消费者认知，国外开始对新产品进行仿制，在该阶段，创新国的技术垄断优势逐渐消失，增加产品的差异化程度成为创新国企业提升竞争力的主要途径。在产品标准化阶段，发展中国家的廉价劳动力、资本等生产要素优势凸显，在该阶段，创新国的企业会通过国际直接投资将产品生产向发展中国家转移。事实上，当产品从研发创新阶段向成熟阶段转化，进而向标准化阶段转化时，产品的要素密集程度也会发生逆转，因为在研发初期需要大量研发费用的投入，因此，在该阶段产品属于技术密集型。而当产品逐渐转移到标准化阶段时，研发投入和人力资本的重要性逐渐降低，在该阶段，廉价劳动力开始成为比较优势的重要条件，产品的要素密集度逐渐向劳动密集型转移。可以发现，在产品生命周期的不同阶段，其对生产要素的需求也有所不同，这也引发了产品生产阶段在不同要素禀赋国家发生转移的情况。

产品生命周期理论为全球一体化背景下的资源整合提供了理论思路，事实上，这种全球范围内的资源配置一般是以发展中国家的环境污染为代价的，发达国家通过 OFDI 将其衰退落后的夕阳产业转移到发展中国家，这类产业一般具有高污染、高能耗、高排放的特征，而发展中国家通过引入这类 IFDI 改变了其产业结构，就会引发对生态环境的负面效应，加剧环境污染状况。

2.1.1.3 内部化理论

英国学者 Buckley 等（1976）首次将“内部化”概念应用于国际投资领域，认为中间产品市场非完全性的存在，会造成国际企业间中间产品交易成本上升。一般而言，在市场完全竞争的条件下，政府不会引入 IFDI，也不会进行 OFDI，本国企业通过市场交易就能起到双边投资的作用。但内部化理论认为，技术和知识等中间产品的公共产品性质、信息不完全和不确定性会导致依靠市场交易渠道无法实现企业利润最大化，基于此，企业可以进行跨国联合生产（包括纵向联合和横向联合），在企业内部进行中间产品的生产和交易，进而获取利益。因此，内部化理论认为，企业开展 OFDI 的主要动机是为了消除和克服外部市场的不完全性给企业经营效率带来的消极影响。

2.1.1.4 国际生产折中理论

英国学者 Dunning（1977）在将垄断优势理论、区位理论、内部化理论和要素禀赋理论等相关理论进行融合的基础上，提出了著名的国际生产折中理论。该理论认为，企业进行 OFDI 的主要原因可以归纳为以下三点：所有权优势、区位优势和内部化优势，即 OLI 范式。其中，所有权优势即垄断优势或厂商优势，认为当企业具备规模经济或垄断力量时，企业会选择进行国际直接投资。区位优势指一些国家在投资环境和政策上的相对优势，企业通过在东道国进行投资可以获取廉价的市场资源、劳动力资源和自然资源，同时可以享受东道国政府给予的政策优惠。内部化优势指企业为了规避公开市场的不完全性，降低外部交易成本，将公开市场交易转化为内部交易，从而将优势保持在企业内部。同时，当企业仅具备所有权优势时，会选择转让技术；而当企业同时具备所有权优势和内部化优势时，会选择出口；当企业同时具备以上三种优势时，会选择国际直接投资。

国际生产折中理论解释了企业进行国际直接投资的三个动机，可以直接应用于解释国际直接投资对发展中国家环境污染的影响。事实上，不同经济体所拥有的环境规制成本会存在显著差异，这种差异正是使得污染密集型产业从环境规制较高的经济体向环境规制较低经济体转移的激励。国际生产折中理论指出，发达经济体的企业在面对较高的环境规制成本时，会通过 OFDI，利用其所有权优势、区位优势和内部化优势，通过内部化企业的生产和管理，实现规模经济，并利用跨境生产降低环境规制成本，这就会显著缓解母国的环境污染状况，而东道国由于引入此类 IFDI，就会显著加剧地区的环境污染状况。

2.1.1.5 边际产业扩张理论

边际产业扩张理论是日本经济学家小岛清（1977）提出的，该理论认为在全球经济一体化的趋势下，一个经济体的投资发展不会仅限于国内，而会参与到国际市场的竞争中去，在全球范围内配置资源。一般而言，发达经济体会通过 OFDI 将那些在本国失去竞争力的夕阳产业转移到生产成本更低的发展中经济体，这类在本国失去竞争力的夕阳产业（也称为边际产业）也是高污染、高能耗、高排放的产业，这就会对东道国的环境产生影响。边际产业扩张理论主要以比较优势理论和要素禀赋理论为基础，认为一个经济体会根据比较优势的大小来决定 OFDI 的先后顺序，那些具备比较优势的企业会在本国进行生产，而不具备比较优势或者具备比较劣势的产业，会按比较优势的大小依次进行 OFDI，这类产业可能属于东道国的要素密集型产业，或者属于在东道国具备潜在发展空间的产业。

因此，依据边际产业扩张理论，发达经济体会优先选择对劳动密集型产业和资源密集型产业进行 OFDI。一般而言，随着发达经济体环境规制强度的不断上升，那些未能达到环境规制标准的边际产业由于面临越来越高的环境要素成本，会选择将生产转移到环境规制标准较低的发展中经济体。由此可见，边际产业扩张理论在一定程度上解释了发达经济体进行 OFDI 的产业顺序，也说明了边际产业的属性会对东道国的环境产生负面影响。

2.1.2 发展中国家国际直接投资的经典理论

随着发展中国家逐渐融入全球生产网络，国际直接投资活动逐步上升。但是，发展中国家的经济发展水平、基础设施条件、生产技术等与发达国家存在较大差距，传统的国际直接投资理论并不能有效解释其国际直接投资行为。因此，形成了小规模技术理论、技术地方化理论和投资发展周期等经典理论，用于解释发展中国家参与国际直接投资的行为。

2.1.2.1 小规模技术理论

小规模技术理论由美国学者 Wells（1977）提出，并在 1983 年对该理论进行了进一步细化。该理论认为，与发达国家不同，发展中国家在进行国际直接投资时，主要基于以下三方面的优势：第一，发展中国家在进行小规模的劳动密集型产品生产时，相比发达国家而言具备更大的优势，究其原因，发展中国家的经济发展水平有限，对产品的需求量较低，因此，发达国家的大规模生产技术并不适用于发展中国家，在满足小市场需求方面，发展中国家更具竞争优势。第二，在国外生产民族产品。与发达国家相比，发展中国家的直接投资主要是为国外同一种族团体的需要而建立的，这种模式的国际直接投资主要是基于本土资源优势和民族品牌优势。第三，产品低价营销优势。与发达国家的跨国企业相比，发展中国家的生产要素成本相对较低，因此在国际市场中具备一定的竞争力。

2.1.2.2 技术地方化理论

技术地方化理论由英国学者 Lall（1983）提出，该理论认为发展中国家跨国企业所拥有的生产技术虽然表现为规模小、标准化生产和劳动密集型特征，但这种技术并不只是对外来技术的模仿，还包含了企业本身的创新投入，主要表现在吸收引进外来先进生产技术，进而在学习该技术的过程中进行自主创新，这种创新的过程也正是发展中国家跨国企业所具备的优势。因此，Lall 将发展中国家竞争优势的来源归结为地区要素价格、技术改造、小规模生产技术以及产品需求特征四个方面。

2.1.2.3 投资发展周期理论

英国学者 Dunning 于 20 世纪 80 年代初从宏观层面选取 67 个国家的数据作为分析样本，实证检验了国际直接投资与经济发展水平之间的关系，并从动态分析框架出发解释了这一现象，由此提出了投资发展周期理论，该理论是对国际生产折中理论的补充和完善。其核心思想是一个国家所处的经济发展阶段不同，所有权优势、区位优势和内部化优势的差异会导致该国净 OFDI（一个国家的 OFDI 流量与 IFDI 流量的差额）的状态也有所不同。一般而言，一个经济体的经济发展水平越高，其吸引 IFDI 和进行 OFDI 的能力也就越高。具体可以分为以下四个阶段：第一阶段，一个经济体的人均 GNP 低于 400 美元，由于位于该阶段的经济体经济发展水平较低，不仅不具备所有权优势和内部化优势，也无法有效利用国外的区位优势，因此位于该阶段的经济体，IFDI 流入较少，且几乎没有 OFDI，净 OFDI 流量为负。第二阶段，一个经济体的人均 GNP 为 400～2 000 美元，位于该阶段的经济体经济发展水平显著上升，国内市场的需求量逐渐扩大，投资环境也有所改善，因此，有利于吸引 IFDI，但位于该阶段的经济体仍然不具备所有权优势和内部化优势，不利于企业进行 OFDI。第三阶段，一个经济体的人均 GNP 上升到 2 000～4 750 美元，由于其经济水平有了大幅增长，国内企业的所有权优势和内部化优势逐渐增强，从而促进了 OFDI 的快速发展，因此，位于该阶段的经济体，IFDI 和 OFDI 的规模均较大，但净 OFDI 依旧为负。第四阶段，人均 GNP 大于 4 750 美元，位于该阶段的经济体，所有权优势和内部化优势快速增加，达到较高的水平，且能有效利用东道国的区位优势，因此 OFDI 规模快速上升，明显超过 IFDI。

2.2 环境污染假说

2.2.1 “污染避难所”假说

“污染避难所”假说认为各经济体之间的环境规制存在差异，会促使环境规制成本较高的发达经济体将一些未能达到本国环境规制水平的“三高”（高污染、高排放、高能耗）产业转移到环境规制水平较低的发展中国家，导致发展中国家成为全球污染密集型产业的避难所。假设开放经济中存在两个经济体 A 和 B，两个经济体面临相同的需求结构及要素禀赋，且均生产两种产品 X 和 Y，其中 X 属于污染密集型产品，会产生一定的污染，Y 属于清洁产品，生产过程中不会产生任何污染。如图 2.1 所示，横轴 X/Y 表示污染产品 X 相对于清洁产品 Y 的产量，纵轴 P 表示污染产品 X 相对于清洁产品 Y 的价格。由于 A 经济体和 B 经济体的需求结构相同，因此，二者的需求曲线一致，均用 RD 表示。同样，若经济体 A 和经济体 B 的环境规制也相同，那么二者的供给曲线也会重合，用图中的 RS_A 表示。此时，A 经济体和 B 经济体生产 X 产品和 Y 产品的价格和产量均相同，不存在贸易或国际直接投资。而当经济体 B 相对经济体 A 而言，实施更宽松的环境规制政策时，经济体 B 就具备了生产污染产品 X 的比较优势，从而刺激其更专业化地生产 X 产品。X 产品的相对供给上升，供给曲线由初始的 RS_A 转移到 RS_B，而由于 A 经济体的环境规制强度不变，因此其供给曲线依旧用 RS_A 表示，可以发现 B 经济体 X 产品的相对价格（P_B）明显低于 A 经济体 X 产品的相对价格（P_A）。此时，A 经济体在清洁产品 Y 的生产上具备比较优势，贸易由此产生。A 经济体会向 B 经济体出口清洁产品 Y，进口污染产品 X，这样 A 经济体专门从事清洁产品 Y 的生产，环境污染下降，环境质量显著上升，而 B 经济体专门从事污染产品 X 的生产，环境污染增加，环境质量显著下降，B 经济体就成为 A 经济体的“污染避难所”。

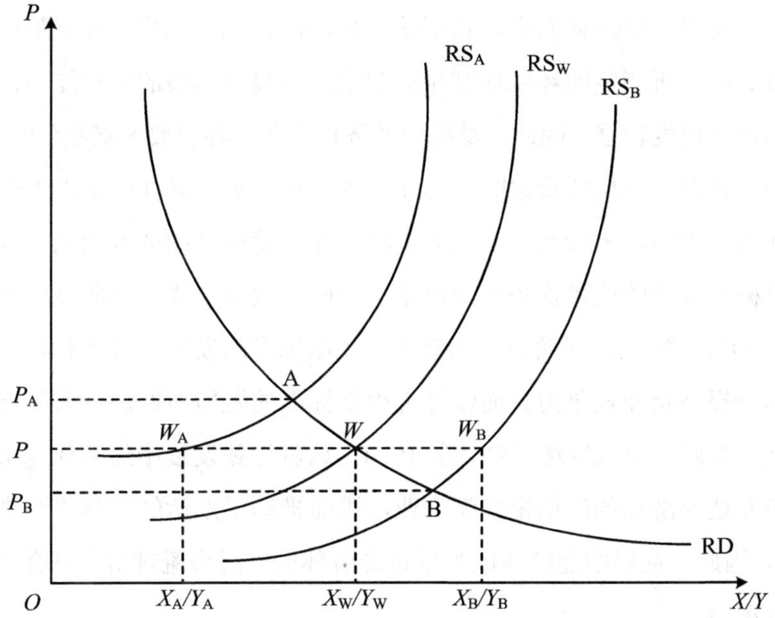

图 2.1 “污染避难所”假说

由于贸易与国际直接投资之间存在互补或替代的关系，因此，贸易与环境之间的关系可以衍生到国际直接投资与环境的关系中。在开放经济中，IFDI 和 OFDI 所带动的资本跨境流动会显著影响生产要素在全球范围内的配置，随着国际社会对环境的关注力度逐渐增强，环境要素也被认为是与资本、劳动、技术等同的一种生产要素。而要素禀赋理论认为一个经济体应该生产其要素丰裕的产品，进口要素稀缺的产品。当在要素禀赋理论中考虑到环境要素之后，就可以发现发达经济体由于面临较高的环境规制限制，环境要素属于稀缺要素，而发展中经济体由于正处于经济快速发展的阶段，环境规制相对较低，因此环境要素相对丰裕。国际贸易理论认为，一个经济体的“环境要素禀赋”主要取决于自然环境对污染的吸纳能力和民众对污染的容纳程度两个方面。一般而言，一个经济体的环境对污染的吸纳能力越强，环境要素禀赋就越丰富。对于发达经济体而言，严格的环境规制会显著提高污染生产的成本，且污染商品的生产和销售会面临来自公众的压力。而对于发展中经济体而言，其正处于城市化、工业化快速发展阶段，为了促进经济发展，其所制定的环境规制相对宽松，环境对污染的吸纳能力，以及民众对污染的容忍程度较强。因此，发展中经济体具备“环境要素禀赋”的比较优势，而发达经济体在“环境要素禀赋”方面具备比较劣势，具体的表现形式就是发达经济体环境污染的成本较高，而发展中经济体环境污染的成本较低，各经济体之间相对价格所导致的比较优势差异决定了不同的贸易模式。因此发达经济体的企业会通过 OFDI 将生产活动转移到低环境规制标准的发展中经济体，以降低企业生产成本，提高企业竞争力。而低环境规制标准的发展中经济体为了促进经济的快速发展，倾向于引入发达经济体的 IFDI，这就导致发展中经济体越来越多地承接了来自发达经济体的污染密集型产业，进而推动了发达经济体“污染密集型产业外逃”，因此，发展中经济体成为发达经济体的“污染避难所”符合国际贸易理论的内在逻辑。

2.2.2 波特假说

传统观点认为严格的环境规制会导致企业的生产成本上升，企业竞争力下降。而哈佛大学学者 Michael Porter（1991）提出了不同的观点，认为环境规制的上升虽然会在短期内导致企业生产成本上升，但从长期来看，适当的环境规制会促使企业进行更多的技术革新，从而抵消环境保护所带来的生产成本增加，降低对环境的依赖程度，最终促进企业以更少的投入获得更多的产出，增强企业竞争力，提升产品质量，减少环境污染，形成企业竞争力增强与环境保护的双赢局面（Win-Win）。Porter 等（1995）更加系统地阐述了该思想，即后来的波特假说。不同于“污染避难所”假说，波特假说从动态视角解释了严格的环境规制对企业创新效率和清洁产品生产的影响。主要存在以下两种机制：一是创新补偿效应，即合理的环境规制水平有利于刺激企业进行技术革新，进而促进企业生产率的提高，生产率的提高就会促进企业收益增加，进而抵消因环境规制提高所带来的生产成本增加。创新补偿效应还可以进一步分解为产品创新补偿和生产过程创新补偿两方面，产品创新补偿主要是指企业通过对生产的产品进行创新，更多地生产环境友好型的清洁产品。生产过程创新补偿则是指企业为了缓解环境污染，充分提高资源利用效率，从而减少环境污染，增加企业收益。二是国际市场竞争中的先发优势，即如果一个经济体的环境规制水平反映了当前全球环境保护的新趋势、新动态，那么国内企业就会率先采取创新行动刺激企业技术创新，最终获得在国际市场竞争中的竞争优势。波特假说机制如图 2.2 所示。

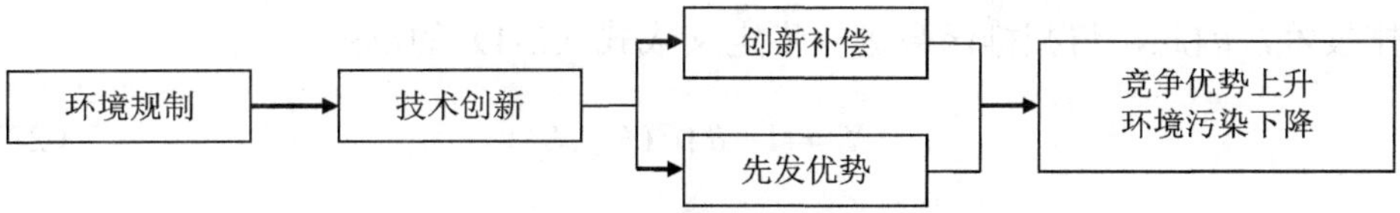

图 2.2 波特假说机制

在波特假说的前提下，无论东道国环境规制水平是高还是低，IFDI 都会显著促进环境质量改善，因为即使东道国的环境规制水平很低，IFDI 也会通过技术创新效应提高绿色生产技术水平，降低东道国的环境污染。

2.3 双向 FDI 影响环境污染的机制分析与效应分解

2.3.1 双向 FDI 影响环境污染的机制分析

依据 Copeland 等建立的理论模型，本书试图构建双向 FDI 影响环境污染的理论模型。假设一个开放经济仅生产两种最终商品 X 和 Y，且这两种商品的规模收益不变，X 为资本密集型商品，会产生一定的污染 Z，其中污染 Z 会随着 X 商品产量的增加而上升，Y 为劳动密集型商品，生产过程中不会产生污染。定义商品 Y 为基准商品，此时 $P_Y=1$，商品 X 的相对价格 $P=P_X$。资本 K 和劳动 L 作为两种投入要素，市场回报分别为 r 和 w，且两种生产要素均无弹性供给。其

中 $\frac{K_X}{L_X} > \frac{K_Y}{L_Y}$，因此，商品 Y 的生产函数 Y 可以定义为以下形式：

$$Y = H(K_Y, L_Y) \tag{2-1}$$

由于商品 X 在生产过程中会产生一定的污染，因此商品 X 的产出由两部分构成，一部分是产出 X，另一部分是污染 Z。而减排是可行的，X 商品的生产部门可以配置一部分 θ 来进行减排活动，基于此，商品 X 的生产函数 X 和排放 Z 的函数可以定义为式（2-2）和式（2-3）的形式。由于任何部门都会具备一项初始的减排技术，因此，将减排函数进一步定义成式（2-4）的形式：

$$X = (1-\theta)F(K_X, L_X) \tag{2-2}$$

$$Z = \phi(\theta)F(K_X, L_X) \tag{2-3}$$

$$\phi(\theta) = \frac{1}{A}(1-\theta)^{1/\alpha} \tag{2-4}$$

$$A = A_0\left(1+\theta\right)^t \tag{2-5}$$

其中，$\theta \in [0,1)$，$\phi(0)=1$，即当 θ 等于 0 时，不存在任何减排活动，一单位的产出会产生一单位的排放，同时，A_0 表示初始的减排技术水平，A 表示目前的减排技术，t 表示时间效应，$\alpha \in (0,1)$，$\phi'(*) < 0$，$\phi''(*) > 0$。此时：

$$X = F(K_X, L_X) \tag{2-6}$$

$$Z = X \tag{2-7}$$

可以推出：

$$X = (AZ)^{\alpha} F(K_X, L_X)^{1-\alpha} \tag{2-8}$$

由于污染 Z 对消费者和社会中的其他生产者而言，会带来负的外部效应，因此污染 Z 具有一定的社会成本。在产权界定明确的情况下，企业必须为每单位的污染支付相应的费用τ，其中τ可以定义为污染物排放税或者购买污染许可证的费用。对于生产X商品的企业而言，为了最大化其利润，需要首先依据资本K和劳动L的市场回报r和w确定合适的资本劳动比以最小化潜在产出F的成本，定义该成本函数为$c^F(w,r)$。继而根据潜在产出成本$c^F(w,r)$和减排成本τ确定污染Z和潜在产出F以最小化商品X的生产成本。因此，生产商品X的成本最小化函数可以表示为

$$c^x(w,r,\tau)=\min_{\{Z,F\}}\left\{\tau AZ+c^F(w,r)F(K_x,L_x),(AZ)^{\alpha}F(K_x,L_x)^{1-\alpha}=1\right\} \quad (2\text{-}9)$$

对式（2-9）求最优一阶导数可得

$$\frac{AZ}{F}\frac{(1-\alpha)}{\alpha}=\frac{c^F}{\tau} \quad （2\text{-}10）$$

在开放经济中，定义P_X^0和P_Y^0分别为商品X和商品Y的基期价格，即$P_X^0=P_Y^0=1$，因此有$P_X^0X=c^FF+\tau AZ$。结合式（2-10），每单位X商品所造成的环境污染可以表示为

$$e\equiv\frac{Z}{X}=\frac{\alpha P_X^0}{A\tau} \quad （2\text{-}11）$$

可以看出，生产X商品所造成的单位环境污染e会随着单位减排成本τ和技术水平A的上升而下降，同时会随着X商品价格X的上升而增加。

$$Z=eX=e\varphi_X S \quad （2\text{-}12）$$

其中，$S=P_X^0X+P_Y^0Y$表示经济规模，$\varphi_X=\dfrac{P_X^0X}{P_X^0X+P_Y^0Y}$表示X商品的产出价值占总产出的份额，结合式（2-11）、式（2-12）可得

$$Z=\frac{\alpha\varphi_X S}{A\tau} \quad （2\text{-}13）$$

对式（2-13）两边同时取对数可得

$$\ln Z = \ln\left(\frac{S}{\tau}\right) + \ln\varphi_{X} + \ln\left(\frac{\alpha}{A}\right) \tag{2-14}$$

因此，X 商品的环境污染效应可以分解为规模效应（$\ln\left(\frac{S}{\tau}\right)$）、结构效应（$\ln\varphi_{X}$）和技术效应（$\ln\left(\frac{\alpha}{A}\right)$）。由于现有研究已经证实 IFDI 和 OFDI 会通过这三种效应对环境污染产生影响（盛斌等，2012；聂飞等，2016），因此，本书将重点说明其影响机制。依据式（2-14），两边同时对 IFDI、OFDI 求导，并乘以 IFDI、OFDI，得到式（2-15）、式（2-16），其中 $\frac{dZ}{dIFDI}\frac{IFDI}{Z}$、$\frac{dZ}{dOFDI}\frac{OFDI}{Z}$ 分别表示 IFDI、OFDI 对环境污染的弹性。

$$\frac{dZ}{dIFDI}\frac{IFDI}{Z} = \frac{d\ln\left(\frac{S}{\tau}\right)}{dIFDI}\times IFDI + \frac{d\ln\varphi_{X}}{dIFDI}\times IFDI + \frac{d\ln\left(\frac{\alpha}{A}\right)}{dIFDI}\times IFDI \tag{2-15}$$

$$\frac{dZ}{dOFDI}\frac{OFDI}{Z} = \frac{d\ln\left(\frac{S}{\tau}\right)}{dOFDI}\times OFDI + \frac{d\ln\varphi_{X}}{dOFDI}\times OFDI + \frac{d\ln\left(\frac{\alpha}{A}\right)}{dOFDI}\times OFDI \tag{2-16}$$

$\frac{d\ln\left(\frac{S}{\tau}\right)}{dIFDI}\times IFDI$ 和 $\frac{d\ln\left(\frac{S}{\tau}\right)}{dOFDI}\times OFDI$ 指在一个经济体产业结构和环境技术不变的情况下，IFDI 和 OFDI 通过影响地区经济活动的规模进而影响环境污染的机制。这里隐含了 IFDI 和 OFDI 的增加会促进经济规模扩大，当然，这一假设无论是从理论上还是从现实情况来看都是合理的。传统的贸易理论（如绝对优势理论、相对优势理论、内部化理论等）均已经强调了 IFDI 和 OFDI 对经济增长的影响。从现实情况来看，一个经济体在引入 IFDI 和 OFDI 过程中，都在一定程度上促进了经济的发展，尤其是对于中国这样的发展中国家而言，“引进来”和“走出去”的同步发展显著促进了中国经济的快速增长。

$\frac{\mathrm{dln}\varphi_X}{\mathrm{dIFDI}}\times \mathrm{IFDI}$ 和 $\frac{\mathrm{dln}\varphi_X}{\mathrm{dOFDI}}\times \mathrm{OFDI}$ 指 IFDI 和 OFDI 通过对地区产业结构产生影响，进而影响环境污染的机制。双向 FDI 所产生的结构效应主要来自全球范围内的专业化分工。在国际化分工的过程中，各经济体利用自身的禀赋优势参与市场竞争，会对其产业结构产生影响。如果在参与 IFDI 和 OFDI 的过程中促使资源向相对清洁的部门转移，就会加速该经济体的产业结构改善，进而缓解环境污染状况。但如果 IFDI 和 OFDI 使得该经济体的资源向污染密集型行业转移，那么就会导致产业结构向非合理化的方向转化，进而加剧环境污染水平。

$\frac{\mathrm{dln}\left(\frac{\alpha}{A}\right)}{\mathrm{dIFDI}}\times \mathrm{IFDI}$ 和 $\frac{\mathrm{dln}\left(\frac{\alpha}{A}\right)}{\mathrm{dOFDI}}\times \mathrm{OFDI}$ 指 IFDI 和 OFDI 通过影响地区的技术水平进而影响环境污染的机制。技术效应产生于引入 IFDI 和进行 OFDI 过程中，通过技术溢出和逆向技术溢出效应，促使企业生产单位产品所产生的环境污染下降，即促使企业的污染强度或者单位能耗下降的渠道。一般而言，通过 IFDI 和 OFDI 所引入的环保设备越多、环境技术越先进，就越有利于改善该经济体的环境污染状况，但如果所引入的 IFDI 主要来源于发展中国家，或者主要是一些污染密集型的产品，且 OFDI 主要集中在一些欠发达国家，那就不利于环境技术改善。

2.3.2 双向 FDI 影响环境污染的效应分解

如图 2.3 和图 2.4 所示，当一个经济体选择对污染商品 X 进行 OFDI 时，其污染需求曲线 D 会有所下降，新的污染需求曲线用 D_1 表示，可以看到此时该经济体所产生的环境污染水平由 Z_1 下降到 Z_2。而当该经济体为了追求经济利益，忽视环境污染而引入 X 商品的 IFDI 时，就可能导致该经济体成为“污染天堂”，污染需求曲线由最初的 D^* 上升到 D_1^*，相应的环境污染水平也由最初的 Z_1^* 上升到 Z_2^*。

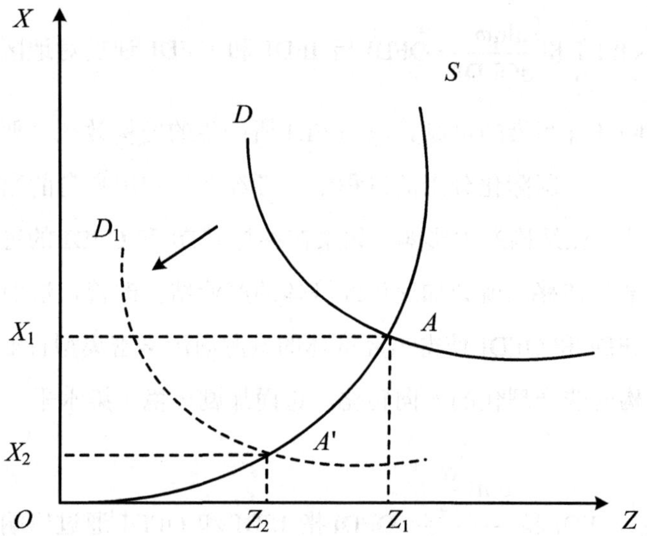

图 2.3 X 商品的 OFDI

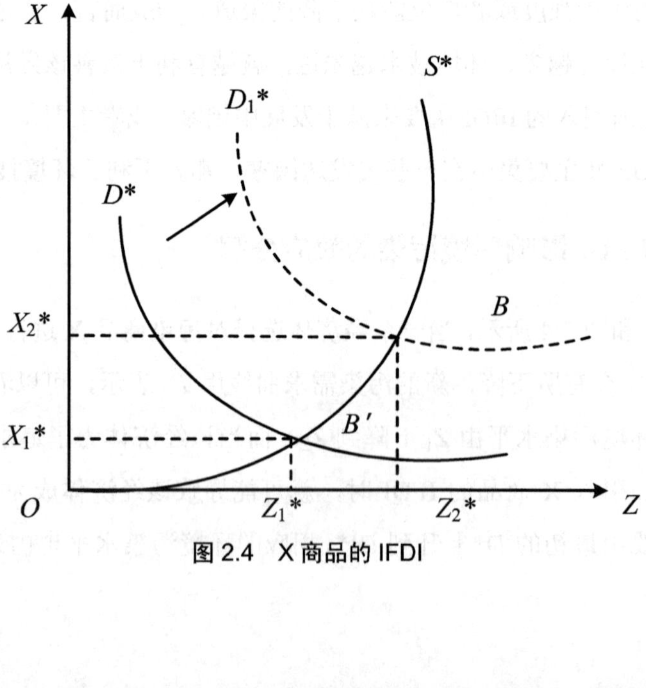

图 2.4 X 商品的 IFDI

为了更准确地分析 IFDI 和 OFDI 影响环境污染的规模效应、结构效应和技术效应，进一步以 X 商品的 IFDI 和 OFDI 对环境污染的影响为例进行分析，如图 2.5 和图 2.6 所示。

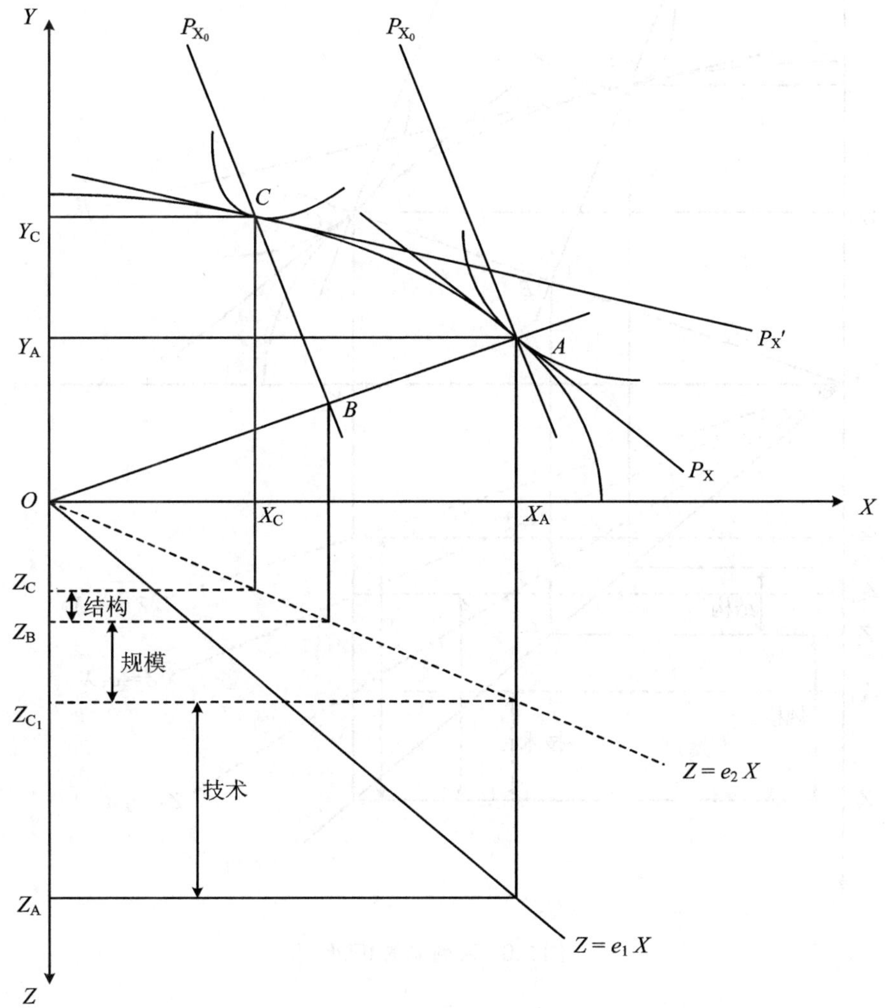

图 2.5 X 商品的 OFDI

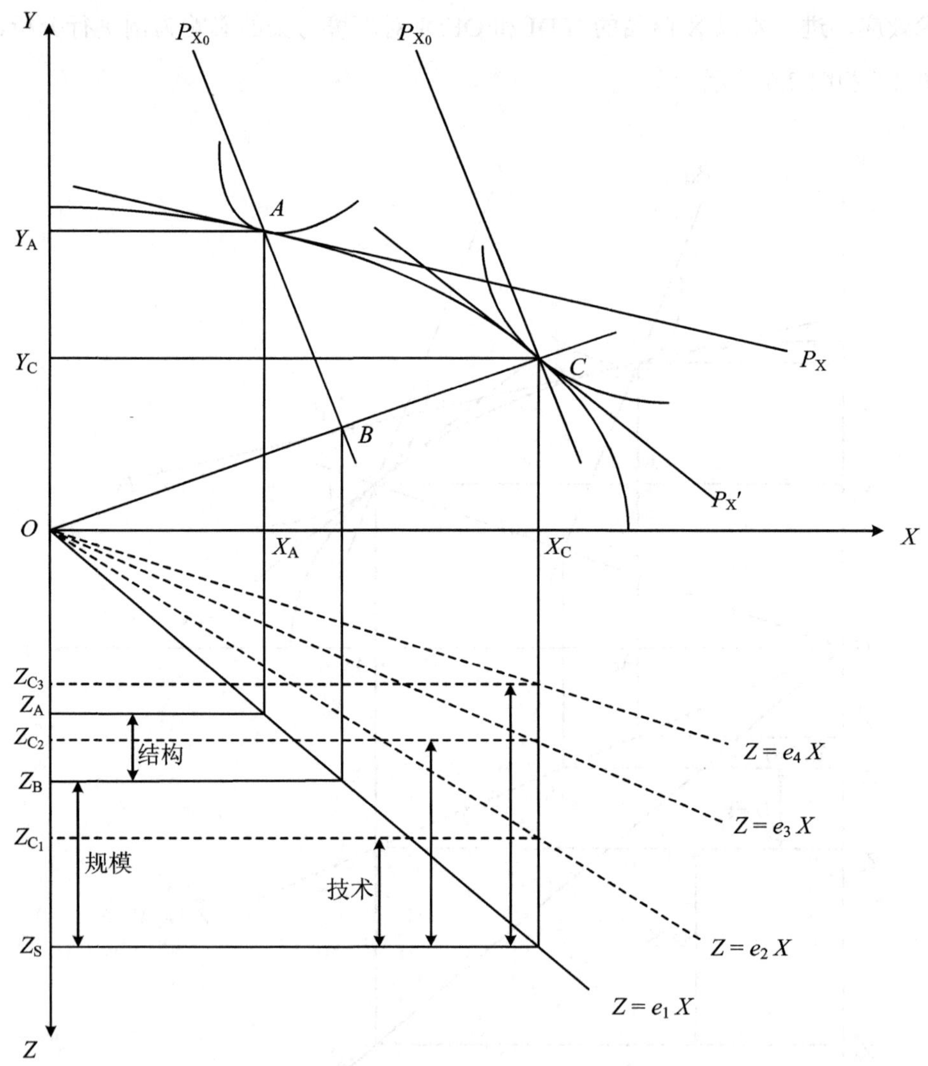

图 2.6　X 商品的 IFDI

当一个经济体对 X 商品进行 OFDI 时，如图 2.5 所示，生产可能性曲线与社会无差异曲线的切点由点 A 移动到点 C，X 商品的相对价格曲线由 P_X 移动到 P_X'，X 商品的生产由 X_C 下降到 X_A，Y 商品的生产由 Y_A 上升到 Y_C。此时，由于该经济体转移了高能耗、高污染的 X 商品，因此，可以更专业化地生产 Y 商品，这就有利于其规模的扩张，从而产生规模效应，降低环境污染水平。同时，专业化地生产 Y 商品，减少 X 商品的生产，会对该经济体的产业结构产生影响，这就构成了 OFDI 影响环境污染的结构效应。最后，由于治理环境污染存在一定的成本，该经济体不仅会通过将 X 产业进行国际转移来规避环境污染，还会通过与东道国企业进行环境技术研发合作以应对环境规制，这就构成了环境污染的技术效应。因此，由于环境技术水平的提高，该经济体生产 X 商品的单位环境污染水平由 e_1 下降到 e_2，总环境污染水平由 Z_A 下降到 Z_C。其中，Z_A 到 Z_{C1} 为技术效应所引致的环境污染水平下降，Z_{C1} 到 Z_B 为 OFDI 的规模效应所引致的环境污染水平下降，Z_B 到 Z_C 则为 OFDI 的结构效应所引致的环境污染水平下降。可以看出，将高能耗、高污染的边际产业转移出去会显著改善国家的环境污染水平，此时，OFDI 所产生的规模效应、结构效应和技术效应均会显著抑制环境污染。

当一个经济体引入 X 商品的 IFDI 时，如图 2.6 所示，生产可能性曲线与社会无差异曲线的切点由点 A 移动到点 C，其共同的切线由 P_X 移动到 P_X'，该切线斜率的绝对值等于 X 商品和 Y 商品的价格比率，即 X 商品的相对价格。此时 X 商品的生产由 X_A 上升到 X_C，Y 商品的生产则由 Y_A 下降到 Y_C，环境污染水平由 Z_A 上升到 Z_S。由于经济体在引入 X 商品的 IFDI 过程中，会促进经济规模的扩大，而 X 商品的生产伴随能源消耗的增加，因此，规模效应会导致环境污染水平上升。同时，引入 X 商品的 IFDI 会改变该经济体的产业结构现状，从而导致更多的能源消耗，因此，X 商品 IFDI 的结构效应同样会促进环境污染水平上升。最后，由于外资的流入可能会带来东道国的环境技术，本土企业可以通过学习效应掌握其节能减排技术，从而降低环境污染，因此，IFDI 的技术效应会显著抑制环境污染增加。可以看到，Z_A 到 Z_B 即引入 IFDI 所产生的环境污染结构效应，Z_B 到 Z_S 则为 IFDI 所导致的环境污染规模效应。引入 IFDI 之前，单位环境污染水平为 e_1，用曲线 $Z=e_1X$ 表示，在引入 IFDI 之后，由于存在一定的技术溢出效应，治理环境污染的技术水平可能有所提高，此时单位环境污染水平可能为 e_2、e_3 或 e_4。当技术效应较小，为 e_2 或 e_3 时，所带来的污染改善并不能完全抵消引资所导致的规模效应和结构效应对环境污染的正向影响，此时环境污染水平会由 Z_A 上升到 Z_{C_1} 或 Z_{C_2}。只有当技术效应足够大，单位环境污染下降到 e_4 时，技术效应才能完全抵消环境污染的规模效应和结构效应，此时，该经济体最终的环境污染水平会由 Z_A 下降到 Z_{C_3}。

3

中国双向 FDI 与环境污染的现状分析

3.1 中国 IFDI 的现状

3.1.1 中国 IFDI 的发展历程

1978 年召开的党的十一届三中全会拉开了中国经济体制改革的序幕，紧接着，1979 年 7 月 1 日全国人民代表大会第二次会议通过了《中华人民共和国中外合资经营企业法》，该法律的颁布在一定程度上代表了中国引进 IFDI 的里程碑。随后，中国经济体制改革程度不断深入，对外开放水平逐渐提高，IFDI 规模显著扩大，促进了中国经济迅速融入国际经济体系。如图 3.1 所示，1980—2017 年，中国 IFDI 流量和存量均呈持续增长的态势，年均增长率分别达到 32.5%和 22.5%。从整体增长趋势来看，中国 IFDI 流量和存量增长之间存在明显的同步性，但 IFDI 流量增长的波动幅度明显大于存量增长的波动幅度。

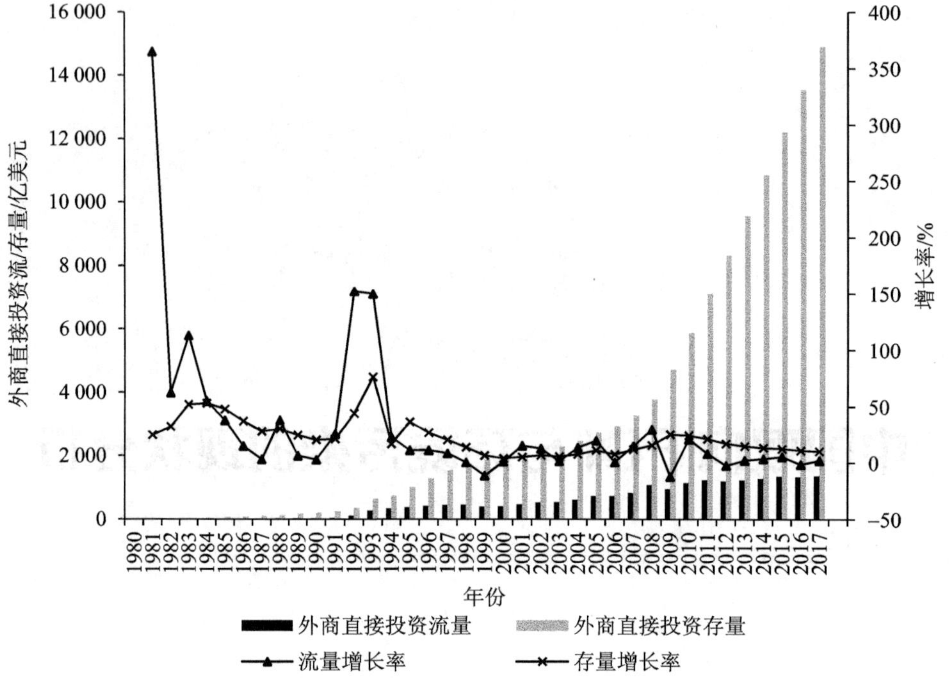

图 3.1 1980—2017 年中国 IFDI 流量、存量及增长率

注：数据来源于联合国贸易和发展（UNCTAD）数据库。

表 3.1 国际金融危机后中国 IFDI 流量和存量占世界比重

年份	IFDI 流量			IFDI 存量		
	中国/亿美元	世界/亿美元	占比/%	中国/亿美元	世界/亿美元	占比/%
2008	1 083.12	14 852.05	7.29	3 780.83	154 035.80	2.45
2009	950.00	11 790.64	8.06	4 730.83	183 018.00	2.58
2010	1 147.34	13 719.19	8.36	5 878.17	202 793.90	2.90
2011	1 239.85	15 676.77	7.91	7 118.02	210 072.70	3.39
2012	1 210.80	15 747.12	7.69	8 328.82	228 771.30	3.64
2013	1 239.11	14 253.77	8.69	9 567.93	247 647.40	3.86
2014	1 285.00	13 385.32	9.60	10 852.93	253 787.70	4.28
2015	1 356.10	19 213.06	7.06	12 209.03	256 649.60	4.76
2016	1 337.10	18 675.33	7.16	13 546.13	276 630.90	4.90
2017	1 362.20	14 298.07	9.53	14 909.33	315 243.60	4.73

资料来源：联合国贸易和发展会议（UNCTAD）数据库。

事实上，我国 IFDI 的发展可以分为四个阶段。第一阶段即 IFDI 的起步阶段（1979—1986 年），该阶段中国大陆所引入的 IFDI 主要源于中国香港、中国台湾和中国澳门地区，此时，IFDI 规模较小，增长速度也较慢。第二阶段即 IFDI 开始出现小幅增长的阶段（1987—1991 年），主要原因在于 1986 年 10 月 11 日国务院颁布了《关于鼓励外商投资的规定》，这一规定的出台明确了产品出口企业和先进技术企业的外国投资者在所得税、土地、水电、运输条件、通信设施、进出口配额、外汇调剂、住房补助、福利费用等方面的优惠，这一具体政策的颁布和实施有效促进了 20 世纪 80 年代中后期我国沿海地区 IFDI 的小幅增长，使得我国进入了以市场换技术的阶段。第三阶段为 IFDI 规模的快速增长阶段（1992—2001 年），受 1992 年邓小平南方讲话的影响，国内掀起了新的经济发展热潮，为了促进经济的快速发展，各地区大力吸引外资落户，从而促进了 IFDI 规模的快速增长。1992 年吸引的 IFDI 直接在 1991 年的基础上翻了一番，流量额超过了 110 亿美元，且该年 IFDI 流量增长速度达到了 152.1%。到 1996 年，IFDI 流量更是超过了 400 亿美元，IFDI 在促进中国经济发展中逐渐占据主要地位。第四阶段为 IFDI 的稳步发展阶段（2002 年至今），主要原因可能在于 2001 年 12 月 11 日中国正式加入世界贸易组织，这意味着中国的 IFDI 又进入了一个新的发展阶段。2002 年 IFDI 突破 500 亿美元，2004 年、2005 年又相继突破 600 亿美元、700 亿美元，到 2008 年，中国 IFDI 流量更是突破 1 000 亿美元大关，同比增长 29.7%。2017 年，中国的 IFDI 流量和存量分别达到 1 363.2 亿美元和 14 909.33 亿美元，成为全球第二大外资流入国，并继续成为发展中国家中最大的外资流入国，IFDI 持续增长，与世界经济的联系越发紧密。1980—2017 年中国 IFDI 流量、存量及增长率如图 3.1 所示。

国际金融危机对中国的进出口贸易和 IFDI 均产生了显著影响。2009 年，中国的进出口贸易总额为 22 075.35 亿美元，IFDI 流量额为 950 亿美元，与 2008 年相比分别下降了 13.88%和 12.29%。相较于危机之前，中国利用外资增速有所放缓，但其占世界 IFDI 流量总额的比重却有所增长。由表 3.1 可知，中国 IFDI 流量和存量占世界当年 IFDI 流量和存量的比重分别由 2009 年的 8.06%和 2.58%上升至 2017 年的 9.53%和 4.73%，在一定程度上说明中国的 IFDI 依旧呈现上升趋势，IFDI 仍然是中国经济发展的重要因素之一。

3.1.2 中国 IFDI 的行业分布特征

通过分析中国引入 IFDI 的行业分布特征能够了解其结构特征。表 3.2 分别列出了 2005 年、2010 年和 2016 年中国分行业实际利用 IFDI 流量及构成占比情况。从 IFDI 流量的行业构成特征来看，制造业的 IFDI 流入量最大，占比最高，2016 年的流量额达到 354.92 亿美元，占比达到 28.17%；其次是房地产业、租赁和商务服务业、批发和零售业，占比分别为 15.60%、12.80%、12.59%。从同比增长来看，2010 年增长速度最快的行业为金融业，增长率达到 146.28%；其次是建筑业，卫生、社会保障和社会福利业，增长率分别达到 111.16%和 110.53%。2016 年增长最快的行业为教育行业，增长率达到了 226.09%；其次是信息传输、计算机服务和软件业，增长率达到 120.11%。可以发现中国引入 IFDI 的倾向开始转变，呈现明显的技术寻求型特征。进一步对比 2005 年、2010 年、2016 年引入 IFDI 的行业变化特征，结果发现，2005 年中国引入 IFDI 占比最高的行业是制造业，流量额为 424.53 亿美元，占比高达 70.37%；其次是房地产业、租赁和商务服务业，占比分别为 8.98%、6.21%，其他行业占比较小，行业结构十分单一。到 2010 年，中国引入 IFDI 占比最高的行业依旧为制造业，流量额为 495.91 亿美元，虽然较 2005 年有所增加，但占比明显下降，仅为 46.90%；房地产业占比则增长较快，达到了 22.69%。到 2016 年，虽然制造业依旧是引资最多的行业，但流量额和占比均出现大幅下降，占比仅为 28.17%，批发和零售业、租赁和商务服务业的占比则增长较快，均超过了 12%，可以发现，中国 IFDI 的行业结构开始呈现多元化趋势。

表 3.2 2005 年、2010 年和 2016 年按行业分中国 IFDI 流量及构成变化

行业	2005 年		2010 年			2016 年		
	流量/亿美元	占比/%	流量/亿美元	占比/%	同比增长/%	流量/亿美元	占比/%	同比增长/%
农、林、牧、渔业	7.18	1.19	19.12	1.81	33.82	18.98	1.51	23.72
采矿业	3.55	0.59	6.84	0.65	36.72	0.96	0.08	–60.34
制造业	424.53	70.37	495.91	46.90	6.03	354.92	28.17	–10.24
电力、燃气及水的生产和供应业	13.94	2.31	21.25	2.01	0.60	21.47	1.70	–4.60
建筑业	4.90	0.81	14.61	1.38	111.16	24.77	1.97	58.94
交通运输、仓储和邮政业	18.12	3.00	22.44	2.12	–11.22	50.89	4.04	21.58
信息传输、计算机服务和软件业	10.15	1.68	24.87	2.35	10.67	84.42	6.70	120.11
批发和零售业	10.39	1.72	65.96	6.24	22.37	158.70	12.59	32.00
住宿和餐饮业	5.60	0.93	9.35	0.88	10.76	3.65	0.29	–15.87
金融业	2.20	0.36	11.23	1.06	146.28	102.89	8.17	–31.26
房地产业	54.18	8.98	239.86	22.69	42.80	196.55	15.60	–32.21
租赁和商务服务业	37.45	6.21	71.30	6.74	17.31	161.32	12.80	60.52
科学研究、技术服务和地质勘查业	3.40	0.56	19.67	1.86	17.52	65.20	5.17	43.95
水利、环境和公共设施管理业	1.39	0.23	9.09	0.86	63.38	4.22	0.33	–2.71
居民服务和其他服务业	2.60	0.43	20.53	1.94	29.43	4.90	0.39	–32.02
教育行业	0.18	0.03	0.08	0.01	–39.36	0.94	0.07	226.09
卫生、社会保障和社会福利业	0.39	0.07	0.90	0.09	110.53	2.54	0.20	77.23
文化、体育和娱乐业	3.05	0.51	4.36	0.41	37.33	2.67	0.21	–66.14

注：数据来源于中华人民共和国国家统计局《按行业分外商直接投资额》。

由图 3.2 可知，2005 年中国 IFDI 主要聚集于第二产业，流量额占我国 IFDI 流量总额的 74%；第三产业的流量额占比仅为 25%。而到 2016 年，中国的 IFDI 产业结构开始偏向第三产业，流量额占比达到 67%；第二产业出现明显下降，流

量额占比仅为 32%，说明中国引入 IFDI 的结构正在逐步优化。这得益于国家鼓励和引导 IFDI 流向高科技产业、服务业、节能环保行业，从而促进了我国经济发展水平上升以及环境污染改善。

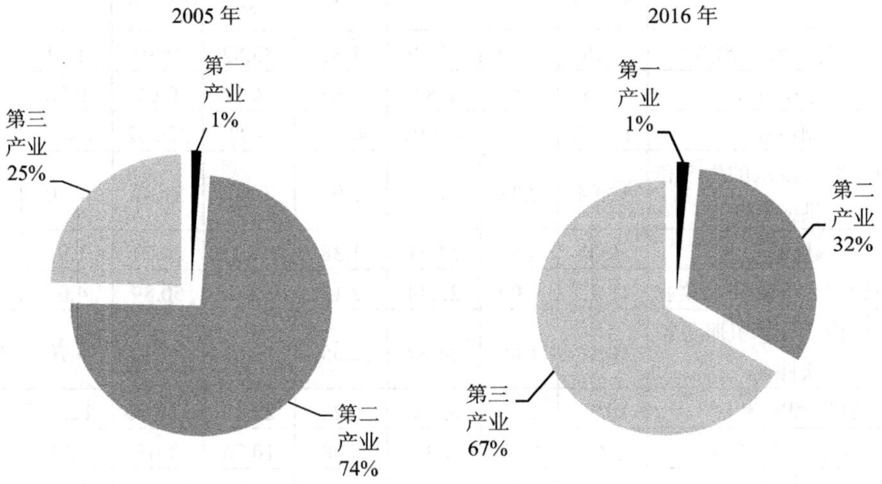

图 3.2　2005 年和 2016 年按三次产业分组的 IFDI 流量比重

注：笔者依据中华人民共和国国家统计局《按行业分外商直接投资额》数据核算。三次产业所属行业以《国民经济行业分类》（GB/T 5754—2011）为依据。

3.1.3　中国 IFDI 的区域分布特征

通过系统考察 IFDI 的区域分布能够了解其空间特征。如表 3.3 所示，中国 IFDI 在空间上呈显著的不均衡特征，区域之间呈“东高西低”的布局态势。就东部地区而言，2016 年 IFDI 主要集中于长江三角洲、珠江三角洲和环渤海地区，江苏、广东、上海、浙江、山东的 IFDI 流量较高，分别达到 245.40 亿美元、233.49 亿美元、185.14 亿美元、175.77 亿美元、168.26 亿美元，位于东部地区前列；而同期辽宁、吉林和海南的 IFDI 流量较低，分别为 29.99 亿美元、22.75 亿美元、21.31 亿美元。就中部地区而言，IFDI 主要集中在安徽、江西、河南、湖北、湖南地区，山西的引资能力十分薄弱，2016 年 IFDI 流量仅为 23.30 亿美元，占中部地区 IFDI

的 3.45%。就西部地区而言，IFDI 主要集中在四川和陕西，2016 年四川和陕西的实际 IFDI 额占西部地区总额的比重分别为 34.45%和 21.65%；其次是内蒙古和重庆；西藏、青海、甘肃、宁夏和新疆等地的引资能力十分薄弱，五省（区）合计占西部地区 IFDI 总额的 3.67%。

表 3.3 分省（自治区、直辖市）IFDI 流量情况 单位：亿美元

地区	2008 年	2009 年	2010 年	2011 年	2012 年	2013 年	2014 年	2015 年	2016 年
东部地区									
北京市	60.82	61.21	63.64	70.54	80.42	85.24	90.41	129.96	130.30
天津市	74.20	90.20	108.49	130.56	150.16	168.29	188.67	211.34	101.00
河北省	34.19	35.98	38.31	46.81	58.05	64.47	63.72	61.78	73.54
辽宁省	120.19	154.44	207.50	242.67	267.93	290.40	274.23	51.85	29.99
吉林省	9.93	11.40	12.80	14.81	16.49	18.19	19.66	21.27	22.75
黑龙江	25.47	23.62	26.62	32.50	39.00	46.10	50.90	54.50	58.18
上海市	100.84	105.38	111.21	126.01	151.85	167.80	181.66	184.59	185.14
江苏省	251.20	253.23	284.98	321.32	357.60	332.59	281.74	242.70	245.40
浙江省	100.73	99.40	110.02	116.66	130.69	141.59	157.97	169.60	175.77
福建省	100.26	57.37	58.03	62.01	63.38	66.79	71.15	76.83	81.95
山东省	82.02	80.10	91.68	111.60	123.53	140.53	151.95	163.01	168.26
广东省	169.21	175.08	202.61	195.29	215.53	249.52	268.71	268.75	233.49
海南省	12.83	9.38	15.12	15.23	16.41	18.11	18.89	20.06	21.31
中部地区									
山西省	10.23	4.93	7.14	20.73	25.04	28.07	29.52	28.70	23.30
安徽省	34.90	38.84	50.14	66.29	86.38	106.90	123.40	136.20	147.70
江西省	36.04	40.24	51.01	60.59	68.24	75.51	84.51	94.70	104.40
河南省	40.33	47.99	62.47	100.83	121.18	134.57	149.27	160.86	169.93
湖北省	32.45	36.57	40.50	46.55	56.66	68.88	79.28	89.48	101.29
湖南省	40.05	45.98	51.84	61.50	72.80	87.05	102.66	115.64	128.52
西部地区									
内蒙古自治区	26.51	29.84	33.85	38.38	39.43	46.45	39.77	33.66	39.67
广西壮族自治区	9.71	10.35	9.12	10.14	7.49	7.00	10.01	17.22	8.88
重庆市	24.52	33.76	40.28	62.46	105.33	41.44	106.29	37.72	26.26

地区	2008 年	2009 年	2010 年	2011 年	2012 年	2013 年	2014 年	2015 年	2016 年
四川省	31.22	36.10	60.25	94.81	98.01	102.84	102.88	99.96	79.77
贵州省	1.49	1.34	2.95	5.15	4.91	5.77	4.66	4.19	9.67
云南省	7.77	9.10	13.29	17.38	21.89	25.15	27.06	29.92	8.67
西藏自治区	0.23	0.58	0.24	0.65	1.74	1.01	1.59	0.70	0.64
陕西省	13.70	15.10	18.20	23.55	29.36	36.78	41.76	46.21	50.12
甘肃省	1.28	1.34	1.35	0.70	0.61	0.71	1.00	1.10	1.16
青海省	2.20	2.15	2.19	1.69	2.06	0.94	0.50	0.55	0.15
宁夏回族自治区	0.62	0.70	0.81	2.02	2.18	1.48	0.92	1.86	2.54
新疆维吾尔自治区	1.90	2.16	2.37	3.35	4.08	4.81	4.17	4.53	4.01

注：数据来源于各省（自治区、直辖市）统计年鉴（2009—2017 年）。

如图 3.3 所示，进一步将中国各省（自治区、直辖市）按地理特征分为东、中、西三个区域。

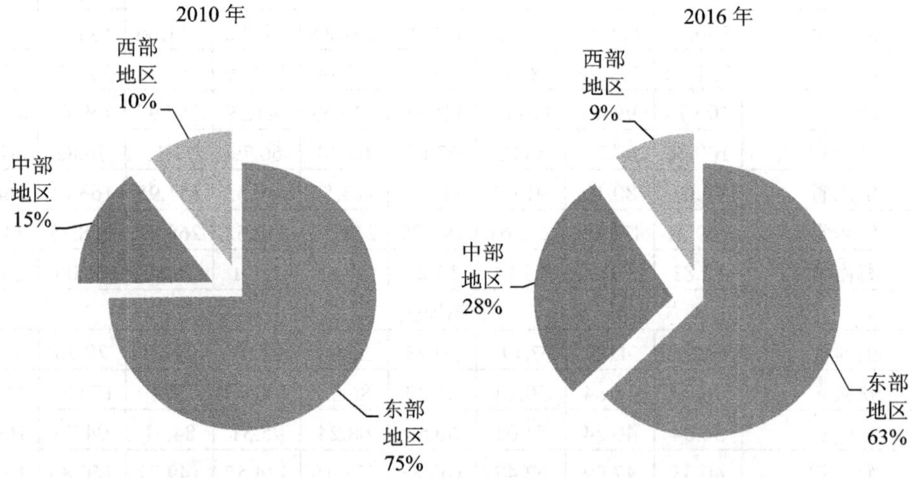

图 3.3　2010 年和 2016 年中国 IFDI 流量区域分布情况

注：数据来源于各省（自治区、直辖市）统计年鉴（2011 年和 2017 年）。东部地区包括北京、天津、河北、辽宁、吉林、黑龙江、上海、江苏、浙江、福建、山东、广东、海南，中部地区包括山西、安徽、江西、河南、湖北、湖南，西部地区包括内蒙古、广西、重庆、四川、贵州、云南、西藏、陕西、甘肃、青海、宁夏、新疆。

可以看出，东部地区的IFDI流量规模最大，中部地区次之，西部地区最小。但2010—2016年，IFDI的区域结构变化明显，东部地区IFDI比重由75%下降到63%；中部地区IFDI比重则由15%上升到28%；西部地区占比变化较小，由2010年的10%下降到9%。从增长速度来看，中部地区IFDI流量增长速度最快，2016年较2010年增长156.60%；东部和西部地区分别增长14.73%、25.21%。

3.1.4 中国IFDI的国别分布特征

中国引入IFDI的洲际分布呈现明显的集聚特征，且这一特征呈强化趋势。2010年和2016年中国引入各大洲的IFDI占比情况如图3.4所示。总体来看，中国引入IFDI的洲际分布较集中，2016年，中国引入IFDI最多的地区为亚洲，流量额达到988.31亿美元，占总量的比重为78%；拉丁美洲次之，流量额为122.16亿美元，占比为10%；欧洲位居第三，流量额为94.34亿美元，占比为8%。亚洲之所以成为中国引入IFDI最多的地区，主要是由于中国内地引入中国香港的IFDI较多，流量额达到814.65亿美元，占引入亚洲地区IFDI的比重达到82.43%。就各大洲的增长幅度而言，引入欧洲地区IFDI的增长幅度最大，2016年较2010年增长了59.32%；其次是亚洲地区，增长了27.37%；其他地区引入的IFDI则有所下降，大洋洲及太平洋岛屿引入IFDI的下降幅度最大，2016年较2010年下降45.53%，接着是北美洲、非洲、拉丁美洲，下降率分别为22.66%、11.93%、9.68%。就中国引入各大洲IFDI的结构变化来看，2016年与2010年相比，中国引入IFDI的洲际结构呈集聚加强的趋势，中国引入亚洲地区IFDI占比由2010年的74%上升为2016年的78%，拉丁美洲占比由2010年的6%上升为8%，其他地区占比则均有小幅下降。

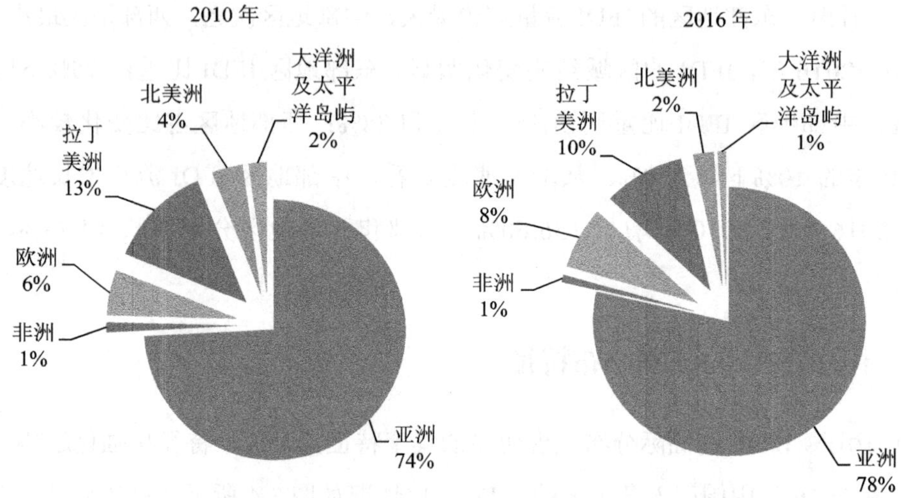

图 3.4 中国 IFDI 流量的洲际分布特征

注：数据来源于《中国统计年鉴》(2011 年和 2017 年)。

从中国引入 IFDI 的国别分布来看，集聚特征并不明显。2016 年中国引入 IFDI 流量排名前十的国家见表 3.4，分别为新加坡、韩国、日本、德国、美国、卢森堡、英国、萨摩亚、法国、毛里求斯。新加坡为 2016 年中国引入 IFDI 最多的国家，流量额达到 60.47 亿美元，占比为 4.80%；其次是韩国，引入 IFDI 流量额为 47.51 亿美元，占比为 3.77%；第三是日本，流量额为 30.96 亿美元，占比为 2.46%。通过上述国家占比分析来看，在剔除避税港区之后，中国引入 IFDI 的国家分布上呈均衡趋势，没有显著的集聚特征。

表 3.4 2016 年各地 IFDI 流量情况

序号	国家名称	流量金额/亿美元	占比/%
1	新加坡	60.47	4.80
2	韩国	47.51	3.77
3	日本	30.96	2.46
4	德国	27.10	2.15
5	美国	23.86	1.89

序号	国家名称	流量金额/亿美元	占比/%
6	卢森堡	13.86	1.10
7	英国	13.54	1.07
8	萨摩亚	8.72	0.69
9	法国	8.70	0.69
10	毛里求斯	8.62	0.68

注：数据来源于《中国统计年鉴》（2017 年）。2016 年，中国大陆在中国香港、中国台湾、中国澳门、开曼群岛、英属维尔京群岛的 IFDI 流量达 961.4 亿美元，合计占总 IFDI 流量比例为 76.3%，但上述地区多为资本境外集散地和避税港区，不能有效反映 IFDI 的真正规模。因此，本书在剔除上述避税港区之后，排出 2016 年引入 IFDI 流量最高的 10 个国家，并计算相应国家的占比。

3.2 中国 OFDI 的现状

3.2.1 中国 OFDI 的发展历程

随着经济体制改革逐步推进，对外开放程度进一步扩大，中国在 OFDI 发展上取得了显著成果。如图 3.5 所示，从 OFDI 流量和存量变化来看，1982—2017 年，二者均呈逐年增长的趋势，OFDI 流量仅 2017 年出现略微下降，年均增长率分别达到 55.62%和 40.38%。从增长率的变化趋势来看，中国 OFDI 流量与存量的增长存在明显的同步性，但流量增长的波动幅度较大，存量的增长趋势则相对平稳。中国 OFDI 的发展可以分为三个阶段：第一阶段为 OFDI 的萌芽阶段（1982—1991 年），这一时期由于中国缺乏相应的海外投资经验，国内尚未形成完善的管理制度，因此，OFDI 的规模较小。直到 1984 年，中国颁布了《关于在国外和港澳地区举办非贸易性合资经营企业审批权限和原则的通知》《关于在境外开办非贸易性企业审批权限和原则的通知》等法案，OFDI 才开始出现增长，1985 年 OFDI 流量和存量的同比增长率分别达到了 369.4%和 232.1%，但由于投资规模的基数较小，因此这一时期 OFDI 的绝对规模依旧较小。第二阶段为 OFDI 的积累孕育阶段（1992—2000 年），1992 年邓小平南方讲话标志着中国市场化改革和国有企业改革逐步推进，企业活力显著增强，OFDI 规模也出现了较大增长，但 1999 年之后，受亚洲金融危机的影响，中国 OFDI 出现了短期的下降。第三阶段为 OFDI 的快速发展阶段（2001 年至今），随着中国“走出去”战略的正式实施，OFDI 流量开始呈指数式增长，仅 2001 年流量增速就达到了 651.86%，年均增长率也高达 66.17%，存量发展则较为平稳，年均增长率为 27.36%。到 2017 年，中国的 OFDI 流量和存量额分别达到 1 582.9 亿美元和 18 090.4 亿美元，分别位列全球第三位和第二位，成为世界主要资本输出国。

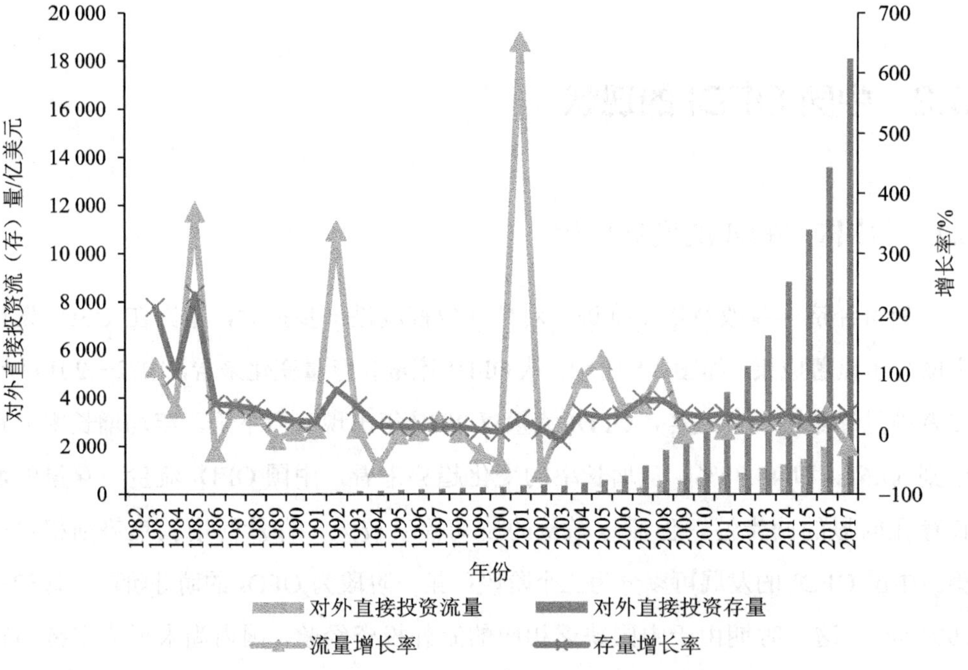

图 3.5　1982—2017 年中国 OFDI 流量、存量及增长率

注：数据来源于《中国对外直接投资统计公报》（2003—2017 年）。

表 3.5 显示了中国 2017 年金融类和非金融类 OFDI 流量和存量及其占比情况，从同比增长来看，金融类 OFDI 流量和存量分别增加了 25.9%和 14.4%，非金融类 OFDI 流量则下降了 23%，存量增加了 36.1%。从 OFDI 的金额和占比来看，金融

类 OFDI 流量和存量分别为 187.9 亿美元、2 027.9 亿美元，占全行业的比重分别为 11.9%和 11.2%；非金融类 OFDI 流量和存量分别为 1 395 亿美元、16 062.5 亿美元，占全行业的比重分别为 88.1%和 88.8%。可以看出，2017 年中国非金融类 OFDI 流量虽然有所下降，但其占比显著高于金融类 OFDI，说明实体经济“走出去”的程度明显高于非实体经济，非金融类 OFDI 依旧是中国 OFDI 的主体。

表 3.5 2017 年中国金融类和非金融类 OFDI 流量、存量及占比

分类	流量			存量		
	金额/亿美元	同比增长/%	占比/%	金额/亿美元	同比增长/%	占比/%
金融类	187.9	25.9	11.9	2 027.9	14.4	11.2
非金融类	1 395.0	−23.0	88.1	16 062.5	36.1	88.8
合计	1 582.9	−19.3	100	18 090.4	33.3	100

注：数据来源于《中国对外直接投资统计公报》(2017 年)。

3.2.2 中国 OFDI 的行业分布特征

表 3.6 分别给出了 2010 年和 2017 年中国行业 OFDI 的流量、存量及占比情况。从流量来看，2017 年，租赁和商务服务业是中国 OFDI 最多的行业，流量达到 542.7 亿美元，占全部行业 OFDI 的 34.3%；其次是制造业、批发和零售业、金融业，流量额分别为 295.1 亿美元、263.1 亿美元和 187.9 亿美元，占比分别为 18.6%、16.6%和 11.9%。可以发现，2017 年中国非实体经济的 OFDI 较多，制造业等实体经济的 OFDI 相对较少，且采矿业的 OFDI 为 −37 亿美元，这类行业具有明显的资源寻求型特征，说明中国 OFDI 的偏向开始变化，出现了一定的技术寻求型偏向特征。从存量来看，2017 年，租赁和商务服务业依旧是中国 OFDI 最多的行业，存量达到 6 157.7 亿美元，占比为 34.1%；其次是批发和零售业，信息传输、计算机服务和软件业，金融业，存量额分别为 2 264.3 亿美元、2 189.0 亿美元、2 027.9 亿美元，占比分别为 12.5%、12.1%、11.2%。从结构变化来看，租赁和商务服务业流量增长缓慢，由 2010 年的 302.8 亿美元上升到 2017 年的

542.7 亿美元，增长率仅为 79.2%，占比则出现明显下降，由 2010 年的 44.0%下降到 2017 年的 34.3%；存量占比有所上升，由 2010 年的 30.7%上升到 2017 年的 34.1%。制造业的流量则由 2010 年的 46.6 亿美元上升到 2017 年的 295.1 亿美元，增长率达到 533.3%，占比也由 2010 年的 6.8%上升到 2017 年的 18.6%；存量由 2010 年的 178.0 亿美元上升到 2017 年的 1 403.0 亿美元，增长率达到 688.2%，说明中国制造业 OFDI 基数仍然存在显著优势，制造业在我国分工格局中的主体地位并不会下降。

表 3.6　2010 年和 2017 年中国 OFDI 流量和存量行业分布情况

行业	2010 年				2017 年			
	流量/亿美元	占比/%	存量/亿美元	占比/%	流量/亿美元	占比/%	存量/亿美元	占比/%
农、林、牧、渔业	5.3	0.8	26.1	0.8	25.1	1.6	165.6	0.9
采矿业	57.1	8.3	446.6	14.1	−37	−2.3	1 576.7	8.7
制造业	46.6	6.8	178.0	5.6	295.1	18.6	1 403.0	7.8
电力、燃气及水的生产和供应业	10.1	1.5	34.1	1.1	23.4	1.5	249.9	1.4
建筑业	16.3	2.4	61.7	1.9	65.3	4.1	337.0	1.9
交通运输、仓储和邮政业	56.6	8.2	231.9	7.3	54.7	3.4	547.7	3.0
信息传输、计算机服务和软件业	5.1	0.7	84.1	2.7	44.3	2.8	2 189.0	12.1
批发和零售业	67.3	9.8	420.1	13.2	263.1	16.6	2 264.3	12.5
住宿和餐饮业	2.2	0.3	4.5	0.1	−1.9	−0.1	35.1	0.2
金融业	86.3	12.5	552.5	17.4	187.9	11.9	2 027.9	11.2
房地产业	16.1	2.3	72.7	2.3	68.0	4.3	537.6	3.0
租赁和商务服务业	302.8	44.0	972.5	30.7	542.7	34.3	6 157.7	34.1
科学研究、技术服务和地质勘查业	10.2	1.5	39.7	1.3	23.9	1.5	216.8	1.2
水利、环境和公共设施管理业	0.7	0.1	11.3	0.4	2.2	0.1	23.9	0.1
居民服务和其他服务业	3.2	0.5	32.3	1.0	18.7	1.2	190.2	1.1
教育实际	0.0	0.0	0.2	0.0	1.3	0.1	32.9	0.2
卫生、社会保障和社会福利业	0.3	0.0	0.4	0.0	3.5	0.2	13.9	0.1
文化、体育和娱乐业	1.9	0.3	3.5	0.1	2.6	2.6	81.2	0.5

注：数据来源于《中国对外直接投资统计公报》（2010 年、2017 年）。

3.2.3 中国 OFDI 的区域分布特征

表 3.7 说明了 2017 年中国区域 OFDI 流量、存量及同比增长情况。从 OFDI 的流量来看，中国 OFDI 在区域分布上存在明显的不平衡，上海、广东、浙江等地的 OFDI 流量均超过 100 亿美元，属于第一梯队。山东、北京、重庆的 OFDI 在 50 亿～100 亿美元，属于第二梯队。江苏、海南、福建、天津、安徽、河南、四川、河北、湖南、湖北、云南、陕西的 OFDI 流量在 10 亿～50 亿美元，属于第三梯队。新疆、广西、江西、内蒙古、黑龙江、山西、吉林、甘肃、西藏、宁夏、贵州、青海等地的 OFDI 流量均低于 10 亿美元，属于第四梯队。可以发现 OFDI 流量排名前十的地区除重庆外，都位于东部沿海。从 OFDI 的存量规模来看，排名前十的地区主要是广东、上海、浙江、北京、山东、江苏、天津、辽宁、福建、海南，总额达到 6 136.7 亿美元，占全部 OFDI 存量总额的 84.4%。从同比增长来看，2017 年 OFDI 流量增长率为正的地区有西藏、海南、重庆、安徽、陕西、四川、吉林、湖北，其他地区增长率为负，OFDI 流量出现明显下降，其中，下降率最高的地区为天津，幅度达到 87.2%。而从 OFDI 存量增长率来看，绝大部分地区的增长率为正，仅黑龙江、山西、宁夏、天津四个地区出现了下降。从区域内部各省（自治区、直辖市）的 OFDI 特征来看，差距十分明显，以东部地区 OFDI 流量排名第一和第二的上海市和广东省为例，二者之间的投资差额达到 12.2 亿美元，是同期吉林省 OFDI 流量的 5.3 倍，中部地区安徽省的 OFDI 流量总额为 18.6 亿美元，是同期山西省 OFDI 流量的 5.0 倍，西部地区重庆市的 OFDI 流量更是显著高于其他地区。这种区域间和区域内部 OFDI 的梯度差异显著制约了中国 OFDI 的发展。

表 3.7 2017 年中国 OFDI 流量和存量地区分布情况

序号	地区	流量/亿美元	同比增长/%	存量/亿美元	同比增长/%
1	北京市	66.5	−57.3	648.4	19.2
2	天津市	23.1	−87.2	235.4	−10.2

序号	地区	流量/亿美元	同比增长/%	存量/亿美元	同比增长/%
3	河北省	16.5	−45.1	111.0	28.7
4	辽宁省	11.7	−37.1	132.5	0.2
5	吉林省	2.3	10.6	39.9	17.7
6	黑龙江省	5.1	−56.6	40.7	−29.1
7	上海市	129.9	−45.8	1 120.0	33.3
8	江苏省	43.6	−64.3	403.2	15.4
9	浙江省	106.6	−13.4	983.9	201.1
10	福建省	28.3	−31.4	126.7	13.8
11	山东省	78.8	−39.5	477.9	16.0
12	广东省	117.7	−48.7	1 897.1	51.7
13	海南省	31.5	556.6	111.6	122.7
14	山西省	3.7	−34.9	25.6	−19.0
15	安徽省	18.6	80.5	90.5	55.5
16	江西省	6.0	−38.4	40.9	14.6
17	河南省	18.2	−55.8	97.8	12.5
18	湖北省	13.2	0.1	56.3	34.5
19	湖南省	16.4	−21.9	104.5	2.7
20	内蒙古自治区	5.5	−68.7	54.1	8.9
21	广西壮族自治区	6.4	−55.5	37.7	9.7
22	重庆市	50.3	177.0	104.7	64.4
23	四川省	17.7	25.0	76.1	30.1
24	贵州省	0.4	−51.0	5.0	3.9
25	云南省	14.7	−5.7	75.6	10.9
26	西藏自治区	2.3	884.3	6.0	652.2
27	陕西省	12.6	58.2	42.2	16.8
28	甘肃省	4.8	−37.2	47.2	15.7
29	青海省	0.1	−86.1	6.0	121.4
30	宁夏回族自治区	1.0	−83.2	21.1	−14.9
31	新疆维吾尔自治区	9.0	−28.7	55.3	26.0

注：数据来源于《中国对外直接投资统计公报》(2017年)。

表3.8给出了OFDI流量的区域分布情况。从东部、中部、西部的OFDI流量特征来看，2017年，东部地区OFDI流量规模最大，西部地区次之，中部地区最

小，流量额分别为 661.5 亿美元、124.7 亿美元和 76.1 亿美元。从三个地区 OFDI 结构变化来看，2010 年东部、中部和西部地区 OFDI 流量占比分别为 78.4%、8.2% 和 13.4%，2017 年东部、中部和西部地区 OFDI 流量占比分别为 76.7%、8.8%和 14.5%。可以发现 OFDI 虽然依旧以东部地区为主，但其占比有所下降，中部地区和西部地区的 OFDI 流量占比则有所上升。从同比增长来看，2017 年东部地区 OFDI 下降最明显，下降率达到 48.7%，中部地区 OFDI 也下降了 24.7%，西部地区 OFDI 则上升了 8.0%。西部地区 OFDI 增长率的提升主要是由于相对落后省（自治区、直辖市）的投资扩张，也在一定程度上说明西部地区 OFDI 具备更大的增长空间，特别是在工业化进程逐渐加快的背景下，西部地区能以更快的速度实现投资总量赶超，长远来看，有利于缩小中国区域之间的 OFDI 差距。

表 3.8　2010 年和 2017 年中国 OFDI 流量的区域分布情况

地区	2010 年		2017 年		
	流量/亿美元	占比/%	流量/亿美元	占比/%	同比增长/%
东部地区	139.07	78.4	661.5	76.7	–48.7
中部地区	14.62	8.2	76.1	8.8	–24.7
西部地区	23.76	13.4	124.7	14.5	8.0

注：数据来源于《中国对外直接投资统计公报》（2010 年、2017 年）。东部地区包括北京、天津、河北、辽宁、吉林、黑龙江、上海、江苏、浙江、福建、山东、广东、海南；中部地区包括山西、安徽、江西、河南、湖北、湖南；西部地区包括内蒙古、广西、重庆、四川、贵州、云南、西藏、陕西、甘肃、青海、宁夏、新疆。

3.2.4　中国 OFDI 的国别分布特征

中国 OFDI 流量的洲际集聚特征十分明显，且这一特征在 2010—2017 年逐渐增强。2010 年和 2017 年中国 OFDI 流量的洲际分布及占比情况如图 3.6 所示。总体来看，中国进行 OFDI 的地区主要是亚洲，2017 年的 OFDI 流量额为 1 100.4 亿美元，占当年 OFDI 总额的 69.5%；欧洲次之，流量额为 184.6 亿美元，占比为 11.7%；拉丁美洲位居第三，流量额为 140.8 亿美元，占比为 8.9%。而亚洲地区 OFDI 流量规模之所以如此大，是由于中国内地对中国香港的 OFDI 较大，其流量额达到 911.5 亿美元，占亚洲地区 OFDI 总量的 82.8%。从各大洲 OFDI 流量的增长幅度来看，流向欧洲的 OFDI 增长幅度最大，2017 年较 2010 年增长了 173.1%；大洋洲次之，增长率为 170.4%；北美洲位居第三，增长率为 148.1%。从中国 OFDI 流量的洲际结构变化来看，中国对亚洲地区的 OFDI 流量占比由 2010 年的 65.3%上升到了 2017 年的 69.5%，对欧洲地区的 OFDI 流量占比由 2010 年的 9.8%上升到了 2017 年的 11.7%，对拉丁美洲的 OFDI 占比有所下降，其他地区基本保持不变。

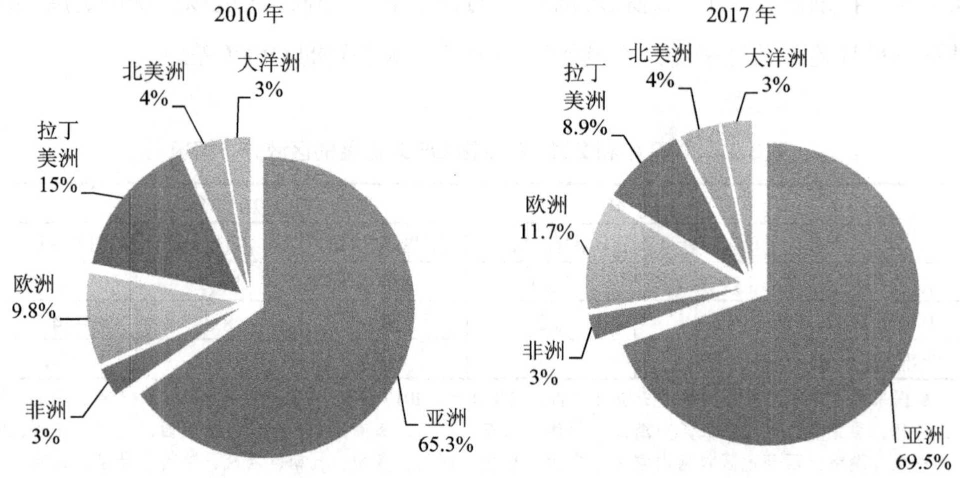

图 3.6　2017 年中国 OFDI 流量的洲际分布特征

注：数据来源于《中国对外直接投资统计公报》(2017 年)。

表 3.9 为 2017 年年末中国 OFDI 流量排名前十的国家。这些国家分别为瑞士、美国、新加坡、澳大利亚、德国、哈萨克斯坦、英国、马来西亚、印度尼西亚、俄罗斯，投资流量合计为 363.1 亿美元，占当年 OFDI 总额的 22.9%。可以发现在剔除避税港区之后，中国 OFDI 流量在国别分布上呈现均衡特征，集聚性并不明显。2017 年中国 OFDI 流量最大的国家为瑞士，流量额为 75.1 亿美元，占比为 4.7%；

其次是美国，流量额为 64.3 亿美元，占比为 4.1%；第三是新加坡，流量额为 63.2 亿美元，占比为 4.0%。从中国进行 OFDI 的国家类型来看，排名前十的国家以发达国家为主。

表 3.9　2017 年年末中国 OFDI 流量排名前十的国家

序号	国家名称	流量/亿美元	占比/%
1	瑞士	75.1	4.7
2	美国	64.3	4.1
3	新加坡	63.2	4.0
4	澳大利亚	42.4	2.7
5	德国	27.2	1.7
6	哈萨克斯坦	20.7	1.3
7	英国	20.7	1.3
8	马来西亚	17.2	1.1
9	印度尼西亚	16.8	1.1
10	俄罗斯	15.5	1.0

注：数据来源于《中国对外直接投资统计公报》（2017 年）。2017 年，中国内地在中国香港、英属维尔京群岛的 OFDI 流量达 1 104.5 亿美元，合计占 OFDI 流量总额的 69.8%，但上述地区多为资本境外集散地和避税港区，不能有效反映 OFDI 的真正规模。因此，本书在剔除上述避税港区之后，排出了 2017 年 OFDI 流量最高的十个国家，并计算相应国家的占比。

3.3　中国环境污染的现状

环境污染涉及的内容较多，主要包括二氧化碳、二氧化硫、废水排放、废气排放、废物产生量等，而二氧化碳作为温室气体排放的主体，是现阶段中国减少环境污染的重要方向。因此，本节以二氧化碳排放为代表，重点分析了国家层面、区域层面和行业层面的碳排放现状。

3.3.1　国家层面环境污染现状

表 3.10 显示了 2005 年、2010 年、2016 年中国和 OECD 国家的碳排放总量。整

体来看，2016 年，中国的碳排放量最高，达到 90.57 亿吨；美国次之，碳排放量为 48.33 亿吨；日本排第三，碳排放量为 11.47 亿吨；其他经济体的碳排放量均低于 10 亿吨。从变化趋势来看，2005 年中国的碳排放总量低于美国，2005 年之后，中国的碳排放量显著上升，明显超过美国，2016 年较 2005 年增长了 67.07%。美国的碳排放量则出现了明显下降，2005 年美国的碳排放总量为 57.03 亿吨，到 2016 年碳排放量仅为 48.33 亿吨，下降率达到 15.26%。其他 35 个经济体的碳排放量在 2004—2016 年并未出现显著变化，保持大致持平甚至略微下降的趋势。

表 3.10 2005 年、2010 年、2016 年中国与 OECD 国家碳排放总量

单位：亿吨

序号	国家	2005 年	2010 年	2016 年
1	中国	54.07	77.92	90.57
2	澳大利亚	3.72	3.89	3.92
3	以色列	0.59	0.68	0.64
4	日本	11.64	11.04	11.47
5	韩国	4.58	5.51	5.89
6	新西兰	0.34	0.30	0.30
7	奥地利	0.74	0.68	0.63
8	比利时	1.07	1.04	0.92
9	捷克	1.18	1.13	1.01
10	丹麦	0.48	0.47	0.33
11	爱沙尼亚	0.17	0.19	0.16
12	芬兰	0.55	0.62	0.46
13	法国	3.72	3.41	2.93
14	德国	7.87	7.59	7.32
15	希腊	0.95	0.83	0.63
16	匈牙利	0.55	0.47	0.44
17	冰岛	0.02	0.02	0.02
18	爱尔兰	0.44	0.40	0.37
19	意大利	4.56	3.92	3.26
20	拉脱维亚	0.08	0.08	0.07
21	卢森堡	0.11	0.11	0.08

序号	国家	2005 年	2010 年	2016 年
22	荷兰	1.67	1.70	1.57
23	挪威	0.35	0.38	0.36
24	波兰	2.96	3.07	2.93
25	葡萄牙	0.61	0.48	0.47
26	斯洛伐克	0.37	0.35	0.30
27	斯洛文尼亚	0.15	0.15	0.14
28	西班牙	3.34	2.62	2.39
29	瑞典	0.49	0.46	0.38
30	瑞士	0.44	0.43	0.38
31	土耳其	2.16	2.68	3.39
32	英国	5.32	4.77	3.71
33	立陶宛	0.12	0.12	0.11
34	加拿大	5.40	5.29	5.41
35	智利	0.54	0.69	0.85
36	墨西哥	4.12	4.40	4.45
37	美国	57.03	53.52	48.33

注：根据 International Energy Agency 的《CO_2 Highlights 2018》中的相关数据整理得到。

如图 3.7 所示，本书进一步给出了 2004—2016 年中国、巴西、俄罗斯、印度、南非金砖五国碳排放总量的变化趋势图。由于这些国家均为发展中国家，在经济发展水平、基础设施状况等方面存在较多的相似，因此，对比了中国与其他金砖四国之间的碳排放差异。从总量来看，2016 年，中国的碳排放总量最大，达到 90.57 亿吨；其次是印度，碳排放总量为 20.77 亿吨；俄罗斯的碳排放总量位居第三，为 14.39 亿吨；巴西和南非的碳排放总量较小，分别为 4.17 亿吨和 4.14 亿吨。从变化趋势来看，研究期内，中国、巴西、印度、南非四国的碳排放总量均呈上升趋势，仅俄罗斯的碳排放量呈略微下降趋势。从增长率来看，2004—2016 年，印度的碳排放总量增长幅度最大，增长率达到 103.21%；其次是中国，增长率达到 91%；巴西和南非增长率分别达到 34.38%和 10.41%；而俄罗斯的碳排放总量下降了 3.33%。

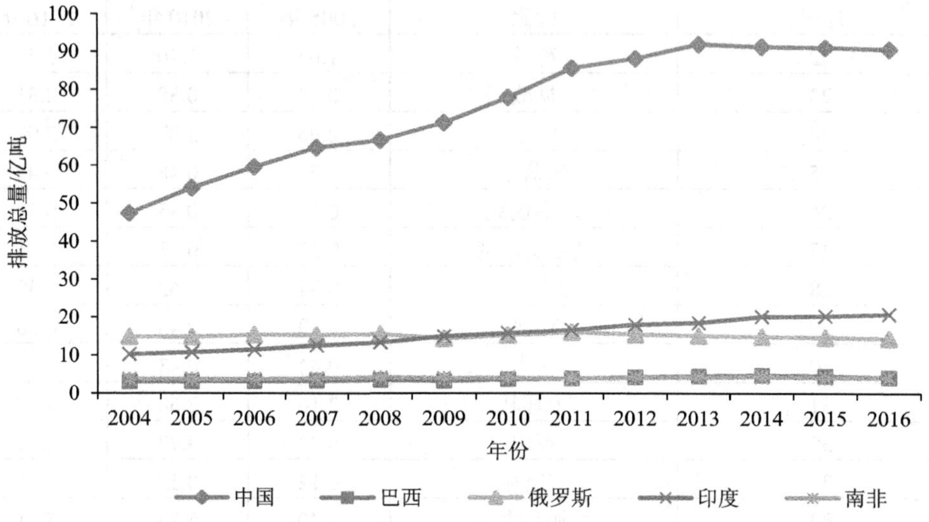

图 3.7　2004—2016 年金砖五国碳排放总量

注：根据 International Energy Agency 的《CO_2 Highlights 2018》中的相关数据整理得到。

表 3.11 进一步描述了 1990—2016 年中国与其他国家的人均碳排放情况。从人均排放量来看，2016 年美国的人均碳排放量最高，为 14.95 吨 CO_2；其次是加拿大，人均碳排放量为 14.91 吨 CO_2；韩国排第三，人均碳排放量为 11.50 吨 CO_2；中国的人均碳排放量仅为 6.57 吨 CO_2。可以发现中国人均碳排放量整体来看并不高，明显低于部分发达国家，这在一定程度上说明中国碳排放总量居高不下与人口规模有较大关系。与其他金砖四国相比也可以发现，中国的人均碳排放总量低于俄罗斯和南非，但明显高于印度和巴西。从变化趋势来看，研究期内，中国、日本、韩国、南非、印度、巴西的人均碳排放量均呈上升趋势，而加拿大、美国、法国、德国、英国、俄罗斯的人均碳排放量则呈下降趋势。从增长率来看，1990—2016 年，中国的人均碳排放量增长幅度最大，增长率达到 257.01%；其次是印度，增长率为 157.89%；韩国排第三，增长率达到 112.63%。而英国的人均碳排放量下降幅度最大，下降率为 41.1%；俄罗斯次之，下降率为 31.69%；法国排第三，下降率达到 26.19%。

表 3.11 1990—2016 年中国与其他国家的人均碳排放量

单位：吨 CO_2/人

国家	1990 年	1995 年	2000 年	2005 年	2010 年	2016 年
中国	1.84	2.41	2.46	4.15	5.83	6.57
加拿大	15.15	15.32	16.82	16.75	15.57	14.91
美国	19.20	19.03	20.29	19.27	17.28	14.95
法国	5.94	5.78	5.99	5.89	5.25	4.38
德国	11.84	10.54	9.97	9.67	9.45	8.88
英国	9.60	8.86	8.84	8.80	7.60	5.65
日本	8.39	8.86	8.87	9.11	8.62	9.04
韩国	5.41	7.92	9.19	9.50	11.12	11.50
新加坡	9.51	10.66	10.46	8.88	8.72	8.07
俄罗斯	14.59	10.44	10.06	10.33	10.71	9.97
南非	6.63	6.27	6.25	7.82	7.98	7.41
印度	0.61	0.73	0.84	0.94	1.28	1.57
巴西	1.23	1.40	1.67	1.66	1.88	2.01

注：根据 International Energy Agency 的《CO_2 Highlights 2018》中的相关数据整理得到。

如表 3.12 所示，从碳排放强度的绝对值来看，2016 年，中国的碳排放强度最高，为 0.95 千克 CO_2/美元；其次是南非，碳排放强度达到 0.62 千克 CO_2/美元；俄罗斯排第三，碳排放强度为 0.45 千克 CO_2/美元。可以发现，碳排放强度较高的国家主要以发展中国家为主，发达国家的碳排放强度总体而言低于发展中国家，说明发展中国家的经济增长依旧是以较高的能源消耗为代价来实现的。从碳排放强度的变化趋势来看，研究期内，除巴西的碳排放强度有所增长以外，其他国家的碳排放强度均有所下降。新加坡的碳排放强度下降最为明显，下降率达到 64.31%；其次是中国，下降率为 62.15%；英国排第三，下降率达到 59.67%。说明在国际社会持续呼吁减排的背景下，各经济体能耗强度确实有所下降，也在一定程度上说明了持续推进减排政策的必要性和迫切性。

表 3.12 1990—2016 年中国与其他国家的碳排放强度

单位：千克 CO_2/美元

国家	1990 年	1995 年	2000 年	2005 年	2010 年	2016 年
中国	2.52	1.96	1.39	1.51	1.28	0.95
加拿大	0.49	0.48	0.46	0.42	0.39	0.35
美国	0.53	0.49	0.45	0.40	0.36	0.29
法国	0.21	0.19	0.18	0.17	0.15	0.12
德国	0.39	0.32	0.28	0.26	0.24	0.21
英国	0.36	0.31	0.27	0.24	0.21	0.15
日本	0.28	0.28	0.27	0.26	0.25	0.24
韩国	0.46	0.48	0.44	0.37	0.37	0.33
新加坡	0.28	0.24	0.21	0.15	0.12	0.10
俄罗斯	0.80	0.92	0.81	0.60	0.52	0.45
南非	0.68	0.70	0.66	0.72	0.68	0.62
印度	0.35	0.37	0.34	0.30	0.30	0.26
巴西	0.12	0.13	0.15	0.14	0.13	0.15

注：根据 International Energy Agency 的《CO_2 Highlights 2018》中的相关数据整理得到。

3.3.2 区域层面环境污染现状

表 3.13 描述了 2010—2016 年中国除香港、台湾、澳门和西藏之外 30 个省（自治区、直辖市）的碳排放总量情况。从碳排放总量规模来看，2016 年，各省（自治区、直辖市）的碳排放总量存在较大的不平衡，内蒙古、山东、山西、江苏、河北的碳排放总量均超过 60 000 万吨标准煤，排放总量较高，属于中国碳排放第一梯队。辽宁、黑龙江、广东、安徽、江西、河南、湖南、贵州、陕西、新疆的碳排放总量为 30 000 万～60 000 万吨标准煤，排放总量次之，属于中国碳排放第二梯队。北京、天津、吉林、上海、浙江、福建、海南、湖北、广西、重庆、四川、云南、甘肃、青海、宁夏的碳排放总量均低于 30 000 万吨标准煤，排放总量相对较低，属于中国碳排放第三梯队。从变化趋势来看，研究期内，北京、天津、辽宁、浙江、福建、山东、河南、湖北、广东、重庆、四川、甘肃的碳排放总量均呈下降趋势，其中北京的碳排放总量下降幅度最大，2016 年较 2010 年下降

了 48.2%；辽宁次之，下降了 31.4%；四川排第三，下降了 26%。山西、内蒙古、吉林、黑龙江、上海、江苏、安徽、江西、湖南、广西、海南、贵州、云南、陕西、青海、宁夏、新疆的碳排放总量则呈上升趋势。其中青海的碳排放总量上升幅度最大，2016 年较 2010 年上升了 290.5%；江西次之，上升了 237.6%；内蒙古排第三，上升了 75.1%。可以发现中西部地区的碳排放总量上升明显，在一定程度上说明中西部地区在承接产业转移、促进西部大开发和中部崛起方面确实取得了一定的效果。从区域内部各省（自治区、直辖市）的碳排放特征来看，差距也十分明显，2016 年，东部地区碳排放总量排名第一和第二的省份为山东和江苏，二者之间的差额达到 19 077.1 万吨标准煤，是同期北京碳排放总量的 4.2 倍。中部地区山西省的碳排放总量达到 71 149.8 亿美元，是同期湖北省碳排放总量的 2.8 倍。西部地区内蒙古自治区的碳排放总量更是显著高于其他省（自治区、直辖市）。

表 3.13　2010—2016 年中国分地区碳排放总量变化情况

单位：万吨标准煤

序号	地区	2010 年	2011 年	2012 年	2013 年	2014 年	2015 年	2016 年
1	北京市	8 731.3	8 168.6	7 931.3	6 828.8	6 808.3	5 630.2	4 520.8
2	天津市	14 247.5	15 717.5	15 162.0	15 791.3	14 839. 1	13 964.7	12 823.6
3	河北省	58 087.2	65 125. 2	66 204.5	66 315.8	62 271.2	61 901.0	60 547.2
4	辽宁省	53 186.0	55 919.8	57 199.3	55 470.6	54 874.3	53 738.4	36 485.7
5	吉林省	21 676.4	24 894.2	24 727.9	23 497.4	23 418.5	221 723.0	25 234.8
6	黑龙江省	30 420.0	32 630.7	34 028.4	32 543.7	33 234.3	32 861.4	35 114.6
7	上海市	18 098.2	18 667.4	18 059.5	19 261.8	16 593.4	17 144.5	21 734.7
8	江苏省	54 534.2	62 873.3	63 593.2	65 343.9	63 684.8	65 299.3	63 424.4
9	浙江省	36 039.8	38 001.9	36 590.9	36 563.3	35 578.0	35 937.7	29 138.5
10	福建省	17 305.3	20 081.1	20 064.8	18 997.4	22 404.8	21 708.7	15 684.7
11	山东省	90 259.6	94 102.5	98 062.3	94 587.6	101 486.8	106 593.3	82 501.5
12	广东省	45 037.1	49 798.6	48 558.1	48 209.0	48 159.0	47 758.2	36 041.4
13	海南省	3 957.8	4 498.9	4 770.8	4 329.3	4 974.2	5 609.8	4 836.6
14	山西省	58 514.2	65 593.7	67 703.7	71 802.1	73 674.6	72 781.8	71 149.8
15	安徽省	27 665.8	29 977.3	30 120.6	32 406.3	33 263.2	32 858.4	37 256.5

序号	地区	2010 年	2011 年	2012 年	2013 年	2014 年	2015 年	2016 年
16	江西省	13 670.0	15 013.6	14 888.3	15 818.5	16 111.1	16 805.6	46 146.4
17	河南省	53 639.8	58 326.2	52 647.4	52 162.1	50 211.9	49 185.3	49 449.3
18	湖北省	29 566.5	34 124.7	33 882.4	27 479.3	27 300.3	27 086.7	25 534.3
19	湖南省	23 982.6	27 830.3	26 522.3	24 905.2	23 834.1	24 550.5	37 880.4
20	内蒙古自治区	53 380.3	68 334.2	72 020.1	69 687.5	72 724.7	72 694.5	93 452.7
21	广西壮族自治区	13 362.3	17 023.4	18 727.1	18 346.2	17 570.8	16 220.7	16 204.4
22	重庆市	12 642.2	14 204.2	13 364.9	11 497.3	12 108.6	12 027.0	11 299.5
23	四川省	24 002.9	23 861.9	24 641.9	24 115.6	24 621.6	21 576.0	17 753.0
24	贵州省	21 358.1	23 662.9	26 096.7	26 735.2	25 696.6	25 146.4	32 314.4
25	云南省	18 306.6	18 923.4	19 287.6	19 156.6	16 988.1	15 109.3	18 799.7
26	陕西省	29 341.3	32 608.1	37 949.2	40 729.3	43 002.4	42 563.3	39 169.1
27	甘肃省	14 859.8	17 371.4	17 600.1	17 669.5	17 686.3	17 312.1	14 301.2
28	青海省	2 929.6	3 498.6	4 170.0	4 594.6	4 081.5	3 519.7	11 439.8
29	宁夏回族自治区	11 853.9	15 874.4	17 106.1	18 160.5	18 676.4	18 936.8	17 007.7
30	新疆维吾尔自治区	23 096.7	27 222.8	31 695.0	35 907.7	40 088.7	41 902.3	37 444.1

注：笔者根据《中国能源统计年鉴》(2011—2017 年）数据计算整理得到。

如图 3.8 所示，进一步将中国各省（自治区、直辖市）按地理特征分为东、中、西三个区域。可以看出，东部地区的碳排放总量最大，西部地区次之，中部地区最小。但 2010—2016 年，碳排放的区域结构变化明显，东部地区碳排放量占全国碳排放总量的比重由 51%下降到 42%，中部地区碳排放比重则由 23%上升到 27%，西部地区占比由 2010 年的 26%上升到了 31%，说明中西部地区所承接的来自东部地区的产业转移，确实在一定程度上缓解了东部地区的碳排放，但却加剧了中部和西部地区的碳排放。从增长速度来看，西部地区碳排放总量增长速度最快，2016 年较 2010 年增长了 37.3%，中部地区增长了 29.2%，东部地区的碳排放总量则有所下降，由 2010 年的 451 580.2 万吨标准煤下降到 428 088.5 万吨标准煤，下降率为 5.2%。

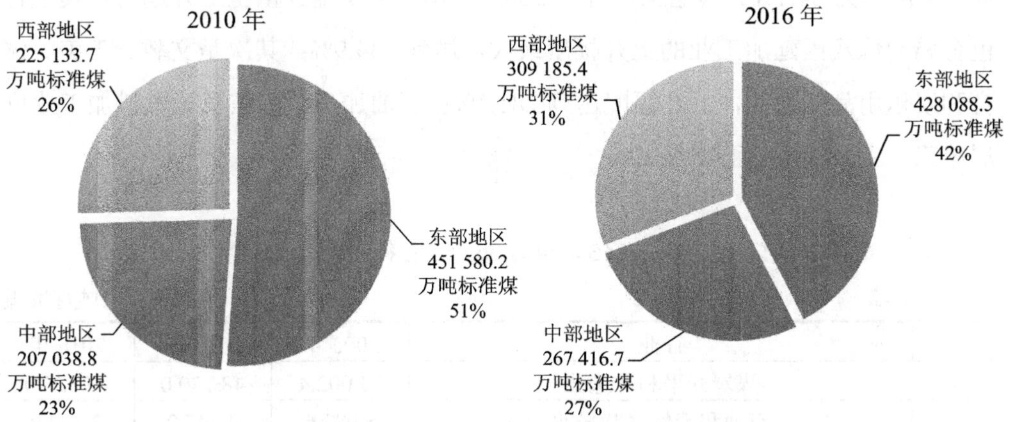

图 3.8 2010 年和 2016 年中国碳排放的区域特征

注：笔者根据《中国能源统计年鉴》（2011 年、2017 年）数据计算整理得到。东部地区包括北京、天津、河北、辽宁、吉林、黑龙江、上海、江苏、浙江、福建、山东、广东、海南；中部地区包括山西、安徽、江西、河南、湖北、湖南；西部地区包括内蒙古、广西、重庆、四川、贵州、云南、陕西、甘肃、青海、宁夏、新疆。

3.3.3 行业层面环境污染现状

表 3.14 显示了中国 35 个工业行业的碳排放情况。从碳排放总量来看，2016 年，电力、热力的生产和供应业排放总量最高，达到 332 511.8 万吨标准煤；其次是石油加工、炼焦及核燃料加工业，碳排放总量达到 247 584.9 万吨标准煤；化学原料和化学制品制造业的碳排放总量位居第三，为 63 118.8 万吨标准煤。从碳排放的变化趋势来看，石油和天然气开采业，有色金属矿采选业，酒、饮料和精制茶制造业，烟草制造业，纺织服装、服饰业，皮革、毛皮、羽毛及其制品和制鞋业，木材加工及木、竹、藤、棕、草制品业，橡胶和塑料制品业，通用设备制造业，专用设备制造业，交通运输设备制造业，计算机、通信及其他电子设备制造业，仪器仪表制造业，燃气生产和供应业，水的生产和供应业等行业的碳排放总量呈下降趋势。其中下降幅度最大的行业为烟草制造业，2016 年较 2005 年下降了 79.7%；其次是燃气生产和供应业，下降率为 71.6%；第三是通用设备制造

业，下降率为64.1%。其他工业行业2005—2016年碳排放量呈上升趋势，其中有色金属冶炼及压延加工业的上升幅度最大，达到434.9%；其次是文教、工美、体育和娱乐用品制造业，上升幅度达到281.1%；石油加工、炼焦及核燃料加工业位居第三，上升幅度达到107.2%。

表3.14　2005—2016年中国35个工业行业碳排放总量情况

单位：万吨标准煤

序号	行业	2005年	2010年	2016年
1	煤炭开采和洗选业	23 002.4	48 730.0	45 626.0
2	石油和天然气开采业	5 087.6	4 445.9	2 892.9
3	黑色金属矿采选业	538.3	943.4	553.9
4	有色金属矿采选业	430.6	415.1	238.8
5	非金属矿采选业	1 364.2	1 995.8	1 525.0
6	食品加工和制造业	7 010.6	10 205.2	8 368.2
7	酒、饮料和精制茶制造业	2 664.4	3 109.7	2 153.7
8	烟草制造业	280.4	169.7	57.0
9	纺织业	6 425.3	7 264.8	8 282.4
10	纺织服装、服饰业	574.4	732.8	426.4
11	皮革、毛皮、羽毛及其制品和制鞋业	291.8	383.8	266.0
12	木材加工及木、竹、藤、棕、草制品业	1 112.3	1 369.4	640.6
13	家具制造业	68.7	163.3	85.1
14	造纸及纸制品业	7 493.4	10 263.2	9 032.2
15	印刷业和记录媒介的复制	110.0	166.1	170.0
16	文教、工美、体育和娱乐用品制造业	60.9	89.2	232.3
17	石油加工、炼焦及核燃料加工业	119 491.7	186 882.8	247 584.9
18	化学原料和化学制品制造业	41 915.5	53 578.5	63 118.8
19	医药制造业	1 920.1	2 499.8	2 810.7
20	化学纤维制造业	2 387.6	1 803.5	2 692.2
21	橡胶和塑料制品业	1 803.3	2 616.9	1 718.1
22	非金属矿物制品业	46 742.4	60 473.4	57 197.6
23	黑色金属冶炼及压延加工业	40 799.4	60 228.9	59 580.9
24	有色金属冶炼及压延加工业	5 745.8	13 581.2	30 734.6
25	金属制品业	739.5	1 094.5	834.4

序号	行业	2005 年	2010 年	2016 年
26	通用设备制造业	1 415.5	2 162.7	507.9
27	专用设备制造业	928.9	1 301.1	422.8
28	交通运输设备制造业	1 524.2	1 852.7	968. 9
29	电气机械及器材制造业	655.2	1 124.1	1 113.6
30	计算机、通信及其他电子设备制造业	311.0	390.2	282.5
31	仪器仪表制造业	74.7	81.4	41.2
32	其他制造业	794.7	1 102.6	953.7
33	电力、热力的生产和供应业	205 660.8	293 444.1	332 511.8
34	燃气生产和供应业	2 684.0	2 474.669	763.1
35	水的生产和供应业	64.7	162.9	43.8

注：笔者根据《中国能源统计年鉴》（2006 年、2011 年和 2017 年）数据计算整理得到。

3.4 中国双向 FDI 与环境污染的经验关系分析

图 3.9 描述了 2000—2016 年中国双向 FDI 与碳排放的变化趋势。可以发现中国 IFDI、OFDI 与碳排放均呈现明显的增长趋势，且这种增长趋势表现出明显的同步性，尤其是 2005 年之后，三者的变化趋势高度一致，因此认为 IFDI 和 OFDI 可能在一定程度上影响了中国的环境污染。具体而言，2005 年之前，中国的 IFDI 和碳排放均呈小幅增长的趋势，而 OFDI 的规模则较小，且增长速度十分缓慢，因此认为在该阶段 IFDI 对中国碳排放的影响可能更大。到 2005 年，不仅 IFDI 出现了明显增长，中国的碳排放和 OFDI 规模也出现了显著上升，且 2005 年之后，三者的增长轨迹呈现明显的趋同性，因此，认为 IFDI、OFDI 与碳排放之间存在一定的相关性，双向 FDI 可能在一定程度上影响了中国的碳排放。2013—2016 年，中国的碳排放出现了略微下降，一方面，说明中国的碳减排战略起到了一定效果；另一方面，2013—2016 年中国的 OFDI 显著上升，说明中国的 OFDI 可能通过转移过剩产能及其所产生的逆向技术溢出效应缓解了碳排放。

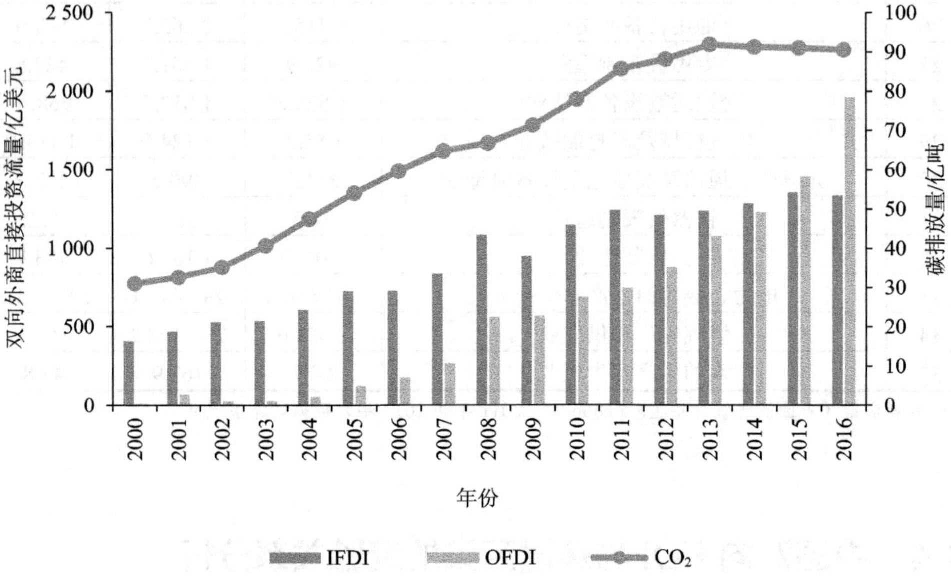

图 3.9 中国双向 FDI 与碳排放变化趋势

注：笔者根据 UNCTAD、International Energy Agency 公布的数据计算整理得到。

同时，考虑到现阶段中国 IFDI 和 OFDI 之间发展的同步性和协调性越来越明显，这种协调发展态势也可能会影响中国的环境污染。基于此，进一步对 IFDI 和 OFDI 之间的相关性进行分析，相关系数矩阵的结果见表 3.15，可以发现 IFDI 和 OFDI 之间呈显著正相关，且其相关性达到 90.13%，因此，有必要系统考察双向 FDI 协调发展对环境污染的影响。

表 3.15 相关系数矩阵

相关性	IFDI	OFDI
IFDI	1	0.901 3***
OFDI	0.901 3***	1

注：***表示在 1%显著性水平下显著。

综上所述，无论是 IFDI、OFDI 还是双向 FDI 的协调发展可能都在一定程度上影响了中国的环境，但上述分析主要是基于国际直接投资与环境污染之间的相关性做出的经验判断。因此，为了进一步验证这一关系，本书对双向 FDI 以及二者之间的协调性影响环境污染的效应做了实证检验，并基于实证检验结果提出了相应的政策建议。

4 中国双向 FDI 环境综合效应的实证分析

4.1 问题提出

为了系统考察双向 FDI 的环境效应，本章首先从综合效应①的视角，测度双向 FDI 对环境污染的整体影响，以判断双向 FDI 影响环境污染的具体方向，进而为后续的规模效应、结构效应和技术效应进行研究奠定基础。由于环境污染会通过双边投资等媒介转移成全球性的污染，因此，关注资本流动造成的环境污染问题已经成为当前备受争议的话题之一。而现阶段中国已经成为双向 FDI 的投资大国，如果单一地研究 IFDI 或 OFDI 对环境的影响，或者忽略双向 FDI 与环境污染之间的互动关系，一方面容易造成估计结果的不可靠，另一方面也会忽视 IFDI 和 OFDI 之间的互动关系对环境污染造成的叠加或抵消效应。且现阶段中国 IFDI

① 这里的综合效应是指 IFDI、OFDI 以及二者协调发展水平影响环境污染的净效应，即不单独区分 IFDI、OFDI 以及二者协调发展水平通过规模、结构、技术影响环境污染的效应。为后续研究双向 FDI 影响环境的规模效应、结构效应和技术效应奠定基础。

和 OFDI 之间存在明显的同步增长特征，二者之间的相关性也逐渐增强，那么双向 FDI 的协调发展程度又是否会对中国的环境污染产生影响，这种影响的作用方向如何？这就有待对双向 FDI 影响环境污染的机制进行系统探讨。但现有研究在测度双向 FDI 的环境效应时，仅仅只是将 IFDI、OFDI 与环境污染纳入同一回归模型进行分析，忽视了现阶段中国 IFDI 和 OFDI 之间可能存在的协调发展关系，而在中国双向 FDI 规模快速发展的背景下，这种协调发展关系对环境污染的影响不容忽视。基于此，本章将从双向 FDI 及其协调发展的视角揭示其影响中国环境污染的综合效应。考虑到双向 FDI 对环境污染的影响存在长期效应，而时间序列数据相对面板数据而言时间周期更长，更能有效说明中国从 1982 年进行双边投资，一直到数据可获取节点 2016 年，这一时间段内双向 FDI 影响环境污染的长期动态效应，因此本部分使用时间序列数据考察双向 FDI 影响环境污染的综合效应。

4.2 理论机制

4.2.1 IFDI 影响环境污染的机制

从 IFDI 影响环境污染的机理来看，主要分为规模效应、结构效应和技术效应三种。首先，中国在吸引 IFDI 的过程中会促进经济规模扩大，同时伴随能源消耗的增加，在中国治污技术水平有限的背景下，必然会造成大量的环境污染。因此，从规模效应来讲，地区之间竞相吸引 IFDI 所带来的恶性竞争将会导致环境污染水平的显著上升。其次，IFDI 的流入会在一定程度上改变地区的产业结构，而产业结构是否朝着合理化和高级化的方向转变取决于引资类型，由于中国目前正处于工业化快速发展阶段，地方政府在引进 IFDI 时可能更注重其对地区经济发展的促进作用，而忽略其对地区环境造成的负面影响，因此，从结构效应来讲，IFDI 的引入将会导致环境污染的增加。最后，IFDI 的引入会给东道国带来先进技术，本土企业可以通过地区间的人力资本流动和示范效应等学习掌握外资企业的先进生产技术和节能减排技术，从而强化能源利用效率，减缓地区环境污染，因此技术效应的直接作用会导致环境污染减少。然而 IFDI 流入所带来的生产技术提高对环境污染的负面影响也不容忽视，先进生产技术的引入将会提高企业的生产效率，企业生产成本下降，进而促使产品价格下降。根据需求曲线的原理可知，产品价格下降必然伴随着需求的增加，需求增加又会带动厂商生产规模的扩大，导致能源需求量的增加，最终促进环境污染水平的上升。在以经济绩效考核为核心的政绩考核体制下，中国各个地区会更倾向于在产出上获胜，而忽略对环境的治理效应，因此，从技术效应的间接作用来看，IFDI 的引入也可能会导致环境污染的增加。综上可以发现，IFDI 对环境污染的最终影响并不确定，其取决于三种效应的叠加为正还是为负。

4.2.2 OFDI 影响环境污染的机制

从 OFDI 影响环境污染的机理来看，也可以分为规模效应、结构效应和技术效应三种。首先，从规模效应来看，一方面通过 OFDI 将部分产能转移到生产成本较低的东道国，对国内投资产生替代效应，有利于延缓中国工业规模的扩张速度，进而降低环境污染（聂飞等，2016）。另一方面，OFDI 的一种表现形式是从国内母公司进口商品，然后到东道国市场进行销售，并提供相应的售后服务，这就会促进母国企业出口，需求增加，国内经济规模显著上升，最终导致环境污染增加，此为 OFDI 影响环境污染的规模效应。其次，在国内市场竞争加剧、人口红利逐渐消失的背景下，国内企业可以通过进行 OFDI 转移过剩产能，从而释放更多国内生产要素，促进新兴产业发展，产业结构优化，环境污染水平下降，此为 OFDI 影响环境污染的结构效应。最后，Aitken 等（1999）指出国际投资是技术跨越国界流动的重要途径，因此，企业可以通过向高技术的国家进行 OFDI，通过后发优势提升生产效率和环境治理效率，这就有利于改善环境污染，此为 OFDI 影响环境污染的技术效应。因此，可以发现，OFDI 对环境污染的最终影响取决于规模效应、结构效应和技术效应的叠加为正还是为负。

4.3 模型设定及数据说明

4.3.1 模型设定

为了从整体上考察 IFDI、OFDI 与环境污染之间的互动关系，本章使用向量自回归模型（VAR 模型）分析其影响机制。该模型是 1980 年由 Christopher Sims 提出的，其核心思想是选取模型中所有变量的若干滞后期作为解释变量，同时选取模型中所有变量的当期作为被解释变量进行回归，从而考察变量之间的动态关系。本章使用中国的碳排放总量衡量环境污染水平，模型构建如下：

$$\begin{bmatrix} \ln CO_{2t} \\ \ln IFDI_t \\ \ln OFDI_t \end{bmatrix} = \begin{bmatrix} c_1 \\ c_2 \\ c_3 \end{bmatrix} + \begin{bmatrix} \phi_{11}^{(1)} & \phi_{12}^{(1)} & \phi_{13}^{(1)} \\ \phi_{21}^{(1)} & \phi_{22}^{(1)} & \phi_{23}^{(1)} \\ \phi_{31}^{(1)} & \phi_{32}^{(1)} & \phi_{33}^{(1)} \end{bmatrix} \begin{bmatrix} \ln CO_{2t-1} \\ \ln IFDI_{t-1} \\ \ln OFDI_{t-1} \end{bmatrix} + \cdots$$

$$+ \begin{bmatrix} \phi_{11}^{(p)} & \phi_{12}^{(p)} & \phi_{13}^{(p)} \\ \phi_{21}^{(p)} & \phi_{22}^{(p)} & \phi_{23}^{(p)} \\ \phi_{31}^{(p)} & \phi_{32}^{(p)} & \phi_{33}^{(p)} \end{bmatrix} \begin{bmatrix} \ln CO_{2t-p} \\ \ln IFDI_{t-p} \\ \ln OFDI_{t-p} \end{bmatrix} + \begin{bmatrix} \varepsilon_1 \\ \varepsilon_2 \\ \varepsilon_3 \end{bmatrix} \tag{4-1}$$

其中，被解释变量 $\ln CO_{2t}$ 表示第 t 年中国的碳排放总量；$\ln IFDI_t$ 表示第 t 年中国引入 IFDI 的流量额；$\ln OFDI_t$ 表示第 t 年中国进行 OFDI 的流量额；$\ln CO_{2t-p}$ 表示碳排放的 p 阶滞后向量；$\ln IFDI_{t-p}$ 表示 IFDI 的 p 阶滞后向量；$\ln OFDI_{t-p}$ 表示 OFDI 的 p 阶滞后向量，此处的滞后阶数（p）根据赤池信息准则（AIC）和施瓦兹准则（SC）最小原则确定。

4.3.2 数据说明

（1）碳排放（CO_2）

采用燃料燃烧所排放的二氧化碳总量衡量中国的碳排放量，数据来源于 International Energy Agency 数据库的《CO_2 Highlights 2018》。

（2）IFDI 和 OFDI

采用IFDI流量和OFDI流量衡量IFDI和OFDI变量，由于IFDI和OFDI单位为亿美元，因此采用人民币汇率年均价将美元转化为人民币之后进行核算，数据来源于UNCTAD数据库和《中国贸易外经统计年鉴》。一方面，为了保证数据的可比性，对涉及的所有价格数据均平减为1982年的实际价格。另一方面，为了在一定程度上解决变量量纲不一致的问题，并消除时间序列数据中存在的异方差，本章对指标数据进行了对数变换处理，得到新的变量序列 $\ln CO_2$、lnIFDI 和 lnOFDI。限于数据的可获得性和完整性，选取样本区间为1982—2016年，描述性统计见表4.1。

表 4.1　描述性统计

变量	变量说明	样本量	均值	标准差	最小值	最大值
$\ln CO_2$	碳排放量/亿吨	35	3.583	0.621	2.649	4.521
lnIFDI	IFDI 流量/亿元	35	5.552	1.291	2.097	6.750
lnOFDI	OFDI 流量/亿元	35	3.899	1.607	−0.183	6.284

4.4 实证分析

4.4.1 变量单位根检验

一般而言，如果时间序列数据之间表现出相似的变化趋势，就可以认为序列之间不存在任何有意义的关系，但对序列进行回归分析时可能会产生较高的可决系数，这一系数实际没有任何意义。因此，在对模型进行分析之前，有必要对碳排放、IFDI数据、OFDI数据进行平稳性检验。若该序列是由随机过程生成的，也就是说该序列的所有数值都是从某一概率分布中随机得到的，并满足以下三个条件：① 均值 $E(X_t)=\mu$，μ 为常数，且与时间 t 无关；② 方差 $\mathrm{Var}(X_t)=\sigma^2$，$\sigma^2$ 为常数，且与时间 t 无关；③ 协方差 $\mathrm{Cov}(X_t, X_{t+k})=\gamma_k$，$\gamma_k$ 是与时期间隔 k 有关，

但与时间 t 无关的常数。那么该时间序列就为平稳序列。若一个时间序列在经过 f 次差分之后变为平稳序列，但是前 $f-1$ 次差分都不平稳，则该时间序列成为 f 阶单整序列，即 I（f）过程。

为了检验变量的平稳性，使用 ADF（Augmented Dickey-Fuller）检验方法分别对碳排放、IFDI 序列、OFDI 序列进行单位根检验，结果见表 4.2。在置信区间为 10%的条件下，$\ln CO_2$、lnIFDI 和 lnOFDI 均为非平稳序列，但其一阶差分序列均为平稳序列，因此认为所有变量均为一阶单整序列，即 I（1）过程。

表 4.2 单位根检验结果

变量	原序列	一阶差分序列
$\ln CO_{2t}$	–0.605	-3.255^{**}
$\ln IFDI_t$	–2.001	-2.930^{*}
$\ln OFDI_t$	–2.262	-7.278^{***}

注：*、**、***分别表示在 10%、5%、1%水平下显著。

4.4.2 协整检验

根据表 4.2 的结果可知，$\ln CO_2$、lnIFDI 和 lnOFDI 之间的线性组合可能存在稳定的关系，可以进行协整检验，具体结果见表 4.3。可以看出，特征根、迹检验的结果显示，在 5%的显著性水平下，存在一个协整方程。说明双向 FDI 与碳排放之间存在长期的均衡关系，各变量能通过其他变量的线性组合进行解释。

表 4.3 Johansen 协整分析结果

协整关系形式	迹检验			
	特征值	迹统计	0.05 临界值	P 值
不存在	0.604	37.393	29.797	0.006
至多存在 1 种协整关系	0.162	7.782	15.495	0.489
至多存在 2 种协整关系	0.064	2.121	3.842	0.145

协整关系形式	极大特征根检验			
	特征值	极大特征根统计	0.05 临界值	*P* 值
不存在	0.604	29.612	21.132	0.003
至多存在 1 种协整关系	0.162	5.661	14.265	0.657
至多存在 2 种协整关系	0.064	2.121	3.842	0.145

4.4.3 向量自回归模型构建

在进行向量自回归模型分析之前，有必要确定模型的最优滞后阶数。因此，基于 LR、FPE、AIC、SC 和 HQ 的方法选取最优滞后长度，结果见表 4.4。可以发现 5 种准则均认为建立一阶滞后模型较为合理，因此，将最优滞后期设定为 1。

表 4.4 滞后阶数选取

滞后阶数	LR	FPE	AIC	SC	HQ
0	—	4.69×10^{-5}	−1.453	−1.453	−1.409
1	35.740*	2.10×10^{-5}*	−2.262*	−1.696*	−2.085*
2	12.699	2.25×10^{-5}	−2.218	−1.228	−1.908
3	7.617	2.97×10^{-5}	−1.999	−0.584	−1.556
4	9.485	3.44×10^{-5}	−1.971	−0.132	−1.395
5	4.751	5.47×10^{-5}	−1.716	0.548	−1.007

注：*表示在特定准则下选取的最优滞后阶数。

在确定最优滞后阶数的基础上，进一步构建了 $\ln CO_2$、lnIFDI 和 lnOFDI 的向量自回归模型，结果见表 4.5。滞后一期的碳排放对当期碳排放的影响显著为正，说明碳排放是一个连续的、累积的过程。滞后一期的 IFDI 对当期碳排放的影响也为正，系数为 0.018，说明在短期内中国的 IFDI 具备“污染天堂”效应，究其原因，现阶段中国所引入的 IFDI 类型主要以资源寻求性为主，这类 IFDI 会显著增加中国的碳排放。滞后一期的 OFDI 对中国碳排放的影响为负，系数值为−0.006，说明整体来看，中国的 OFDI 会显著抑制母国碳排放，在中国产能过剩的背景下，通过 OFDI 进行产业转移有利于碳排放量的下降。同时，滞后一期的 IFDI 会在一定程度上促进当期 OFDI 的增加，滞后一期的 OFDI 也会在一定程度上促进当期 IFDI 的增加，说明 IFDI 与 OFDI 之间存在相互促进的作用机制。

表 4.5 向量自回归模型估计结果

变量	$\ln CO_{2t}$	$\ln IFDI_t$	$\ln OFDI_t$
$\ln CO_{2t-1}$	0.464 [2.743]	0.055 [1.772]	3.992 [1.742]
$\ln IFDI_{t-1}$	0.018 [1.668]	0.629 [4.799]	0.251 [0.635]
$\ln OFDI_{t-1}$	−0.006 [1.677]	0.030 [0.503]	0.293 [1.622]
常数项	0.026 [2.102]	0.013 [0.225]	−0.025 [−0.144]

注：方括号中为 t 统计量的值。

为了验证向量自回归模型的稳定性，给出了其特征根的单位圆检验结果，如图 4.1 所示。可以发现，向量自回归模型特征方程所有根的倒数值均在单位圆内，也就是说单位根的值均小于 1，因此认为向量自回归模型是稳定的，这也是进行脉冲响应分析的前提条件。

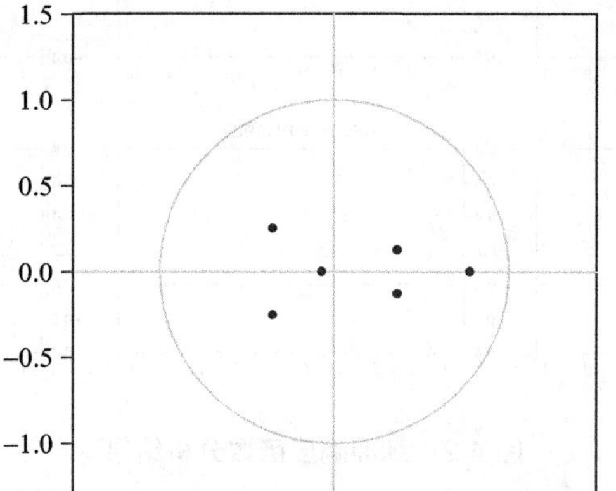

图 4.1 碳排放、IFDI 和 OFDI 的 AR 根图检验

4.4.4 脉冲响应函数

脉冲响应函数主要用来表示当模型受到一个单位的外生冲击时，对整个系统产生的动态影响。这里采用广义脉冲响应函数的方法进行检验，以避免由于变量输入顺序的先后对输出结果产生影响，碳排放、IFDI 和 OFDI 的脉冲响应分析结果如图 4.2 所示。横轴表示冲击作用的滞后期数（单位：年），纵轴表示被解释变量的变化情况，实线表示脉冲响应函数，即一个变量受到外生冲击时对另一个变量或其自身的影响，虚线代表标准差的偏离带。

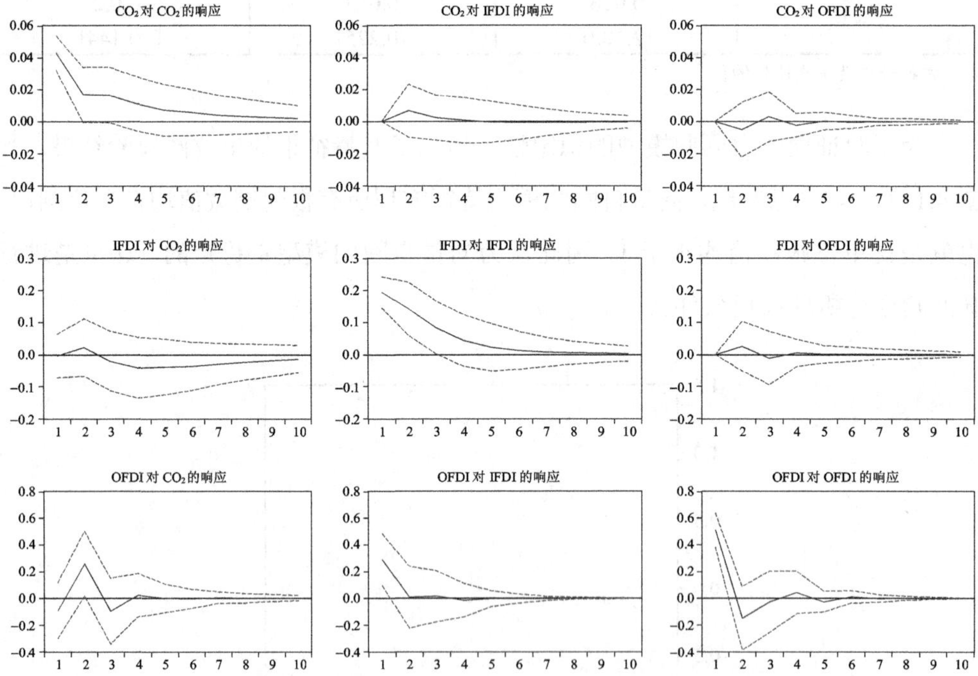

图 4.2　脉冲响应函数分析结果

从 IFDI 对碳排放的冲击来看，当 IFDI 在本期受到一个标准差的外生冲击时，会导致碳排放在第二期产生显著的正向影响，到第三期这种正向影响会逐渐转变为负向影响，第五期之后这种影响会逐渐减弱，并趋于零。说明 IFDI 的冲击对碳排放的影响具有长期性，短期内 IFDI 可能会在一定程度上导致碳排放的上升，但从长期来看，IFDI 会在一定程度上促进碳排放的下降，说明中国的 IFDI 同时具备“污染天堂”效应和“污染光环”效应。

从 OFDI 对碳排放的冲击来看，OFDI 的冲击对碳排放的影响具有波动性。当 OFDI 在本期受到一个标准差的外生冲击时，会导致碳排放在第一期产生负向影响，在第二期达到最大的正向冲击效应，在第三期和第四期会出现波动冲击影响，直到第五期之后 OFDI 对碳排放的冲击影响才基本为零。

从 IFDI 对 OFDI 的冲击来看，当 IFDI 在本期受到一个标准差的外生冲击时，OFDI 会在第二期产生显著的正向影响，到第四期之后这种影响会逐渐趋近于零。从 OFDI 对 IFDI 的冲击来看，当 OFDI 受到一个标准差的外生冲击时，IFDI 会在第一期出现显著的正向波动，到第二期之后，这种影响逐渐趋近于零。说明 IFDI 和 OFDI 之间存在相互促进的作用，这会在一定程度上影响中国的碳排放。

4.4.5 进一步分析

由于 IFDI 和 OFDI 之间存在显著的相互促进作用，且考虑到近年来中国 IFDI 和 OFDI 的同步性逐渐增强。因此为进一步构建向量自回归模型，考察了中国双向 FDI 协调发展对碳排放的影响，首先通过耦合协调函数测算双向 FDI 的协调发展程度，具体测算公式如下：

$$C_t(\text{IO}) = \text{IFDI}_t \times \text{OFDI}_t / (\alpha \text{IFDI}_t + \beta \text{OFDI}_t)^\gamma \qquad (4\text{-}2)$$

其中，IFDI_t 和 OFDI_t 分别表示中国在 t 时期的 IFDI 流量和 OFDI 流量，α 和 β 分别表示 IFDI 和 OFDI 的权重。由于目前中国的 IFDI 和 OFDI 均呈快速发展趋势，且二者之间的协同性越来越明显，因此将 α 和 β 的值均设定为 0.5。γ 作为调节系数，参照黄凌云等（2018）的设定原则，将其设定为 2。而由于式（4-2）只能反映系统之间的相互作用程度，不能反映各系统的发展水平，因此，本书进一步引入耦合协调发展指标，双向 FDI 的协调发展水平就可以表示为

$$\mathrm{IDFDI}_t = D_t(\mathrm{IO}) = \left[C_t(\mathrm{IO}) \times \frac{\mathrm{IFDI}_t + \mathrm{OFDI}_t}{2} \right]^{\frac{1}{2}} = \left\{ \frac{\mathrm{IFDI}_t \times \mathrm{OFDI}_t}{\left[(\mathrm{IFDI}_t + \mathrm{OFDI}_t)/2 \right]} \right\}^{\frac{1}{2}} \tag{4-3}$$

在测算了中国双向 FDI 的协调发展水平之后，进一步通过 LR、FPE、AIC、SC 和 HQ 准则选取最优滞后阶数，具体结果见表 4.6。可以发现，向量自回归模型的最优滞后阶数为 1。

表 4.6 碳排放和双向 FDI 协调发展的滞后阶数选取

滞后阶数	LR	FPE	AIC	SC	HQ
0	—	1.16×10^{-5}	−3.059	−2.965	−3.030
1	12.668*	1.30×10^{-5}*	−3.270*	−2.988*	−3.182*
2	4.212	1.45×10^{-5}	−3.170	−2.699	−3.022
3	4.537	1.57×10^{-5}	−3.100	−2.440	−2.894
4	5.687	1.60×10^{-5}	−3.109	−2.260	−2.843
5	5.952	1.57×10^{-5}	−3.164	−2.126	−2.839

注：*表示在特定准则下选取的最优滞后阶数。

如表 4.7 所示，通过构建碳排放和双向 FDI 协调发展的 VAR 模型，可以发现滞后一期的双向 FDI 协调发展程度会在一定程度上抑制中国的碳排放，说明双向 FDI 协调发展程度越高，其对碳排放的抑制作用越强。因此，未来中国仍旧需要大力鼓励“引进来”和“走出去”战略的协调发展，以缓解中国的环境压力。此外，通过图 4.3 可以发现，碳排放与双向 FDI 协调发展水平的向量自回归模型特征方程所有根的倒数值也都在单位圆内，因此认为该向量自回归模型是稳定的。

表 4.7 碳排放和双向 FDI 协调发展的向量自回归模型估计结果

变量	$lnCO_{2t}$	$lnIDFDI_t$
$lnCO_{2t-1}$	0.462 [2.759]	1.872 [1.794]
$lnIDFDI_{t-1}$	−0.008 [1.698]	0.230 [1.381]
常数项	0.028 [2.314]	−0.011 [−0.146]

注：方括号中为 t 统计量的值。

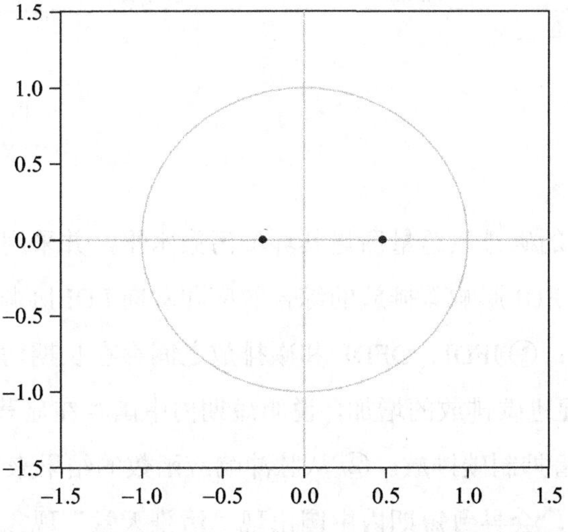

图 4.3 碳排放和双向 FDI 协调发展的 AR 根图检验

从双向 FDI 协调发展对碳排放的方差分解来看，碳排放本身的冲击是其方差的主要来源，在第一期达到最大值，第二期之后其贡献度出现逐渐下降的趋势。双向 FDI 协调发展对碳排放的冲击在第一期较小，仅为 1.390%，到第二期显著增加，上升到 10.453%，第二期之后其上升趋势较弱，大致保持较稳定的影响水平。这也说明双向 FDI 协调发展对碳排放的影响较大，提高双向 FDI 的协调发展水平有利于促进中国碳排放的下降。

表 4.8 双向 FDI 协调发展对碳排放的方差分解结果

期数	S.E.*	$\ln CO_2$	lnIDFDI
1	0.262	1.390	98.610
2	0.282	10.453	89.547
3	0.283	10.704	89.296
4	0.283	10.926	89.074
5	0.283	10.956	89.044
6	0.283	10.965	89.035
7	0.283	10.967	89.033
8	0.283	10.968	89.032
9	0.283	10.968	89.032
10	0.283	10.968	89.032

注：* S.E.表示误差的标准差。

4.5 小结

本章利用中国的碳排放总量衡量其环境污染水平，并采用向量自回归模型系统分析了中国双向 FDI 影响碳排放的综合效应和双向 FDI 协调发展对碳排放的影响，主要结论如下：① IFDI、OFDI 和碳排放之间存在长期均衡关系，且滞后一期的 IFDI 会显著促进碳排放的增加，说明短期内中国存在显著的“污染天堂”效应，OFDI 则会显著抑制碳排放。② 从脉冲响应函数的结果来看，IFDI 受到一个单位的外生冲击时，会导致短期内中国出现“污染天堂”现象，但第三期之后这种效应会转变为“污染光环”效应，因此，从长期来看，IFDI 对中国环境污染的影响同时存在“污染天堂”和“污染光环”两种效应。从 OFDI 对碳排放的脉冲响应函数来看，其对碳排放的影响具有较大的波动性，当 OFDI 受到一个单位的外生冲击时，会在第一期对碳排放产生显著的负向影响，这种影响会在第二期和第三期出现明显波动，第五期逐渐趋于平稳。③ 滞后一期的双向 FDI 协调发展水平会显著抑制中国的碳排放，且从方差分解的结果来看，双向 FDI 协调发展水平对碳排放的影响在第二期之后均超过 10%，说明未来中国应继续促进“引进来”和“走出去”战略的同步发展，以缓解环境污染。

5 中国双向 FDI 环境规模效应的实证分析

5.1 问题提出

在前文分析了双向 FDI 的环境综合效应基础上，本章将进一步从分效应的角度考察双向 FDI 对环境污染的影响，进而为中国从不同层面制定双边投资政策以缓解环境污染奠定基础。由于中国在引入 IFDI 和进行 OFDI 的过程中，势必会对中国的经济规模产生影响，而经济规模上升又会影响一个国家或地区的能源消耗和能源利用效率，这就会显著影响一个国家或地区的环境污染状况。因此，系统考察双向 FDI 通过影响经济规模，进而影响环境污染的机制，有利于中国从经济发展层面出发制定相应的双边投资政策，从而缓解环境污染。同时，由于中国存在明显的要素市场扭曲，这种扭曲会显著影响地区的经济规模和双向 FDI，具体而言，当政府控制了主要生产要素的价格时，倾向于压低生产要素的价格，以引入 IFDI 进而促进经济增长，而这种压低要素价格吸引 IFDI 的发展模式，势必会给中国的资源环境带来巨大的压力。加之要素市场扭曲会通过企业生产率、资源利用效率和企业出口等影响中国的 OFDI，而 OFDI 对母国环境污染的影响也不容忽视（聂飞等，2016）。因此在测度双向 FDI 的环境规模效应时，有必要将要素市场扭曲考虑进来。

但现有研究在分析 IFDI 或 OFDI 影响环境的过程中，仅就要素市场扭曲和 IFDI 对环境污染的影响进行了测度（周杰琦等，2017），却忽视了要素市场扭曲影响 OFDI 和经济发展水平，进而影响环境污染的效应。在双向 FDI 影响环境污染的一体化分析框架中，更是忽略了这一影响。鉴于此，本章在分析要素市场扭曲与双向 FDI 的环境污染效应时，将规模效应剥离出来，选取中国 30 个省（自治区、直辖市）的面板数据，运用联立方程模型，系统考察了其影响效应。

5.2 理论机制

一般而言，IFDI 和 OFDI 会通过不同渠道对地区的环境污染产生影响，而要素市场扭曲则会影响 IFDI 和 OFDI，因此在对双向 FDI 的环境效应进行分析的过程中应考虑要素市场扭曲的作用，如图 5.1 所示。

首先，IFDI 和 OFDI 会通过影响一个国家或地区的经济发展水平对环境产生影响。从 IFDI 的视角来看，一方面，外资的流入会显著扩大地区生产规模，生产规模的扩大意味着对能源需求的增加，而中国的能源结构主要以煤炭为主，因此外资的流入会通过助推经济发展水平的提高而带来更多的环境污染。另一方面，外资的进入也会带来先进的技术，东道国可以通过学习效应掌握这一技术，来促进经济发展水平的快速增加。此时，东道国企业能通过更少的投入获得更多的产出，这就有利于地区环境污染的下降。从 OFDI 的视角来看，一方面，OFDI 能有效转移过剩产能，从而节约固定成本（聂飞等，2016），促进经济发展水平的上升，进而降低地区环境污染水平。另一方面，Buckley 等（2007）认为以中国为代表的新兴国家普遍存在所有权优势、资本市场不完全等问题，而在这些问题存在的背景下，中国的OFDI存在资源寻求型特征（王亚星等，2017）。因此，当中国将部分资源密集型产业进行OFDI时，本国可以专业化地生产资本密集型或技术密集型的产品，这有利于经济发展水平的上升，进而抑制环境污染。

其次，要素市场扭曲会通过影响IFDI和OFDI对地区环境污染产生间接影响。从要素市场扭曲影响IFDI进而影响地区环境污染的视角来看，要素市场扭曲造成了要素价格被压低，进而降低了企业的生产成本，这就会吸引更多的IFDI，而这种人为压低要素价格所吸引的IFDI更多的是以资源寻求型为主。同时，较低的要素价格会导致拥有良好环保技术的企业失去其本身的优势，进而抑制企业对环保技术的研发和应用。因此，如果IFDI的流入是压低要素价格而换取的结果，那么就很难期待这类IFDI会给一个国家或地区的环境带来有利的影响。从要素市场扭曲影响OFDI进而影响地区环境污染的视角来看，一方面，要素市场扭曲会促使企业将低要素成本优势转化为出口优势，企业出口竞争力和出口规模上升（张杰等，2011；施炳展等，2012）。而随着贸易顺差不断扩大，会迫使其他国家对本国实施贸易保护主义，为了绕过贸易壁垒，企业会选择进行OFDI。同时，要素市场扭曲会使得一些落后产能得以继续生存，主要原因在于这类企业退出市场的成本较高，退出市场后企业将无法享受低要素价格和为了获取这些低要素价格所付出的寻租成本，最终导致产能过剩，为了转移过剩产能，政府会鼓励企业进行OFDI，从而降低环境污染。另一方面，要素市场扭曲会促使企业大量使用有形生产要素进行生产，减少企业的科研投入，这些不利于企业技术进步和竞争力的提升，而企业竞争力是进行OFDI的基础，因此，要素市场扭曲会抑制OFDI，进而导致过剩产能无法有效转移，加剧地区环境污染。

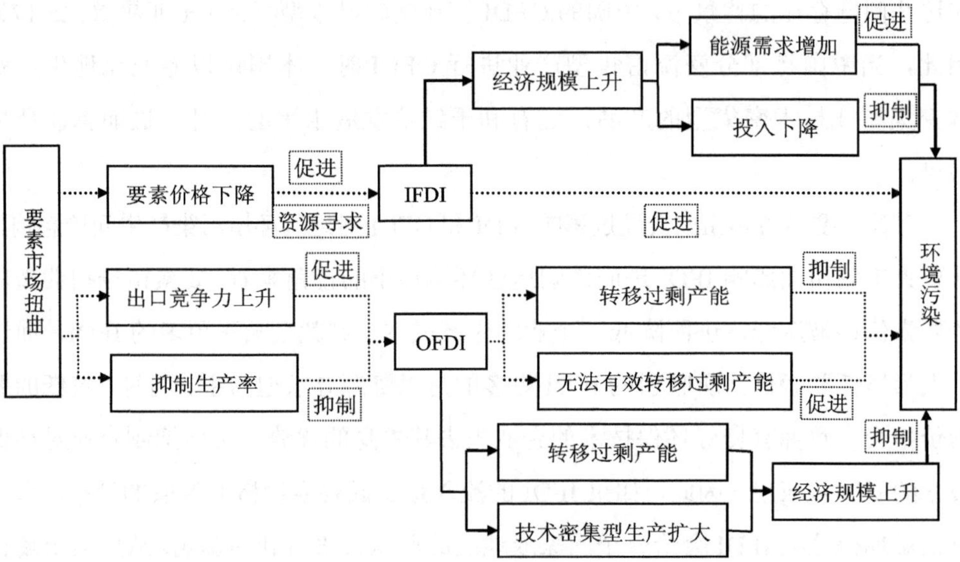

图 5.1　理论机制

注：实线部分代表 IFDI 和 OFDI 通过经济规模影响地区环境污染的直接效应，虚线部分代表要素市场扭曲通过影响 IFDI 和 OFDI 对环境污染产生的间接效应。

5.3　模型设定及数据说明

5.3.1　模型设定

本章仍然使用碳排放作为环境污染的代理变量，选用 KAYA 恒等式对碳排放影响因素进行分解：

$$CO_2 = \sum P \times \frac{G}{P} \times \frac{T}{G} \times \frac{T_i}{T} \times \frac{C_i}{T_i} \tag{5-1}$$

其中，CO_2 表示碳排放总量；P 为人口数；G 为地区生产总值；T 为能源消耗总量；T_i 为各类能源消耗量；C_i 为各能源的含碳量；G/P 表示人均 GDP；T/G 表示能源强度；T_i/T 表示能源结构；C_i/T_i 表示碳排放系数。分别用 P、PGDP、EI、

ES、R来表示人口总数、人均GDP、能源强度、能源结构和碳排放系数，碳排放量可以表示为

$$CO_2 = \sum P \times \text{PGDP} \times \text{EI} \times \text{ES} \times R \tag{5-2}$$

本章着重关注规模效应所带来的环境污染，但考虑到单一方程的回归一方面难以刻画变量之间相互影响的机制，另一方面无法解决变量之间互为因果的内生性关系，从而导致估计结果存在偏误，因此，借鉴He（2006）的方法，建立如下联立方程模型：

$$\ln CO_{2it} = \alpha_0 + \alpha_1 \ln P_{it} + \alpha_2 \ln \text{PGDP}_{it} + \alpha_3 \ln \text{EI}_{it} + \alpha_4 \ln \text{ES}_{it} + \varepsilon_{it} \tag{5-3}$$

$$\begin{aligned}\ln \text{PGDP}_{it} &= \beta_0 + \beta_1 \ln \text{IFDI}_{it} + \beta_2 \ln \text{OFDI}_{it} + \beta_3 \ln K/L_{it} + \beta_4 \ln H_{it} \\ &\quad + \beta_5 \ln \text{RD}_{it} + \beta_6 \ln \text{TR}_{it} + \beta_7 \ln W_{it} + \varepsilon_{it}\end{aligned} \tag{5-4}$$

$$\begin{aligned}\ln \text{IFDI}_{it} &= \gamma_0 + \gamma_1 \ln \text{DIS}_{it} + \gamma_2 \ln \text{OFDI}_{it} + \gamma_3 \ln W_{it} + \gamma_4 \ln \text{ERS}_{it} \\ &\quad + \gamma_5 \ln \text{PGDP}_{it} + \gamma_6 \ln H_{it} + \varepsilon_{it}\end{aligned} \tag{5-5}$$

$$\begin{aligned}\ln \text{OFDI}_{it} &= \delta_0 + \delta_1 \ln \text{DIS}_{it} + \delta_2 \ln \text{IFDI}_{it} + \delta_3 \ln \text{PGDP}_{it} + \delta_4 \ln W_{it} \\ &\quad + \delta_5 \ln \text{RD}_{it} + \delta_6 \ln \text{MARKET}_{it} + \delta_7 \ln H_{it} + \varepsilon_{it}\end{aligned} \tag{5-6}$$

$$\ln \text{DIS}_{it} = \varphi_0 + \varphi_1 \ln \text{IFDI}_{it} + \varphi_2 \ln \text{OFDI}_{it} + \varphi_3 \ln \text{PGDP}_{it} + \varepsilon_{it} \tag{5-7}$$

其中，式（5-3）是在式（5-2）的基础上得到的。

式（5-4）是经济发展水平的决定方程，旨在研究IFDI、OFDI通过影响经济发展水平（PGDP）进而影响环境污染的间接效应。而现有研究认为要素禀赋（K/L）、人力资本（H）、研发投入（RD）、贸易开放（TR）和工资水平（W）也是影响区域经济发展水平的重要因素（赵文军等，2012；许建伟等，2016；周杰琦等，2017），因此，本书在式（5-4）中同时控制了这些变量。

式（5-5）是IFDI决定方程，旨在考察要素市场扭曲（DIS）、OFDI和经济发展水平（PGDP）对IFDI的影响作用。经典区位理论认为生产成本是决定外资进

入的主要因素，外资企业通常会选择成本最低的国家或地区进行生产（Buckley，1988），这种成本包括劳动力成本，因此本书在式（5-5）的基础上纳入工资水平（*W*）和人力资本（*H*）变量，同时，环境规制（ERS）作为影响IFDI的重要因素（黄清煌等，2016），有必要将其作为控制变量纳入式（5-5）。

式（5-6）是OFDI决定方程，旨在考察要素市场扭曲（DIS）、IFDI和经济发展水平（PGDP）对OFDI的影响。考虑RD与OFDI之间可能存在替代或互补效应（付海燕，2014），以及市场化水平（MARKET）、人力资本（*H*）对OFDI的作用机制（杜思正等，2016），本书在分析式（5-6）时控制了这些变量，同时，地区工资水平（*W*）越高，越容易促使那些无力承担高额劳动力成本的企业“走出去”，因此将工资水平（*W*）作为控制变量纳入式（5-6）。

式（5-7）是要素市场扭曲的决定方程，旨在考察IFDI、OFDI和经济发展水平（PGDP）对要素市场扭曲（DIS）的反馈机制。

5.3.2 数据说明

为了系统考察要素市场扭曲影响双向FDI的规模效应，且鉴于数据的完整性和可得性的限制，本书选取除香港、澳门、台湾、西藏外30个省（自治区、直辖市）2004—2015年的数据进行研究。数据说明如下：

（1）碳排放（CO_2）测度

由于碳排放主要来源于化石能源的消耗，因此，依据联合国政府间气候变化专门委员会（IPCC）公布的二氧化碳排放的计算公式：$CO_2 = \sum E_i \cdot \theta_i$，选取煤炭、石油、天然气三种矿物能源对碳排放进行核算。其中，E_i表示转化为标准煤的第i种能源的消耗量，θ_i为第i种能源的CO_2排放系数，数据主要来源于《中国能源统计年鉴》。

（2）要素市场扭曲（DIS）的测度

在企业利润最大化的背景下，通过资本和劳动等要素的边际产出与实际产出的比值来衡量要素市场扭曲程度。首先，建立柯布-道格拉斯生产函数：

$$\mathrm{GDP}_{it} = A_{it} K_{it}^{\alpha_{it}} L_{it}^{\beta_{it}} \tag{5-8}$$

其中，GDP_{it}、A_{it}、K_{it}、L_{it}分别表示 t 时期 i 地区的国内生产总值、技术、资本和劳动，以 1996 年为基准年利用永续盘存法计算各省（自治区、直辖市）的资本存量（K）。劳动数量用各地区就业人数表示，数据主要来源于《中国统计年鉴》《中国劳动统计年鉴》。

依据式（5-8）可得资本和劳动的边际产出分别为

$$\mathrm{MPK}_{it} = \alpha_{it}\mathrm{GDP}_{it} / K_{it} \tag{5-9}$$

$$\mathrm{MPL}_{it} = \beta_{it}\mathrm{GDP}_{it} / L_{it} \tag{5-10}$$

假设资本和劳动的实际价格分别为 r 和 w，那么资本价格的扭曲程度（DISK_{it}）和劳动价格的扭曲程度（DISL_{it}）就可以分别表示为式（5-11）和式（5-12）的形式，即资本和劳动的边际产出与实际产出的比值。

$$\mathrm{DISK}_{it} = \mathrm{MPK}_{it} / r_{it} \tag{5-11}$$

$$\mathrm{DISL}_{it} = \mathrm{MPL}_{it} / w_{it} \tag{5-12}$$

最后，构建要素市场的总体扭曲程度指标：

$$\mathrm{DIS}_{it} = (\mathrm{MPK}_{it} / r_{it} + \mathrm{MPL}_{it} / w_{it}) / 2 \tag{5-13}$$

由于自 2014 年 11 月 22 日起，贷款基准利率期限档次简并为一年以内（含一年）、一年至五年（含五年）和五年以上三个档次。因此 2004—2013 年的资本价格用中国人民银行公布的六个月至一年期的人民币贷款基准利率的平均值来度量，2014 年和 2015 年的资本价格以一年以内贷款基准利率平均值来度量。劳动价格用各地区实际平均工资来衡量，数据来源于《中国统计年鉴》（2005—2016 年）。

（3）经济发展水平（PGDP）、IFDI、OFDI 的测度

采用地区人均 GDP 衡量经济发展水平，利用 IFDI 和 OFDI 流量衡量 IFDI、OFDI 变量，由于 IFDI 和 OFDI 单位均为万美元，因此采用人民币汇率年均价将

美元数据转化为人民币之后对该指标进行核算。数据来源于《中国统计年鉴》和《中国对外直接投资统计公报》。

（4）其他控制变量的选取

采用年末常住人口数量衡量人口规模（*P*）。用单位地区生产总值能耗衡量能源强度（EI）。用煤炭消耗占能源消耗总量的比重衡量能源结构（ES）。用资本劳动比衡量地区要素禀赋状况（*K*/*L*）。用劳动力的平均受教育年限衡量地区的人力资本水平（*H*），分别赋予小学、初中、高中、大专及以上学历的受教育年限为 6 年、9 年、12 年、16 年，进而各地区的人力资本存量可以表示为：小学就业人员比重×6+初中就业人员比重×9+高中就业人员比重×12+大专及以上学历就业人员比重×16（王恕立等，2013）。采用地区 R&D 投入衡量研发投入（RD）。采用进出口总额占 GDP 的比重衡量贸易开放（TR）。采用地区平均工资衡量工资水平（*W*）。采用环境污染治理投资总额占 GDP 的比重衡量环境规制（ERS）。采用非国有经济就业人口占总就业人口的比重衡量市场化水平（MARKET）（杜思正等，2016）。数据来源于各省（自治区、直辖市）统计年鉴、《中国统计年鉴》《中国能源统计年鉴》《中国劳动统计年鉴》。值得注意的是，本书对所有价格数据以 2004 年为基期进行了平减。

5.4 实证分析

式（5-3）～式（5-7）构建了一个相互交织的联立方程模型，为了有效解决解释变量的内生性和扰动项相关性等问题，本书采用系统估计法中的三阶段最小二乘法（3SLS）对方程组进行估计。

5.4.1 全样本估计结果

如表 5.1 所示，在碳排放的决定方程中，人口总量、人均 GDP、能源强度和能源结构的系数均在 1%的显著性水平下为正。人口总量每增长 1%会促进碳排放增长 0.884%，主要原因在于人口增长会带来对能源需求的增加。而经济发展水平每上升 1%，碳排放会增加 1.102%，说明目前中国的经济增长还未跨过库兹涅茨曲线的拐点，中国经济的快速增长更倾向于促进地区碳排放增加。能源强度和能源结构的系数分别为 0.765 和 0.861，究其原因，中国正处于城市化和工业化的快速发展阶段，以煤炭为主的能源消耗特征在短期内不会改变，因此，能源结构和能源强度均会促进环境污染的增加。

表 5.1　全样本估计结果

变量	$\ln CO_{2it}$	$\ln PGDP_{it}$	$\ln IFDI_{it}$	$\ln OFDI_{it}$	$\ln DIS_{it}$
$\ln P_{it}$	0.884^{***} (0.015)	—	—	—	—
$\ln PGDP_{it}$	1.102^{***} (0.026)	—	0.759^{**} (0.299)	-3.475^{***} (0.420)	-0.242^{***} (0.032)
$\ln EI_{it}$	0.765^{***} (0.030)	—	—	—	—
$\ln ES_{it}$	0.861^{***} (0.026)	—	—	—	—
$\ln IFDI_{it}$	—	0.195^{***} (0.037)	—	0.794^{***} (0.229)	0.185^{***} (0.009)
$\ln OFDI_{it}$	—	-0.207^{***} (0.027)	0.321^{***} (0.061)	—	-0.078^{***} (0.010)
$\ln K/L_{it}$	—	0.089^{*} (0.051)	—	—	—
$\ln H_{it}$	—	1.025^{***} (0.179)	0.613^{*} (0.352)	3.096^{***} (0.921)	—
$\ln RD_{it}$	—	0.080^{**} (0.036)	—	0.290^{***} (0.111)	—
$\ln TR_{it}$	—	0.033^{*} (0.019)	—	—	—
$\ln W_{it}$	—	1.347^{***} (0.107)	1.562^{***} (0.567)	6.833^{***} (1.340)	—
$\ln DIS_{it}$	—	—	6.958^{***} (0.711)	1.783 (2.203)	—

变量	$\ln CO_{2it}$	$\ln PGDP_{it}$	$\ln IFDI_{it}$	$\ln OFDI_{it}$	$\ln DIS_{it}$
$\ln ERS_{it}$	—	—	−0.022 （0.036）	—	—
$\ln MARKET_{it}$	—	—	—	0.712 （0.494）	—
常数项	-1.685^{***} （0.141）	-4.692^{***} （0.446）	-2.844^{*} （1.605）	-20.027^{***} （3.547）	−0.108 （0.112）
R^2	0.951	0.511	0.509	0.490	0.118

注：*、**、***分别表示在 10%、5%、1%显著性水平下显著；回归系数括号内为对应的标准误；回归结果中均控制了地区效应和时间效应。

IFDI 每增加 1%会通过促进东道国经济发展水平增加 0.195%而促进碳排放的增加，说明中国存在显著的“污染天堂”效应。究其原因，目前，中国的引资模式依旧以资源寻求型为主，而这类外资的引入虽然给中国经济起飞带来了显著的推动力，但也会给中国的资源环境带来巨大压力。OFDI 则会通过规模效应抑制碳排放的增加，究其原因，随着中国城市化进程的推进，企业会对一些土地使用成本较低的东道国进行 OFDI，这种 OFDI 模式一方面转移了部分剩余产能，另一方面也延缓了城市工业规模的扩张速度（聂飞等，2016），从而降低了碳排放。此外，要素禀赋、人力资本、研发投入、贸易开放程度和工资水平均有利于地区经济发展水平的上升。

经济发展水平每上升 1%，IFDI 会上升 0.759%，说明经济发展水平与 IFDI 之间存在相互促进的作用。OFDI 的扩张会助推 IFDI 的增长，究其原因，OFDI 在资金投向上具有更大的主动权，因此通过技术寻求型的 OFDI 能获取东道国的先进技术，而技术的增强又有利于吸引更多外资。要素市场扭曲会显著促进 IFDI 的增加，说明中国确实存在压低要素价格以吸引 IFDI 的现象。人力资本和工资水平的提高也有利于外资规模的扩大，说明 IFDI 对劳动力质量的要求日渐提高，但对劳动力成本的要求不再敏感。此外，环境规制的上升会抑制 IFDI，但并未通过显著性水平检验。

经济发展水平每上升 1%，会导致 OFDI 下降 3.475%，究其原因，当经济发展水平较低时，经济发展会阻碍企业的 OFDI，只有当一个国家或地区的经济发展水平较高时，才会形成对 OFDI 的促进作用（余官胜等，2014）。因此认为中国目前的经济发展水平与发达国家还存在较大差距，国内企业资本实力的提升使其更倾向于在国内市场进行投资。IFDI 每上升 1%，会促进 OFDI 上升 0.794%，说明中国的 IFDI 和 OFDI 之间存在良性互动机制，究其原因，外资的引入显著促进了企业竞争力的增强，而企业竞争力增强是进行 OFDI 的基础。要素市场扭曲每上升 1%，会促进 OFDI 增加 1.783%，但并未通过显著性水平检验。此外，人力资本、研发投入、工资水平和市场化水平的提高均有利于 OFDI 的扩张，但市场化水平对 OFDI 的促进作用并不显著。

经济发展水平每上升 1%，要素市场扭曲会下降 0.242%，可能的原因在于地区的经济发展水平越高，与之匹配的制度质量也越高，而良好的制度因素可能会在一定程度上抑制要素市场扭曲。最后，IFDI 的增加会导致要素市场扭曲的增强，而 OFDI 的增加则会显著抑制要素市场扭曲，说明外资的引入可能对本土企业形成"挤出效应"，进而加剧要素市场的扭曲程度，而在企业进行 OFDI 的过程中，由于转移了部分过剩产能，一些产能过剩的企业退出了国内市场，这就削弱了国内的要素市场扭曲程度。

5.4.2 按经济发展水平分组估计结果

由于本书主要考察双向 FDI 如何通过规模效应对环境污染产生影响，那么仅从全样本的视角考察其影响效应可能会忽略不同经济发展水平影响环境污染的异质性。因此，进一步按经济发展水平分组以考察不同经济发展阶段双向 FDI 对环境污染的影响。以人均 GDP 的平均值作为划分标准，如果某个地区的人均 GDP 大于所有地区人均 GDP 的总体平均值，则将该地区划分为高经济发展水平组，反之，将该地区划分为低经济发展水平组。可以发现高经济发展水平的地区以东部地区为主，而低经济发展水平的地区以中西部地区为主，因此认为该划分标准具有一定的合理性，回归结果见表 5.2、表 5.3。

表 5.2 高经济发展水平分组回归结果

变量	$\ln CO_{2it}$	$\ln PGDP_{it}$	$\ln IFDI_{it}$	$\ln OFDI_{it}$	$\ln DIS_{it}$
$\ln P_{it}$	1.046*** (0.020)	—	—	—	—
$\ln PGDP_{it}$	1.372*** (0.044)	—	2.093*** (0.350)	0.780 (0.946)	−0.420*** (0.041)
$\ln EI_{it}$	0.929*** (0.031)	—	—	—	—
$\ln ES_{it}$	0.910*** (0.028)	—	—	—	—
$\ln IFDI_{it}$	—	0.018 (0.038)	—	−2.555*** (0.460)	0.168*** (0.012)
$\ln OFDI_{it}$	—	−0.194*** (0.025)	0.379*** (0.062)	—	−0.048*** (0.012)
$\ln K/L_{it}$	—	0.232*** (0.040)	—	—	—
$\ln H_{it}$	—	0.041 (0.223)	1.094** (0.533)	3.562* (2.030)	—
$\ln RD_{it}$	—	0.164*** (0.040)	—	2.046*** (0.325)	—
$\ln TR_{it}$	—	0.014 (0.022)	—	—	—
$\ln W_{it}$	—	1.163*** (0.088)	−0.486 (0.439)	6.981*** (1.073)	—
$\ln DIS_{it}$	—	—	5.127*** (0.395)	12.284*** (1.709)	—
$\ln ERS_{it}$	—	—	0.006 (0.044)	—	—
$\ln MARKET_{it}$	—	—	—	3.404 (2.412)	—
常数项	−3.552*** (0.227)	−1.337** (0.607)	−1.784 (1.716)	−12.336 (13.674)	0.063 (0.170)
R^2	0.963	0.905	0.303	0.226	0.624

注：① *、**、***分别表示在 10%、5%、1%显著性水平下显著；回归系数括号内为对应的标准误；回归结果中均控制了地区效应和时间效应。

② 高经济发展水平组样本包括北京、天津、内蒙古、辽宁、吉林、上海、江苏、浙江、福建、山东、广东。

表 5.3 低经济发展水平分组回归结果

变量	$lnCO_{2it}$	$lnPGDP_{it}$	$lnIFDI_{it}$	$lnOFDI_{it}$	$lnDIS_{it}$
lnP_{it}	0.815*** (0.019)	—	—	—	—
$lnPGDP_{it}$	1.127*** (0.041)	—	2.078*** (0.572)	−3.235*** (1.247)	−0.275*** (0.049)
$lnEI_{it}$	0.667*** (0.038)	—	—	—	—
$lnES_{it}$	0.927*** (0.037)	—	—	—	—
$lnIFDI_{it}$	—	0.050*** (0.019)	—	0.723*** (0.173)	0.143*** (0.008)
$lnOFDI_{it}$	—	−0.054*** (0.014)	0.460*** (0.068)	—	−0.055*** (0.011)
lnK/L_{it}	—	0.043 (0.058)	—	—	—
lnH_{it}	—	1.308*** (0.104)	−0.349 (0.737)	3.688* (1.968)	—
$lnRD_{it}$	—	0.036* (0.019)	—	0.413*** (0.146)	—
$lnTR_{it}$	—	−0.008 (0.014)	—	—	—
lnW_{it}	—	0.927*** (0.120)	−0.970 (0.628)	5.856*** (1.439)	—
$lnDIS_{it}$	—	—	5.764*** (0.619)	−1.425 (1.689)	—
$lnERS_{it}$	—	—	−0.052 (0.064)	—	—
$lnMARKET_{it}$	—	—	—	1.659** (0.743)	—
常数项	−1.372*** (0.167)	−3.830*** (0.258)	1.118 (2.117)	−20.925*** (5.137)	0.194* (0.102)
R^2	0.953	0.796	0.202	0.409	0.224

注：① *、**、*** 分别表示在 10%、5%、1%显著性水平下显著；回归系数括号内为对应的标准误；回归结果中均控制了地区效应和时间效应。

② 低经济发展水平组包括河北、山西、黑龙江、安徽、江西、河南、湖北、湖南、广西、海南、重庆、四川、贵州、云南、陕西、甘肃、青海、宁夏、新疆。

从碳排放决定方程来看，人口、人均 GDP、能源强度和能源结构对中国高经济发展水平组和低经济发展水平组碳排放的影响均为正。但这种正向促进作用在高经济发展水平组表现较强，可能是由于经济发展水平较高的地区，工业化发展程度也较高，对能源需求量较大。

从经济发展水平的决定方程来看，外资引入会通过规模效应促进高经济发展水平组和低经济发展水平组碳排放的增加，但这一正向作用在高经济发展水平组表现并不明显。究其原因，随着经济发展水平的快速上升，高经济发展水平组倾向于改善引资结构，引入高技术水平的 IFDI，而这类外资对地区碳排放的正向作用并不显著。但低经济发展水平组的外资类型则会导致其通过规模效应增加地区碳排放。OFDI 会通过规模效应显著抑制高经济发展水平组和低经济发展水平组的碳排放。主要原因在于，一方面可能是由于高经济发展水平组和低经济发展水平组均能通过 OFDI 转移过剩产能；另一方面无论是高经济发展水平组，还是低经济发展水平组，均能有效学习掌握 OFDI 所带来的高技术，从而形成 OFDI 通过规模效应对碳排放的抑制作用。此外，要素禀赋、人力资本、研发投入和工资水平均有利于经济发展水平的上升，而贸易开放则对经济发展水平的影响不显著。

从 IFDI 的决定方程来看，经济发展水平上升会显著促进高经济发展水平组和低经济发展水平组的 IFDI。究其原因，经济发展水平是外资企业进行跨国投资区位选择的重要依据，一般而言，地区经济发展水平决定了市场需求潜力，而市场需求潜力则决定了外资企业能否有效获取市场份额。OFDI 同样对 IFDI 起着显著的促进作用，说明 OFDI 是 IFDI 的有力支持（尹应凯，2002）。要素市场扭曲会显著促进高经济发展水平和低经济发展水平组的 IFDI，说明低廉的要素价格有助于吸引更多外资。人力资本对高经济发展水平组的 IFDI 有显著的促进作用，对低经济发展水平组 IFDI 的影响则不显著，说明经济发展水平较高地区的 IFDI 更看重地区的劳动力素质，而经济发展水平较低地区的 IFDI 更看重市场或要素价格等。此外，工资和环境规制水平对高经济发展水平组和低经济发展水平组的 IFDI

影响均不显著。

从 OFDI 的决定方程来看，经济发展水平对高经济发展水平组的 OFDI 影响不显著，但会显著抑制低经济发展水平组的 OFDI，这一结论与余官胜等（2014）所得结论一致。IFDI 会显著抑制高经济发展水平组的 OFDI，但对低经济发展水平组的 OFDI 则起到显著的促进作用，可能的原因在于，高经济发展水平组的 IFDI 规模较大，因此集聚竞争效应会“挤出”本土企业，不利于企业开展 OFDI。要素市场扭曲会显著促进高经济发展水平组的 OFDI，究其原因，过剩产能的形成会迫使企业进行 OFDI。而低经济发展水平组的要素市场扭曲对 OFDI 的影响并不显著，这可能与现阶段低经济发展水平组的 OFDI 较少有关。此外，人力资本、工资水平、研发投入和市场化程度的提高均会显著促进高经济发展水平组和低经济发展水平组的 OFDI，但市场化水平对高经济发展水平组 OFDI 的促进作用未通过显著性水平检验。

从要素市场扭曲的决定方程来看，经济发展水平增加有利于抑制要素市场扭曲，且这一抑制效应在高经济发展水平组表现得更明显，究其原因，随着经济发展水平的快速上升，要素市场扭曲无疑成了“锦上添花”（林毅夫，2014），因此，消除要素市场扭曲必然成为经济发展过程中所必须解决的问题。此外，IFDI 会显著促进要素市场扭曲，OFDI 则会显著抑制要素市场扭曲，这一结论与全样本估计所得结论一致。

5.4.3 稳健性检验

（1）替换解释变量的稳健性检验

本章采用 IFDI 流量、OFDI 流量数据测度了双向 FDI 环境污染的规模效应，为了检验这一结果的稳健性，进一步选取人均 IFDI 流量、人均 OFDI 流量和人均 R&D 投入衡量 IFDI、OFDI 和研发投入指标，结果见表 5.4。核心变量的回归系数符号与前文的检验符号基本一致，且绝大多数都通过了 10%的显著性水平检验，说明前文对模型的计量检验结果具有较好的稳健性。

表 5.4 替换解释变量的稳健性检验结果

变量	$\ln CO_{2it}$	$\ln PGDP_{it}$	$\ln IFDI_{it}$	$\ln OFDI_{it}$	$\ln DIS_{it}$
$\ln P_{it}$	0.869*** (0.015)	—	—	—	—
$\ln PGDP_{it}$	1.083*** (0.027)	—	2.135*** (0.316)	−1.784*** (0.640)	−0.459*** (0.091)
$\ln EI_{it}$	0.743*** (0.029)	—	—	—	—
$\ln ES_{it}$	0.861*** (0.026)	—	—	—	—
$\ln IFDI_{it}$	—	0.163*** (0.035)	—	0.829*** (0.154)	0.244*** (0.017)
$\ln OFDI_{it}$	—	−0.155*** (0.045)	0.339** (0.134)	—	−0.052** (0.023)
$\ln K/L_{it}$	—	0.133** (0.056)	—	—	—
$\ln H_{it}$	—	0.884*** (0.179)	−0.330 (0.438)	0.988 (0.763)	—
$\ln RD_{it}$	—	0.117*** (0.036)	—	0.132 (0.132)	—
$\ln TR_{it}$	—	0.043* (0.022)	—	—	—
$\ln W_{it}$	—	0.958*** (0.125)	1.180* (0.633)	4.034*** (0.640)	—
$\ln DIS_{it}$	—	—	2.906*** (0.510)	0.903 (0.807)	—
$\ln ERS_{it}$	—	—	−0.022 (0.054)	—	—
$\ln MARKET_{it}$	—	—	—	1.407*** (0.494)	—
常数项	−1.548*** (0.144)	−3.835*** (0.530)	0.839 (1.623)	−11.921*** (2.653)	0.513*** (0.091)
R^2	0.950	0.758	0.534	0.514	0.054

注：*、**、***分别表示在 10%、5%、1%显著性水平下显著；回归系数括号内为对应的标准误；回归结果中均控制了地区效应和时间效应。

（2）替换被解释变量的稳健性检验

为了进一步考察双向 FDI 影响环境污染的规模效应是否存在于其他污染物中，本部分进一步采用各省（自治区、直辖市）的二氧化硫数据衡量环境污染，重新进行回归，结果见表 5.5。核心变量的回归系数符号与前文的检验符号基本一致，且绝大多数都通过了 10%的显著性水平检验，说明前文对模型的计量检验结果具有较好的稳健性。

表 5.5 替换被解释变量的稳健性检验结果

变量	$\ln SO_{2it}$	$\ln PGDP_{it}$	$\ln IFDI_{it}$	$\ln OFDI_{it}$	$\ln DIS_{it}$
$\ln P_{it}$	1.016*** (0.025)	—	—	—	—
$\ln PGDP_{it}$	0.639*** (0.044)	—	0.606** (0.300)	−4.296*** (0.443)	−0.240*** (0.033)
$\ln EI_{it}$	1.091*** (0.050)	—	—	—	—
$\ln ES_{it}$	0.652*** (0.044)	—	—	—	—
$\ln IFDI_{it}$	—	0.186*** (0.038)	—	0.599*** (0.232)	0.180*** (0.009)
$\ln OFDI_{it}$	—	−0.202*** (0.027)	0.311*** (0.061)	—	−0.075*** (0.010)
$\ln K/L_{it}$	—	0.086* (0.051)	—	—	—
$\ln H_{it}$	—	0.931*** (0.178)	0.630* (0.353)	3.841*** (0.964)	—
$\ln RD_{it}$	—	0.080** (0.036)	—	0.250** (0.112)	—
$\ln TR_{it}$	—	0.034* (0.020)	—	—	—
$\ln W_{it}$	—	1.383*** (0.108)	1.944*** (0.568)	9.292*** (1.395)	—
$\ln DIS_{it}$	—	—	7.328*** (0.711)	4.551** (2.268)	—

变量	$\ln SO_{2it}$	$\ln PGDP_{it}$	$\ln IFDI_{it}$	$\ln OFDI_{it}$	$\ln DIS_{it}$
$\ln ERS_{it}$	—	—	−0.016 （0.035）	—	—
$\ln MARKET_{it}$	—	—	—	1.180** （0.513）	—
常数项	1.759*** （0.239）	−4.450*** （0.447）	−3.541** （1.609）	−26.069*** （3.706）	−0.070 （0.112）
R^2	0.880	0.527	0.498	0.458	0.147

注：*、**、***分别表示在 10%、5%、1%显著性水平下显著；回归系数括号内为对应的标准误；回归结果中均控制了地区效应和时间效应。

（3）分阶段检验

为了进一步验证结果的稳健性，借鉴刘海云等（2015）的方法，考虑到 2008 年国际金融危机可能会对实证结果产生影响，因此，以 2008 年为节点，分别检验 2004—2008 年和 2009—2015 年两个样本期间双向 FDI 影响环境污染的规模效应，结果见表 5.6 和表 5.7。可以发现，虽然中国双向 FDI 对环境规模效应的影响在不同阶段有所不同，但估计结果与表 5.1 的估计结果基本一致，因此认为前文的估计结果具有较好的稳健性。

表 5.6　2004—2008 年的估计结果

变量	$\ln CO_{2it}$	$\ln PGDP_{it}$	$\ln IFDI_{it}$	$\ln OFDI_{it}$	$\ln DIS_{it}$
$\ln P_{it}$	0.926*** （0.025）	—	—	—	—
$\ln PGDP_{it}$	1.077*** （0.039）	—	2.174*** （0.393）	−3.201** （1.529）	−0.346*** （0.034）
$\ln EI_{it}$	0.896*** （0.056）	—	—	—	—
$\ln ES_{it}$	0.836*** （0.054）	—	—	—	—
$\ln IFDI_{it}$	—	0.283*** （0.035）	—	0.777 （0.505）	0.165*** （0.011）
$\ln OFDI_{it}$	—	−0.049* （0.028）	0.076 （0.060）	—	−0.008 （0.010）

变量	$\ln CO_{2it}$	$\ln PGDP_{it}$	$\ln IFDI_{it}$	$\ln OFDI_{it}$	$\ln DIS_{it}$
$\ln K/L_{it}$	—	0.215^{***} (0.067)	—	—	—
$\ln H_{it}$	—	1.097^{***} (0.172)	0.770 (0.625)	6.338^{**} (2.664)	—
$\ln RD_{it}$	—	0.056^{**} (0.028)	—	0.998^{***} (0.234)	—
$\ln TR_{it}$	—	0.016 (0.019)	—	—	—
$\ln W_{it}$	—	0.168 (0.236)	0.563 (0.516)	10.166^{***} (1.618)	—
$\ln DIS_{it}$	—	—	5.589^{***} (0.503)	10.377^{***} (2.965)	—
$\ln ERS_{it}$	—	—	0.005 (0.068)	—	—
$\ln MARKET_{it}$	—	—	—	0.176 (1.259)	—
常数项	-2.015^{***} (0.224)	-4.209^{***} (0.535)	5.211^{***} (1.832)	-26.447^{***} (8.371)	-0.479^{***} (0.127)
R^2	0.953	0.627	0.710	0.325	0.444

注：*、**、***分别表示在 10%、5%、1%显著性水平下显著；回归系数括号内为对应的标准误；回归结果中均控制了地区效应和时间效应。

表 5.7　2009—2015 年的估计结果

变量	$\ln CO_{2it}$	$\ln PGDP_{it}$	$\ln IFDI_{it}$	$\ln OFDI_{it}$	$\ln DIS_{it}$
$\ln P_{it}$	0.874^{***} (0.016)	—	—	—	—
$\ln PGDP_{it}$	0.986^{***} (0.032)	—	1.167^{***} (0.343)	-2.222^{***} (0.426)	-0.201^{***} (0.043)
$\ln EI_{it}$	0.748^{***} (0.030)	—	—	—	—
$\ln ES_{it}$	0.815^{***} (0.026)	—	—	—	—
$\ln IFDI_{it}$	—	0.319^{***} (0.048)	—	1.202^{***} (0.124)	0.221^{***} (0.016)

变量	$lnCO_{2it}$	$lnPGDP_{it}$	$lnIFDI_{it}$	$lnOFDI_{it}$	$lnDIS_{it}$
$lnOFDI_{it}$	—	-0.295^{***} （0.035）	0.759^{***} （0.071）	—	-0.163^{***} （0.019）
lnK/L_{it}	—	0.068 （0.048）	—	—	—
lnH_{it}	—	0.751^{***} （0.177）	0.223 （0.355）	1.180^{**} （0.568）	—
$lnRD_{it}$	—	0.001 （0.042）	—	0.057 （0.088）	—
$lnTR_{it}$	—	0.020 （0.022）	—	—	—
lnW_{it}	—	1.404^{***} （0.116）	0.537 （0.709）	2.860^{***} （1.046）	—
$lnDIS_{it}$	—	—	4.032^{***} （0.824）	2.242^{*} （1.351）	—
$lnERS_{it}$	—	—	0.027 （0.037）	—	—
$lnMARKET_{it}$	—	—	—	0.221 （0.379）	—
常数项	-1.249^{***} （0.160）	-3.576^{***} （0.441）	-0.573 （1.820）	-5.683^{*} （3.212）	0.396^{**} （0.157）
R^2	0.959	0.286	0.551	0.356	0.421

注：*、**、***分别表示在 10%、5%、1%显著性水平下显著；回归系数括号内为对应的标准误；回归结果中均控制了地区效应和时间效应。

5.5 小结

本章实证检验了在要素市场扭曲的背景下，双向 FDI 影响环境污染的规模效应，主要结论如下：① IFDI 会通过规模效应显著促进地区环境污染的增加，同时，要素市场扭曲和 OFDI 会通过促进 IFDI 的增加，加剧 IFDI 对环境污染的正向影响效应，在分样本情况下，这一结论依旧成立。② OFDI 会通过规模效应显著抑制地区环境污染的增加，且从全样本和低经济发展水平组的估计结果来看，要素市场扭曲虽然对 OFDI 的影响不显著，但却会显著促进高经济发展水平组的 OFDI，说明要素市场扭曲会通过促进 OFDI 而抑制地区环境污染。从全样本和低经济发展水平组的估计结果来看，IFDI 也会通过促进 OFDI 而加强其对环境污染的抑制作用，但在高经济发展水平组，IFDI 的增加会显著抑制 OFDI。③ IFDI 会加剧要素市场扭曲，而 OFDI 则会在一定程度上抑制要素市场扭曲，在分样本情况下，这一结论依旧成立。

6 中国双向 FDI 环境结构效应的实证分析

6.1 问题提出

由于结构效应也是双向 FDI 影响环境污染的重要因素之一，因此本章将系统考察双向 FDI 通过影响产业结构进而影响环境污染的效应，以期为中国从产业结构层面制定双边投资政策，进而为缓解环境污染奠定基础。事实上，从中国的现实发展情况来看，产业结构的调整一直是中国经济发展的重要主题之一，2018 年 3 月 5 日，习近平总书记在参加内蒙古代表团审议时的重要讲话中指出，推动经济高质量发展，要把重点放在推动构建现代产业新体系上。而任何地区在吸引 IFDI 和进行 OFDI 的过程中都会对地区的产业结构产生影响（张宇等，2014），且地区环境污染在一定程度上取决于产业结构。同时，IFDI 和 OFDI 在不同经济发展阶段所发挥的影响效应也有所不同，其会显著影响地区的产业结构，现有研究也已经关注到了这一问题，先后出现了钱纳里的“双缺口模型”、维农的产品生命周期理论、赫尔希曼的技术缺口理论、小岛清的边际产业扩张理论等经典理论。实证研究方面，Desai 等（2005）、Ghodeswar 等（2008）认为 IFDI 会显著促进发展中国家的产业结构升级。周燕等（2008）认为 IFDI 在一定程度上对中国产业结构调整升级具有催化作用，有助于提高国民经济中第二、第三产业的比重，且 IFDI 比间接投资的影响更显著（张琴，2012）。在 OFDI 影响产业结构升级方面，Tuan 等（2004）、Barrios 等（2004）、Ritchie（2009）分别以中国、爱尔兰、东南亚国家等地区为样本进行了实证研究，结果均发现 OFDI 有利于母国（地区）的产业结构升级，而产业结构偏向又会对地区环境产生显著影响（Liu C 等，2011；Zhang X Q 等，2011）。因此，系统考察双向 FDI 影响环境污染的产业结构效应具有重要的理论意义和现实意义。同时，考虑到中国在引入 IFDI 和进行 OFDI 的过程中，对经济规模的影响更直接，而双向 FDI 是否呈协调发展，对地区产业结构的影响可能更强，主要原因在于当引入 IFDI 对地区的产业结构产生影响时，OFDI 与 IFDI 之间的协调性和同步性越明显，其就会在越大程度上调和 IFDI 的产业结构效应，因此，本章重点关注双向 FDI 协调发展，通过影响产业结构，进而影响地区环境污染的效应。

6.2 理论机制

6.2.1 双向 FDI 协调发展影响环境污染的直接效应

早在 20 世纪 80 年代，邓宁的投资发展路径理论就指出随着经济发展水平的提高，IFDI 和 OFDI 之间的互动效应会显著增强。具体而言，IFDI 是 OFDI 的基础，OFDI 是 IFDI 的有力支持（尹应凯，2002），因此认为双向 FDI 之间呈现一定的协调发展性，会对一个国家或地区的环境污染产生影响。

首先，当一个国家或地区将环境作为一种低廉的要素投入，辅之以廉价劳动力和生产成本以吸引 IFDI 时，很难期望这类外资会改善地区环境污染状况，反而会因为带动能源需求的快速增长，导致环境污染水平显著上升。而随着其所带动的地区经济发展水平的提高及环境污染的上升，会促使企业通过 OFDI 转移过剩产能，降低环境污染，而这类 OFDI 并不会产生显著的逆向技术溢出效应，同样不利于环境污染的改善。在这种发展模式下，双向 FDI 协调发展水平就十分有限，最终导致环境污染水平的上升。

其次，当一个国家或地区通过引入 IFDI 以学习其先进的生产技术和减排技术时，此时企业生产成本下降，从而能够将更多的资金投入研究与发展方面。一方面有利于环境技术的提升，改善环境污染；另一方面也会提高企业进行 OFDI 的能力。由于 OFDI 在资金投向上具有更大的主动权，因此企业通过技术寻求的 OFDI，可以获取国外先进的环境技术，进而通过技术反馈机制实现母国技术的赶超，最终形成双向 FDI 的协调发展，促进环境污染的降低。

为此，本书提出假说 6.1：在中国双向 FDI 快速发展的背景下，随着 IFDI 流入和 OFDI 流出结构的不断调整优化，双向 FDI 的协调效应逐渐增强，这会在一定程度上降低环境污染。

6.2.2 产业结构演进影响环境污染的直接效应

首先，产业结构合理化在一定程度上说明了产业之间协调聚合的程度，也就是产业之间相互作用所促进的资源要素趋于合理配置和动态均衡的效应。随着劳动、资本等生产要素在产业间的流动，社会生产资源得到再配置，企业生产率提高，产业结构也从相对不合理的状态向相对合理的状态调整。但产业结构合理化对地区环境污染的影响依赖于产业结构的调整方向，若产业结构向污染密集型产业调整，则必然导致环境污染快速上升，若产业结构向清洁型产业调整，则会显著改善环境污染。

为此，本书提出假说 6.2：由于现阶段中国产业结构的调整主要是从第一产业向第二产业转移，一些产业的调整可能带来资源耗竭和生态环境恶化，这不利于改善环境污染。

其次，产业结构高度化主要表现在两个方面。一是产业由劳动密集型过渡到资本密集型，最终到技术密集型的过程，也就是不同要素密集程度的转移。二是产业自身向高附加值化、高技术化、高集约化、高加工度化的转移过程。因此，从产业结构高度化的内涵来看，无论是产业逐渐向技术密集型转变，还是产业自身技术水平的提升，都会显著改善地区的环境污染。

为此，本书提出假说 6.3：产业结构高度化的增强有利于降低环境污染。

6.2.3 双向 FDI 协调发展通过产业结构演进影响环境污染的间接效应

首先，双向 FDI 协调发展、产业结构合理化与环境污染。一方面，IFDI 作为政府招商引资的主要目标，可能会对要素市场产生一定的影响，造成市场扭曲，反过来市场扭曲所导致的要素价格偏低会吸引更多的 IFDI。与此同时，要素市场扭曲所造成的企业大量使用有形生产要素进行生产，减少科研投入，会抑制企业竞争力的形成，最终抑制 OFDI。这就会造成双向 FDI 的协调发展程度较低，产业间的要素配置不尽合理，最终导致环境污染。另一方面，随着双向 FDI 结构的逐渐调整，二者协调程度不断上升，通过对国内外的生产要素进行再配置，劳动、资本等资源得到更高效的利用，产业结构向更合理化的方向发展，这不仅会促进要素结构的扭曲被逐步纠正，也会使得社会资源在产业间合理流动，进而使环境污染状况趋于改善。

为此，本书提出假说 6.4：在中国双向 FDI 协调发展程度不断上升的背景下，由于促进了要素资源的合理配置，产业结构的扭曲效应被逐渐纠正，因此会显著改善地区环境污染。

其次，双向 FDI 协调发展、产业结构高度化与环境污染。从长期来看，市场寻求型的 IFDI 会显著扩大东道国的产品市场，进而有效利用 IFDI 的技术溢出效应、产品竞争效应和示范效应倒逼东道国改善生产技术，促进企业竞争力增强、OFDI 增加。效率寻求型的 IFDI 虽然会促进产业的快速发展，但由于这类外资大多是低端加工制造业，会在一定程度上抑制劳动生产率的上升，产业结构被低端锁定，企业竞争力下降，不利于 OFDI 增加。资源寻求型的 IFDI 虽然会通过技术溢出效应促进资源密集型行业的发展，但会导致工业化进程的延缓，抑制 OFDI。因此双向 FDI 的协调发展效应通过影响产业结构高度化，进而影响环境污染的最终效应与双向 FDI 的类型有关。

基于此，本书提出假说 6.5：由于中国现阶段的引资多以资源寻求型为主，市场寻求型的 IFDI 相对较少，且并无充分证据显示中国的 OFDI 是为了寻求逆向技术溢出（李猛，2011）。因此认为目前中国的双向 FDI 协调发展水平可能会抑制产业结构高度化的发展，造成产业结构被低端锁定，最终导致环境污染上升。

6.3 模型设定及数据说明

6.3.1 模型设定

为了系统考察双向 FDI 协调发展影响环境污染的直接效应，以及通过产业结构演进影响环境污染的间接效应，限于数据的可获得性和完整性，本书利用中国除香港、台湾、澳门、西藏外 30 个省（自治区、直辖市）2004—2015 年的数据进行分析，由于环境污染具有一定的时间累积性，因此，设定计量模型如下：

$$Z_{it} = \delta_0 + \delta_1 Z_{it-1} + \delta_2 \mathrm{lnIDFDI}_{it} + \delta_3 I_{it} + \delta_4 I_{it} \times \mathrm{lnIDFDI}_{it} + \delta_5 X_{it} + \mu_i + \nu_t + \varepsilon_{it} \tag{6-1}$$

其中，Z_{it} 表示 i 地区在第 t 期的环境污染。Z_{it-1} 表示 i 地区在第 t–1 期的环境污染。$\mathrm{lnIDFDI}_{it}$ 表示 i 地区在第 t 期双向 FDI 的协调发展水平。I_{it} 表示 i 地区在第 t 期的产业结构演进指标（合理化指数和高度化指数）。为了衡量双向 FDI 协调发展水平，通过产业结构演进影响环境污染的间接效应，引入产业结构演进和双向 FDI 协调发展水平的交互项。X_{it} 表示影响地区环境污染的其他因素（沈坤荣等，2017），包括地区人均资本存量（lnKL_{it}）、研发投入（lnRD_{it}）、贸易开放程度（lnTR_{it}）、人力资本水平（$\ln H_{it}$）、地区的经济发展水平（$\ln GDP_{it}$）以及环境规制（$\ln ERS_{it}$）。

6.3.2 数据说明

（1）环境污染的测度

本书采用现有研究广泛使用的工业“三废”的排放量数据，通过熵值法进行加权处理，得到最终的环境污染指数，数据来源于《中国环境统计年鉴》。为了消除变量量纲及属性差异对测算结果的影响，利用极差法对数据做标准化处理，计算公式如下：

$$\text{正向指标：}\quad X_{ij}^{*}=\frac{X_{ij}-m_j}{M_j-m_j} \tag{6-2}$$

$$\text{负向指标：}\quad X_{ij}^{*}=\frac{M_j-X_{ij}}{M_j-m_j} \tag{6-3}$$

其中，$M_j=\max\left\{x_{ij}\right\}$，$m_j=\min\left\{x_{ij}\right\}$，$X_{ij}^{*}\in\left[0,1\right]$。

（2）产业结构演进测度

产业结构演进主要是指产业结构由低级逐渐向高级过渡的过程，如劳动密集型产业向资本密集型产业过渡。产业结构的演进方向主要可以分为合理化和高度化两个方向，因此本书利用产业结构合理化（IA）和产业结构高度化（IB）指标衡量产业结构演进。

IA 的测度。资源配置学说认为产业结构合理化应落脚于生产要素等资源在产业间的合理配置，从而使得各产业能协调发展。学术界基于资源配置说，主要以要素投入结构和产出结构的耦合程度来度量产业结构合理化指标，即产业结构的偏离度，具体公式如下：

$$E=\sum_{i=1}^{n}\left|\frac{Y_i/L_i}{Y/L}-1\right|=\sum_{i=1}^{n}\left|\frac{Y_i/Y}{L_i/L}-1\right| \tag{6-4}$$

其中，Y 表示总产出，L 表示劳动投入，i 表示第 i 产业部门，n 表示产业部门总数。为了进一步表现各产业的重要程度，借鉴韩永辉等（2016）的方法，将产业结构合理化的指标设定如下：

$$\mathrm{IA}=\frac{1}{\sum_{i=1}^{n}(Y_i/Y)\left|(Y_i/L_i)/(Y/L)-1\right|} \tag{6-5}$$

其中，IA 值越小，说明产业结构越不合理；IA 值越大，说明产业结构越合理。

IB 测度。产业结构高度化主要体现在产业比例关系的改变和劳动生产率的提高两方面。干春晖（2011）认为经济结构服务化程度上升是产业结构升级的重要表现，因此采用第三产业产值与第二产业产值之比衡量产业结构高度化。匡远配等（2015）认为产业结构高度化就是各产业的劳动生产率按该产业总产值占 GDP 的比重进行加权。但由于在经济向服务化转型的过程中，第三产业的增长速度要明显快于第二产业（吴敬琏，2006），因此本书采用第三产业产值占第二产业产值的比重对产业结构高度化进行测度。

（3）双向 FDI 的协调发展水平

借鉴黄凌云等（2018）的方法，在测度双向 FDI 的协调发展水平前，先利用脉冲响应函数分析 IFDI 与 OFDI 之间的互动效应，进而利用耦合系统模型测度双向 FDI 的协调发展水平。

在进行脉冲响应函数分析之前，首先利用 ADF 检验和 PP 检验的方法对 IFDI 和 OFDI 的单位根进行检验，以验证变量的平稳性，结果见表 6.1，至少在 1%的显著性水平下拒绝了存在单位根的原假设，因此认为 IFDI 和 OFDI 是平稳序列。

表 6.1 IFDI 和 OFDI 的单位根检验结果

检验方法	$\Delta\ln\mathrm{IFDI}_{it}$	$\Delta\ln\mathrm{OFDI}_{it}$
ADF	-3.268^{***}	-7.045^{***}
PP	-6.695^{***}	-15.084^{***}

注：***表示在 1%的置信水平下显著，ADF 和 PP 检验的结果均对应 Z 统计量的值。

表 6.2 IFDI 和 OFDI 的滞后阶数选取

滞后阶数	LR	FPE	AIC	SC	HQ
1	24.810*	0.029*	2.123*	2.231*	2.167*
2	2.133	0.030	2.156	2.337	2.229
3	5.149	0.030	2.171	2.424	2.274
4	3.749	0.031	2.194	2.520	2.326
5	2.053	0.032	2.227	2.625	2.389

注：*表示在特定准则下选取的最优滞后阶数。

脉冲响应函数是指当一个经济变量受到一个外生冲击时，对另一个经济变量的影响，本书首先通过 LR、FPE、AIC、SC 和 HQ 的方法选择最佳滞后阶数为 1（表 6.2），进而得到脉冲响应函数的结果（图 6.1）。可以发现，当 IFDI 受到一个标准差的外生冲击时，会促进 OFDI 在第二期产生一个显著的正向波动，在第三期之后，这一正向波动逐渐收敛至零刻度线。同样，当 OFDI 受到一个标准差的外生冲击时，会促进 IFDI 在第二期产生显著的正向波动，在第三期之后，这一正向波动逐渐收敛至零刻度线。因此认为 IFDI 和 OFDI 之间存在相互促进作用。

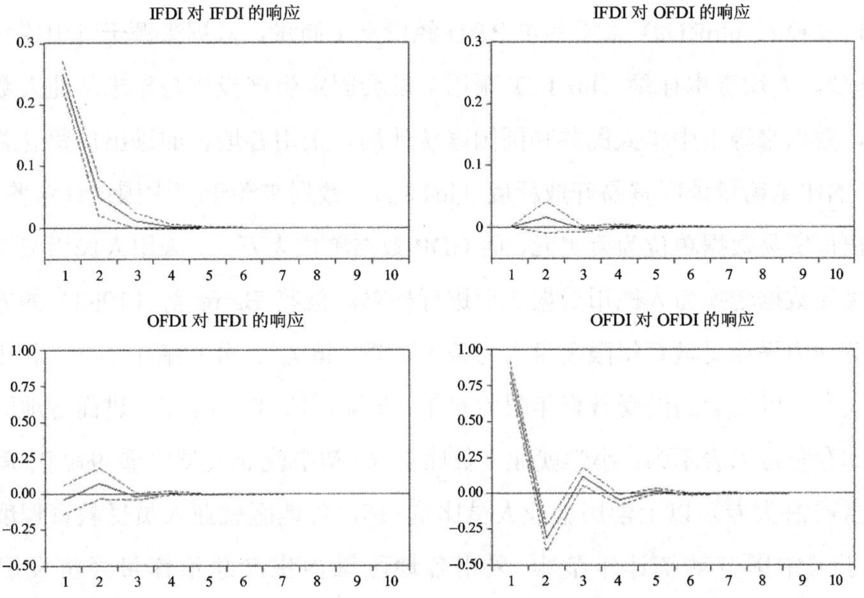

图 6.1 IFDI 和 OFDI 脉冲响应

在分析了双向 FDI 之间的互动和反馈机制之后，进一步采用第 4 章运用的耦合系统模型测度二者之间的协调发展水平，面板数据的耦合度公式计算如下：

$$C_{it}(\mathrm{IO})=\mathrm{IFDI}_{it}\times\mathrm{OFDI}_{it}/(\alpha\mathrm{IFDI}_{it}+\beta\mathrm{OFDI}_{it})^{\gamma} \tag{6-6}$$

其中，IFDI_{it}和 OFDI_{it}分别表示 i 地区在 t 时期的 IFDI 和 OFDI 流量，数据来源于《中国统计年鉴》和《中国对外直接投资统计公报》，由于 IFDI 和 OFDI 单位均为万美元，因此采用人民币汇率年均价将美元数据转化为人民币数据之后对该指标进行核算。将α 和β 的值均设定为 0.5，γ 的值设定为 2。在引入耦合协调发展指标之后，双向 FDI 的协调发展水平可以表示为

$$\mathrm{IDFDI}_{it}=D_{it}(\mathrm{IO})=\left[C_{it}(\mathrm{IO})\times\frac{\mathrm{IFDI}_{it}+\mathrm{OFDI}_{it}}{2}\right]^{\frac{1}{2}}=\left\{\frac{\mathrm{IFDI}_{it}\times\mathrm{OFDI}_{it}}{\left[(\mathrm{IFDI}_{it}+\mathrm{OFDI}_{it})/2\right]}\right\}^{\frac{1}{2}} \tag{6-7}$$

（4）其他控制变量

研发投入（$\ln\mathrm{RD}_{it}$）采用各年 R&D 经费支出衡量，数据来源于《中国科技统计年鉴》。人均资本存量（$\ln\mathrm{KL}_{it}$）采用全社会固定资产投资与年末从业人数之比表示，数据来源于中华人民共和国国家统计局。采用各地区的进出口贸易总额占 GDP 的比重衡量地区贸易开放程度（$\ln\mathrm{TR}_{it}$），数据来源于《中国统计年鉴》，由于进出口贸易数据单位为万美元，而 GDP 数据单位为万元，采用人民币汇率年均价将美元数据转换为人民币数据之后进行核算。借鉴 Barro 等（1993）的方法，通过劳动力平均受教育年限衡量人力资本存量（$\ln H_{it}$），分别赋予小学、初中、高中、大专及以上学历的受教育年限为 6 年、9 年、12 年、16 年，进而各地区的人力资本存量可以表示为：小学就业人员比重×6+初中就业人员比重×9+高中就业人员比重×12+大专及以上学历就业人员比重×16，各地区就业人员受教育程度数据来源于《中国劳动统计年鉴》。采用各地区国内生产总值衡量经济发展水平（$\ln\mathrm{GDP}_{it}$），数据来源于《中国统计年鉴》。采用环境污染治理成本占 GDP 的比重

衡量环境规制（$\ln ERS_{it}$），数据来源于中华人民共和国国家统计局。值得注意的是，本书涉及的所有价格数据均平减为 2004 年的实际价格。

6.4 实证分析

6.4.1 基准回归

表 6.3 是对式（6-1）进行的回归分析，为了克服模型可能存在的内生性问题，本书采用现有研究广泛使用的工具变量法。选取变量的滞后项作为工具变量，广义矩估计的方法又可分为一步 GMM 和两步 GMM，在样本量有限的情况下，两步 GMM 估计量的标准误会产生严重的向下偏误，最终影响统计推断（Bond S R，2002）。考虑到分样本情况下样本数据的限制，并保证模型估计的一致性，本书在基准模型和分样本回归模型中主要基于一步 GMM 的方法进行估计，为了保证结果的稳健性，在基准模型回归中同时给出了一步 GMM、两步 GMM、IV-2SLS 和 IV-GMM 的估计结果。

表 6.3　基准回归结果

变量	IV-2SLS （1）	IV-GMM （2）	SYS1 （3）	DIF1 （4）	SYS2 （5）	DIF2 （6）
Z_{it-1}	—	—	0.852^{***} （0.046）	0.623^{*} （0.331）	0.904^{***} （0.100）	0.537 （0.374）
$\ln IDFDI_{it}$	-0.101^{***} （0.027）	-0.102^{***} （0.027）	-0.042^{***} （0.020）	-0.030^{***} （0.010）	-0.046^{**} （0.018）	-0.028^{*} （0.015）
IA_{it}	0.044^{*} （0.023）	0.044^{*} （0.023）	0.016^{***} （0.003）	0.015^{***} （0.010）	0.019^{**} （0.009）	0.024^{**} （0.010）
IB_{it}	-0.410^{**} （0.173）	-0.413^{**} （0.173）	-0.129^{***} （0.017）	-1.132^{***} （0.038）	-0.163^{**} （0.079）	-0.143^{*} （0.085）
$IA\times\ln IDFDI_{it}$	-0.006^{*} （0.003）	-0.006^{*} （0.003）	-0.003^{***} （0.001）	-0.003^{***} （0.001）	-0.003^{**} （0.001）	-0.004^{**} （0.002）

变量	IV-2SLS （1）	IV-GMM （2）	SYS1 （3）	DIF1 （4）	SYS2 （5）	DIF2 （6）
IB×$\ln IDFDI_{it}$	0.050* （0.026）	0.051* （0.026）	0.021*** （0.003）	0.020*** （0.006）	0.026** （0.012）	0.023* （0.012）
$\ln RD_{it}$	−0.112*** （0.019）	−0.111*** （0.019）	−0.020*** （0.005）	−0.017 （0.021）	−0.020* （0.010）	−0.033 （0.024）
$\ln KL_{it}$	0.004 （0.020）	0.003 （0.020）	0.011*** （0.004）	0.026* （0.016）	0.015* （0.009）	0.017 （0.028）
$\ln GDP_{it}$	0.388*** （0.028）	0.387*** （0.028）	0.075*** （0.017）	0.035 （0.056）	0.064* （0.036）	0.065 （0.063）
$\ln H_{it}$	−0.283*** （0.078）	−0.280*** （0.078）	−0.038** （0.017）	−0.030* （0.017）	−0.025 （0.032）	−0.030 （0.043）
$\ln TR_{it}$	0.003 （0.009）	0.004 （0.009）	0.002 （0.002）	0.004 （0.008）	0.003 （0.003）	0.008 （0.012）
$\ln ERS_{it}$	0.079*** （0.017）	0.078*** （0.017）	0.016*** （0.004）	0.008 （0.006）	0.010 （0.008）	0.008 （0.009）
常数项	−0.394* （0.213）	−0.401* （0.213）	−0.071** （0.035）	—	−0.018 （0.109）	—
R^2	0.711	0.712	—	—	—	—
识别不足检验	123.446***	115.362***	—	—	—	—
弱识别检验	28.567***	29.886***	—	—	—	—
过度识别检验	1.911 [0.385]	1.686 [0.194]	—	—	—	—
AR（1）检验	—	—	−2.72 [0.007]	−1.78 [0.075]	−6.02 [0.000]	−2.09 [0.036]
AR（2）检验	—	—	1.56 [0.118]	1.27 [0.206]	1.48 [0.139]	1.16 [0.247]
过度识别检验	—	—	15.73 [0.472]	9.94 [0.355]	16.75 [0.402]	3.60 [0.980]
工具变量个数	—	—	29	21	29	23
观测值	300	300	330	300	330	300

注：①*、**、***分别表示在10%、5%、1%的水平下显著；回归结果中均控制了地区效应和时间效应。

② 圆括号中显示的是估计系数的标准误，方括号中显示的是统计量的 P 值。

③ SYS1、DIF1、SYS2、DIF2 分别表示一步系统 GMM、一步差分 GMM、两步系统 GMM 和两步差分 GMM 估计。

④ 由于过多地使用工具变量会影响 GMM 估计的大样本性质和检验的有效性，因此，本书在回归的过程中尽量控制了工具变量的个数。

根据回归结果可知，第一，前期环境污染对当期环境污染的影响显著为正，且至少在 10%的显著性水平下通过了检验，说明环境污染是一个连续累积的过程。

第二，双向 FDI 协调发展水平的上升会显著抑制环境污染，且至少在 1%的水平下通过了检验，说明未来提高双向 FDI 协调效应是减排的重要途径之一。具体而言，IFDI 和 OFDI 之间的协调发展水平上升在一定程度上说明了 IFDI 技术溢出和 OFDI 逆向技术溢出效应的互动协调发展程度（黄凌云等，2018）。IFDI 会通过技术溢出效应改善东道国的环境技术，进一步促进企业“走出去”，增加 OFDI。而 OFDI 又会通过逆向技术溢出效应改善地区的环境污染状况，因此，随着双向 FDI 协调发展水平的上升，地区环境污染会显著下降。至此，假说 6.1 得以证明。

第三，产业结构合理化会导致环境污染显著上升，且至少在 10%的水平下通过了检验。究其原因：首先，产业结构合理化对地区环境污染的影响主要在于产业构成比例和要素（劳动、资本、技术）配置的方向是否向环境友好型的生产活动转变。如果是，那么产业结构合理化水平的上升必然会减少环境污染，但如果向非友好型生产活动转变，则可能会导致环境污染增加（韩永辉等，2016）。在样本期内，中国各地区生产要素在产业间的流动主要体现为由农业向制造业转移的过程，且作为一个快速发展的新兴经济体，在未来很长一段时间内，制造业仍将是国民经济发展的重要部门（余东华等，2017）。因此，尽管产业结构合理化水平有所上升，但主要是向环境不友好的方向转变，这就会显著增加地区环境污染。其次，由于中国普遍存在要素市场扭曲的现状，这会使一些落后产能得以继续生存，最终导致产能过剩，要素在产业间的流动不尽合理，因此，短期来看，中国产业结构合理化水平还较低，且要素流动主要是由农业向制造业转移，这就导致了环境污染增加。最后，从产业结构合理化的数据特征来看，仅北京的产业结构合理化水平较高，最高达到 36.928，其他地区的产业结构合理化水平均较低，产业结构合理化的标准差达到 4.592，可以发现中国产业结构合理化水平存在显著的地域分布不均衡现象，整体来看，产业结构合理化水平还较低，因此，不利于环境污染改善。至此，假说 6.2 得以证明。

第四，产业结构高度化会显著抑制环境污染，且至少在 10%的显著性水平下通过了检验。主要原因在于，一方面，产业结构高度化所表现的主导产业置换过程有利于环境污染改善。另一方面，产业结构高度化所体现的产业内部新旧技术的置换也有利于促进地区环境污染减少。至此，假说 6.3 得以证明。

第五，产业结构合理化与双向 FDI 协调发展的交互项系数显著为负，且至少在 10%的显著性水平下通过了检验。说明目前中国双向 FDI 协调发展可能会在一定程度上改善产业结构合理化水平，进而抑制环境污染。究其原因，随着 IFDI 流入和 OFDI 流出规模的增加，二者之间的协调发展会促进资源在全球范围内配置，进而促进资本、劳动等生产要素在产业间的流动向更合理的方向调整，缓解要素市场扭曲程度，促进地区之间产业结构合理化地均衡发展，最终强化双向 FDI 的正向产业结构效应，抑制环境污染。至此，假说 6.4 得以证明。

第六，产业结构高度化与双向 FDI 协调效应的交互项系数显著为正，且至少在 10%的显著性水平下通过了检验。说明双向 FDI 的协调发展效应可能会在一定程度上抑制产业结构高度化水平，进而导致地区环境污染增加。究其原因，现阶段中国的引资和 OFDI 模式依旧是以资源寻求型为主，这容易导致产业结构被低端锁定，并表现出高污染、高能耗、高排放特征，不利于新兴产业的发展。因此，目前中国双向 FDI 的类型导致了其协调发展水平可能会在一定程度上抑制产业结构高度化，进而不利于改善地区环境污染。至此，假说 6.5 得以证明。

第七，从其他控制变量来看：① 研发投入每上升 1 个百分点，会导致环境污染水平下降 0.020～0.112 个百分点，说明技术进步会显著改善地区的环境污染。② 人均资本存量每上升 1 个百分点，会导致环境污染水平上升 0.011～0.026 个百分点。③ 经济发展水平上升会显著促进环境污染的增加，说明中国还未跨过库兹涅茨曲线的拐点。④ 人力资本水平的上升会显著抑制环境污染。⑤ 贸易开放水平的上升会导致环境污染的增加，但并未通过显著性水平检验。⑥ 环境规制的上升会显著促进地区环境污染的增加，沈坤荣等（2017）得出类似结论，认为中国各地区为实现局部短期利益最大化所实施的环境规制政策并不利于全局环境治理。

6.4.2 分地区检验

由于中国地域面积广阔，各个省份的双边投资规模和结构、贸易开放程度、经济发展水平均存在较大差异，单一地从全国视角出发考察双向 FDI 协调发展对环境污染的影响，可能会忽略地区之间存在的异质性。因此，本部分进一步将中国划分为沿海和内陆两个区域，鉴于分地区进行分析时，样本量有限，因此，在分样本回归模型中主要基于一步 GMM 的方法进行估计，具体结果见表 6.4。

表 6.4 分地区检验结果

变量	沿海		内陆	
	DIF1	SYS1	DIF1	SYS1
Z_{it-1}	0.047 （0.270）	0.839^{***} （0.108）	0.589 （0.532）	0.861^{***} （0.123）
$\ln IDFDI_{it}$	-0.115^{**} （0.049）	-0.070^{**} （0.034）	-0.053^{**} （0.026）	-0.037^{**} （0.017）
IA_{it}	0.048^{*} （0.028）	0.054^{*} （0.032）	0.071^{**} （0.034）	0.041^{**} （0.018）
IB_{it}	-0.453^{**} （0.222）	−0.149 （0.116）	-0.466^{**} （0.216）	-0.231^{*} （0.124）
$IA\times\ln IDFDI_{it}$	-0.007^{*} （0.004）	-0.008^{*} （0.005）	-0.011^{**} （0.006）	-0.007^{**} （0.003）
$IB\times\ln IDFDI_{it}$	0.066^{**} （0.028）	0.036^{*} （0.019）	0.075^{**} （0.036）	0.041^{**} （0.021）
$\ln RD_{it}$	−0.027 （0.059）	−0.022 （0.029）	−0.009 （0.026）	-0.020^{**} （0.008）
$\ln KL_{it}$	0.021 （0.049）	0.007 （0.029）	0.029 （0.036）	0.004 （0.008）
$\ln GDP_{it}$	0.141 （0.125）	0.119^{**} （0.059）	0.007 （0.072）	0.056^{*} （0.029）
$\ln H_{it}$	−0.205 （0.184）	−0.086 （0.143）	−0.027 （0.037）	−0.037 （0.027）

变量	沿海		内陆	
	DIF1	SYS1	DIF1	SYS1
$\ln TR_{it}$	−0.072 （0.050）	−0.001 （0.017）	0.005 （0.011）	−0.002 （0.004）
$\ln ERS_{it}$	0.030* （0.017）	0.039* （0.021）	−0.007 （0.009）	0.004 （0.006）
常数项	—	−0.194 （0.281）	—	0.087 （0.101）
AR（1）检验	−1.67 [0.095]	−4.44 [0.000]	−1.66 [0.096]	−4.53 [0.000]
AR（2）检验	1.34 [0.179]	1.59 [0.111]	0.16 [0.873]	0.63 [0.529]
过度识别检验	19.92 [0.175]	13.78 [0.682]	2.33 [0.939]	19.13 [0.448]
工具变量个数	27	30	19	32
观测值	100	110	200	220

注：① *、**、***分别表示在 10%、5%、1%的水平下显著；回归结果中均控制了地区效应和时间效应。

② 圆括号中显示的是估计系数的标准误，方括号中显示的是统计量的 P 值。

③ SYS1、DIF1 分别表示一步系统 GMM、一步差分 GMM 估计。

④ 由于过多地使用工具变量会影响 GMM 估计的大样本性质和检验的有效性，因此，本书在回归的过程中尽量控制了工具变量的个数。

⑤ 沿海地区包括天津、河北、辽宁、山东、江苏、上海、浙江、福建、广东、广西、海南；内陆地区包括北京、山西、内蒙古、吉林、黑龙江、安徽、江西、河南、湖北、湖南、重庆、四川、贵州、云南、陕西、甘肃、青海、宁夏、新疆。

根据回归结果可知，第一，滞后一期的环境污染对当期环境污染的影响显著为正，说明环境污染具有一定的累积性。

第二，双向 FDI 的协调发展效应会显著抑制沿海地区和内陆地区的环境污染。说明无论是沿海地区还是内陆地区，着力提升双向 FDI 的协调发展水平，是改善地区环境污染的重要途径。

第三，产业结构合理化会显著促进沿海地区和内陆地区环境污染的增加，且这种促进作用在内陆地区显著性水平更高。这在一定程度上说明内陆地区产业结构合理化水平还存在更大的提升空间，主要原因在于近年来中国内陆地区承接了大量来自沿海地区的产业转移，而这种产业转移多以工业为主，这不利于环境污染的改善，反而会在更大程度上恶化地区的环境质量。

第四，产业结构高度化会显著抑制沿海地区和内陆地区的环境污染。主要原因在于，产业结构高度化实际上是整体产业的转移，因此着力推进产业结构高度化的调整，促进各产业自身向高技术化和高附加值化转变是未来改善环境质量、减轻环境污染的关键。

第五，双向 FDI 协调发展水平与产业结构合理化的交互项系数显著为负，也就是说，双向 FDI 协调发展水平会促进产业结构合理化水平提高，进而抑制沿海地区和内陆地区的环境污染。值得注意的是，这一抑制效应在内陆地区表现得更显著，主要原因在于内陆地区产业结构合理化水平较低，双向 FDI 协调发展水平上升对产业结构合理化的改善空间更大，会在更大程度上促进内陆地区的产业结构合理化水平上升，进而抑制环境污染。

第六，双向 FDI 协调发展水平与产业结构高度化的交互项系数显著为正，但内陆地区在更大程度上通过了显著性水平检验。究其原因，一方面，从数据特征来看内陆地区双向 FDI 协调发展水平相对沿海地区而言较低，且内陆地区产业结构高度化水平明显低于沿海地区；另一方面，沿海地区和内陆地区的引资和对外直接投资结构决定了其对产业结构高度化水平的促进作用不大，最终导致了双向 FDI 协调发展通过作用于产业结构高度化水平，进而促进环境污染的正向效应。

第七，从其他控制变量来看：① 研发投入会显著抑制沿海地区和内陆地区的环境污染，但这一抑制作用在沿海地区并未通过显著性水平检验。② 人均资本存量会促进沿海地区和内陆地区环境污染的增加，但并未通过显著性水平检验。③ 经济发展水平的上升会显著促进沿海地区和内陆地区环境污染增加。④ 人力资本会在一定程度上抑制环境污染，但在沿海地区和内陆地区均未通过显著性水平检验。⑤ 贸易开放对沿海地区和内陆地区环境污染的影响均不显著。⑥ 环境规制会显著促进沿海地区环境污染的增加，但对内陆地区的影响不显著。

6.4.3 稳健性检验

为了验证模型的稳健性，本书进一步给出了以工业废水排放、工业废气排放和工业固体废物的排放量作为被解释变量的回归结果。由于全样本情况下，不存在样本量限制的影响，因此采用两步 GMM 的方法进行检验，回归结果见表 6.5～表 6.7，可以发现主要变量的大小、符号及显著性水平并未发生明显变化，因此认为表 6.3 的估计结果具有较好的稳健性。

表 6.5 以工业废水排放作为被解释变量的稳健性检验

变量	FS			
	DIF2	DIF2	SYS2	SYS2
FS_{it-1}	0.780*** (0.064)	0.505*** (0.090)	0.833*** (0.074)	0.833*** (0.074)
$\ln IDFDI_{it}$	−0.022*** (0.008)	−0.013** (0.006)	−0.235*** (0.082)	−0.007 (0.010)
IA_{it}	0.022** (0.011)	0.007** (0.004)	0.385*** (0.048)	0.030*** (0.010)
IB_{it}	−0.306*** (0.067)	−0.069** (0.028)	−2.513*** (0.354)	−0.172*** (0.052)
$IA\times\ln IDFDI_{it}$	−0.002* (0.001)	−0.001** (0.001)	−0.057*** (0.007)	−0.005*** (0.002)
$IB\times\ln IDFDI_{it}$	0.035*** (0.004)	0.008** (0.004)	0.335*** (0.055)	0.027*** (0.008)
$\ln RD_{it}$	—	0.008 (0.011)	—	−0.019** (0.007)
$\ln KL_{it}$	—	−0.016 (0.011)	—	0.002 (0.008)
$\ln GDP_{it}$	—	0.064*** (0.022)	—	0.063** (0.025)
H_{it}	—	−0.094*** (0.026)	—	−0.147*** (0.034)
TR_{it}	—	0.009* (0.005)	—	0.015*** (0.004)

变量	FS			
	DIF2	DIF2	SYS2	SYS2
ERS_{it}	—	0.002 （0.003）	—	−0.000 （0.006）
常数项	—	—	5.042*** （0.541）	0.071 （0.090）
AR（1）检验	−1.88 [0.061]	−1.68 [0.093]	−1.82 [0.068]	−1.81 [0.070]
AR（2）检验	1.55 [0.121]	1.48 [0.138]	−1.50 [0.134]	1.53 [0.127]
过度识别检验	12.47 [0.489]	12.47 [0.489]	13.71 [0.250]	10.58 [0.480]
工具变量个数	19	25	18	24
观测值	300	300	330	330

注：①*、**、***分别表示在 10%、5%、1%的水平下显著；回归结果中均控制了地区效应和时间效应。

② 圆括号中显示的是估计系数的标准误，方括号中显示的是统计量的 P 值。

③ SYS2、DIF2 分别表示两步系统 GMM、两步差分 GMM 估计。

④ 由于过多地使用工具变量会影响 GMM 估计的大样本性质和检验的有效性，因此，本书在回归的过程中尽量控制了工具变量的个数。

表 6.6　以工业废气排放作为被解释变量的稳健性检验

变量	FQ			
	DIF2	DIF2	SYS2	SYS2
FQ_{it-1}	0.438*** （0.031）	1.149*** （0.192）	0.679*** （0.025）	0.870*** （0.033）
$lnIDFDI_{it}$	−0.020*** （0.006）	−0.001 （0.029）	−0.031*** （0.006）	−0.022*** （0.007）
IA_{it}	0.022*** （0.005）	0.077** （0.032）	0.026** （0.004）	0.016*** （0.004）
IB_{it}	−0.152*** （0.196）	−0.591*** （0.196）	−0.326*** （0.031）	−0.111*** （0.037）
$IA \times lnIDFDI_{it}$	−0.004*** （0.001）	−0.013*** （0.005）	−0.004*** （0.001）	−0.002*** （0.001）
$IB \times lnIDFDI_{it}$	0.024*** （0.005）	0.082*** （0.030）	0.044*** （0.005）	0.016*** （0.005）
$lnRD_{it}$	—	−0.123** （0.052）	—	−0.019*** （0.006）

变量	FQ			
	DIF2	DIF2	SYS2	SYS2
$\ln KL_{it}$	—	0.022 （0.026）	—	0.015** （0.007）
$\ln GDP_{it}$	—	0.406*** （0.041）	—	0.050*** （0.010）
H_{it}	—	−0.079* （0.044）	—	−0.058** （0.027）
TR_{it}	—	0.059*** （0.022）	—	0.004 （0.003）
ERS_{it}	—	−0.016 （0.018）	—	0.015*** （0.006）
常数项	—	—	0.324*** （0.036）	0.038 （0.074）
AR（1）检验	−2.08 [0.038]	−1.79 [0.073]	−2.08 [0.037]	−2.06 [0.039]
AR（2）检验	1.24 [0.216]	1.33 [0.183]	1.38 [0.168]	−1.36 [0.174]
过度识别检验	20.57 [0.151]	5.45 [0.606]	25.69 [0.176]	28.00 [0.109]
工具变量个数	21	19	27	33
观测值	300	300	330	330

注：① *、**、***分别表示在 10%、5%、1%的水平下显著；回归结果中均控制了地区效应和时间效应。

② 圆括号中显示的是估计系数的标准误，方括号中显示的是统计量的 *P* 值。

③ SYS2、DIF2 分别表示两步系统 GMM、两步差分 GMM 估计。

④ 由于过多地使用工具变量会影响 GMM 估计的大样本性质和检验的有效性，因此，本书在回归的过程中尽量控制了工具变量的个数。

表 6.7　以工业固体废物排放作为被解释变量的稳健性检验

变量	FW			
	DIF2	DIF2	DIF2	SYS2
FW_{it-1}	1.172** （0.077）	1.173*** （0.216）	0.373*** （0.035）	0.647*** （0.075）
$\ln IDFDI_{it}$	−0.054*** （0.017）	−0.096*** （0.016）	−0.032** （0.016）	−0.200*** （0.032）
IA_{it}	0.059** （0.027）	0.114*** （0.034）	0.065*** （0.014）	0.022*** （0.008）

变量	FW			
	DIF2	DIF2	DIF2	SYS2
IB_{it}	–0.415*** (0.147)	–0.251* (0.147)	–0.447*** (0.104)	–0.402*** (0.078)
$IA \times lnIDFDI_{it}$	–0.006** (0.003)	–0.019*** (0.006)	–0.011*** (0.002)	–0.003*** (0.001)
$IB \times lnIDFDI_{it}$	0.058*** (0.022)	0.073*** (0.016)	0.064*** (0.016)	0.066*** (0.012)
$lnRD_{it}$	—	0.058 (0.038)	—	–0.039** (0.020)
$lnKL_{it}$	—	–0.095 (0.064)	—	0.064*** (0.023)
$lnGDP_{it}$	—	0.105 (0.109)	—	0.200*** (0.046)
H_{it}	—	0.076 (0.061)	—	0.043 (0.078)
TR_{it}	—	–0.023 (0.016)	—	–0.008 (0.008 8)
ERS_{it}	—	0.008 (0.013)	—	0.035* (0.018)
常数项	—	—	0.420*** (0.104)	–0.306* (0.184)
AR（1）检验	–1.99 [0.047]	–2.45 [0.014]	–2.79 [0.005]	–3.35 [0.001]
AR（2）检验	0.10 [0.924]	0.33 [0.743]	0.83 [0.406]	–0.53 [0.596]
过度识别检验	12.83 [0.176]	10.27 [0.114]	20.92 [0.147]	19.13 [0.119]
工具变量个数	13	18	21	26
观测值	300	300	330	330

注：① *、**、***分别表示在 10%、5%、1%的水平下显著；回归结果中均控制了地区效应和时间效应。

② 圆括号中显示的是估计系数的标准误，方括号中显示的是统计量的 P 值。

③ SYS2、DIF2 分别表示两步系统 GMM、两步差分 GMM 估计。

④ 由于过多地使用工具变量会影响 GMM 估计的大样本性质和检验的有效性，因此，本书在回归的过程中尽量控制了工具变量的个数。

6.5 小结

本章利用中国 30 个省（自治区、直辖市）2004—2015 年的数据，从产业结构演进的视角系统分析了双向 FDI 协调发展的环境污染效应，主要结论如下：①双向 FDI 之间存在明显的互动效应，且双向 FDI 的协调发展水平会显著抑制环境污染，但这种负向影响在沿海地区表现得更明显。② 中国的产业结构合理化水平存在区域不平衡，整体来看产业结构合理化水平还较低，这会导致地区环境污染增加，且这种反向促进作用在内陆地区表现更强。③ 产业结构高度化水平会显著抑制环境污染，且这种抑制作用在沿海地区和内陆地区均较强。④ 现阶段双向 FDI 的协调发展程度会通过促进产业结构合理化水平上升进而抑制环境污染，且这种抑制作用在内陆地区表现更强。⑤ 中国的引资和对外直接投资类型，导致双向 FDI 的协调发展抑制了产业结构高度化，从而导致环境污染增加。此外，地区环境污染还受到研发投入、人均资本存量、经济发展水平、人力资本、贸易开放水平以及环境规制水平等因素的影响。

7 中国双向 FDI 环境技术效应的实证分析

7.1 问题提出

IFDI 和 OFDI 会通过技术溢出效应和逆向技术溢出效应影响一个国家或地区的生产技术和环境技术，这就会对地区的环境污染产生影响，因此，从技术效应层面出发，分析双向 FDI 的环境技术效应，有利于中国从引进先进技术的角度制定双边投资政策，进而促进环境污染改善。以往研究表明在中国粗放型的工业增长模式下，IFDI 和 OFDI 会显著影响工业行业的环境状况（彭星等，2015）。陈诗一（2009）指出改革开放期间，只占全国 GDP 40.1%的工业却消耗了 67.9%的能源，排放了 83.1%的二氧化碳，且这一比例还在不断上升。张云等（2019）指出 2007—2015 年，中国工业部门高碳行业的碳排放并未得到显著改善，其依旧是碳排放的主力军。显然，工业行业的高增长伴随着明显的高投资、高能耗和高排放的特征，这使得经济增长与环境恶化之间的矛盾不断增加（林伯强等，2009）。

而能源节约与环境保护在很大程度上与生产过程中的效率提高有关（Jebaraj et al.，2006）。因此，在经济发展高度全球化的今天，充分发挥 IFDI 和 OFDI 诱发的技术创新效应，促进工业发展方式的转变，实现工业行业的绿色转型具有重要的战略意义。而工业绿色转型意味着工业行业的经济绩效与环境绩效双赢，因此提高行业的全要素减排效率[①]（GTFP）无疑是其中的关键一环（陈超凡，2016）。基于以上考虑，本章选用中国环境污染较高的工业行业作为分析对象，测度了双向 FDI 对行业全要素减排效率的影响。

7.2 理论机制

7.2.1 IFDI 影响全要素减排效率的机制

IFDI 对全要素减排效率的影响可能存在抑制和促进两种作用，具体而言：

首先，IFDI 会抑制全要素减排效率。一方面，当一个国家或地区通过一系列优惠政策吸引外资落户时，容易导致其地方政府通过“逐底竞争”吸引 IFDI，这会大大降低 IFDI 进入的门槛。因此，IFDI 的引入并不必然带来先进的技术，特别是对于工业行业而言，作为高污染部门，工业行业一直是发达国家对发展中国家进行 IFDI 的重点领域，其根本动机在于追求利润。因此 IFDI 的技术溢出理论所说的外资所携带的高技术会通过示范效应促进国内企业技术进步就大打折扣，反而会由于引入 IFDI 的高污染、高排放、高能耗特征抑制本土企业的全要素减排效率。另一方面，从一些发展中国家的经济制度环境来看，完善的市场竞争体系尚未完全建立，主要表现在行业垄断依旧存在。且行政划分所带来的地方保护主义阻碍了全国统一大市场的形成，公平的竞争秩序难以建立（陈琳等，2009）。因

① 全要素减排效率，是指在全要素生产关系的框架下考察环境污染的效率，即衡量在给定生产要素投入的条件下，实际环境污染排放与最小环境污染排放的比例，或者在既定产出的条件下，环境污染排放所能降低的程度。本章使用全要素减排效率作为被解释变量，能更直接地测度中国工业行业双向 FDI 通过技术效应对环境污染产生的影响。

此 IFDI 很难通过市场竞争效应促进企业提高技术研发，最终不利于全要素减排效率的上升。

其次，IFDI 会促进全要素减排效率。一方面，跨国企业一般都十分注重员工的培训，外资企业所雇用的本土人员，不仅能与总部技术人员一起工作，还能通过海外派遣学习先进技术，当这些经过学习和培训的人员通过流动效应转移到国内工业行业工作后，就会显著促进行业技术进步和管理水平的上升，最终促进全要素减排效率的提高。另一方面，产业间的联系效应会促使外资企业加强与上游企业的后向联系以及与下游企业的前向联系，并主动为上下游企业的员工提供培训服务，从而促进中间产品投入品质的上升，这有利于外资企业自身利润的增加，本土企业也能通过学习效应提升企业自身的全要素减排效率。

7.2.2 OFDI 影响全要素减排效率的机制

OFDI 对全要素减排效率的影响可能存在抑制和促进两种作用，具体而言：

首先，OFDI 会抑制全要素减排效率。一方面，一些资源开发类的 OFDI 主要是为了寻求东道国丰富的自然资源，而这类 OFDI 所产生的逆向技术溢出效应较弱，更重要的是，这类 OFDI 可能存在“非市场动机”（如战略资源保障），这就会导致企业的 OFDI 并不是为了市场价值或者利润最大化，从而对企业经营绩效产生负面影响，最终抑制全要素减排效率的提高。另一方面，企业进行 OFDI 需要大量的资本，这会在一定程度上挤占企业的研发投入，进而不利于企业技术进步，最终抑制全要素减排效率。

其次，OFDI 会促进全要素减排效率。一方面，OFDI 相比 IFDI 而言具有更大的主导权，因为母国企业可以通过技术寻求型的 OFDI 在发达国家建立研发中心，充分学习当地绿色生产技术和管理经验，并通过企业的前向和后向关联效应，促进母国企业绿色生产技术的提高，同时通过逆向技术溢出效应促进母国企业全要素减排效率的提高。另一方面，OFDI 企业由于获取了国外先进的绿色生产技术，相对本土企业而言会更具竞争优势，这会迫使本土企业进行技术革新，促进本土企业全要素减排效率的提高。

7.2.3 双向 FDI 影响全要素减排效率的替代或互补机制

首先，IFDI 和 OFDI 对全要素减排效率的影响存在互补机制。具体而言，一方面，尽管 IFDI 可能会在一定程度上抑制工业行业的全要素减排效率，但其所带动的经济快速发展有利于促进 OFDI 的增加。从长期来看，经济实力增强所导致的 OFDI 增加会在一定程度上促进逆向技术溢出效应的发挥，最终有利于全要素减排效率的提升。另一方面，OFDI 是 IFDI 的有力支持，在进行 OFDI 的过程中由于转移了过剩产能，更有利于企业经济实力的增强，而随着企业经济实力的上升，其对 IFDI 的门槛要求可能更高，从长期来看，有利于通过技术溢出效应和人员流动效应促进母国企业全要素减排效率的提高。

其次，IFDI 和 OFDI 对全要素减排效率的影响存在替代机制。一方面，如果所引入的 IFDI 显著促进了工业行业的全要素减排效率，那么，企业通过 OFDI 获取逆向技术溢出效应的激励会相对弱化。究其原因在于，OFDI 需要大量的资本投入，这可能会在一定程度上挤出企业的研发投入，从短期来看，这就更加不利于企业全要素减排效率的上升，因此 IFDI 对全要素减排效率的影响会在一定程度上替代 OFDI 对全要素减排效率的作用。另一方面，如果 OFDI 显著促进了工业行业全要素减排效率的上升，那么在面临经济增长与环境保护之间的矛盾时，地方政府通过提高 IFDI 准入门槛以减缓环境污染的意愿可能会下降，这就不利于 IFDI 技术溢出效应的发挥，最终导致 OFDI 对全要素减排效率的促进作用在一定程度上替代 OFDI 对全要素减排效率的促进作用。

双向 FDI 影响全要素减排效率的理论机制如图 7.1 所示。

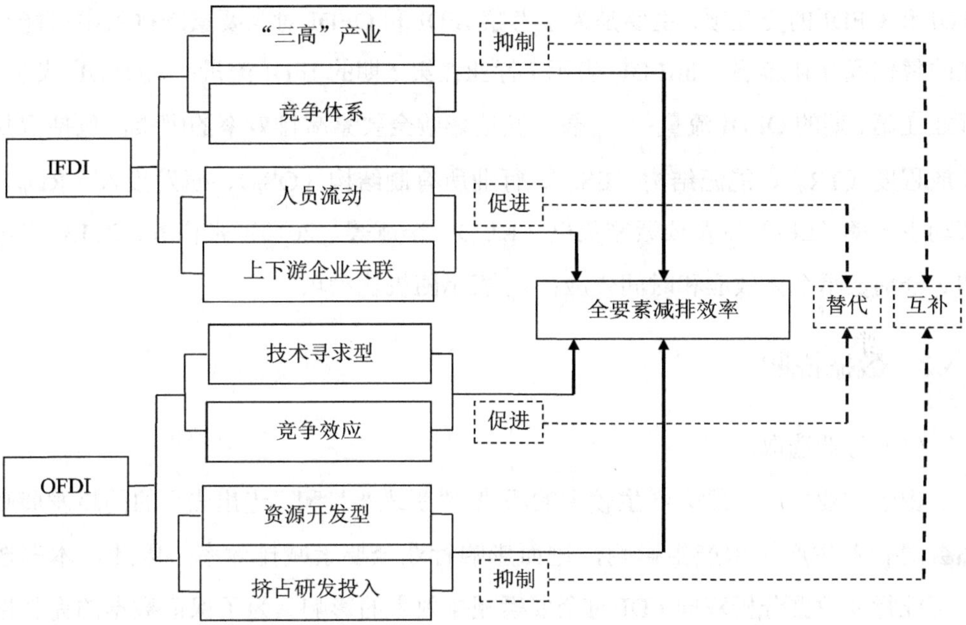

图 7.1 双向 FDI 影响全要素减排效率的理论机制

7.3 模型设定及数据说明

7.3.1 模型设定

为了系统考察双向 FDI 对中国工业行业全要素减排效率的影响，同时考虑到全要素减排效率可能存在一定的时间累积性，鉴于数据的可获得性，本书选取中国工业行业 2004—2016 年的面板数据进行分析，设定计量模型如下：

$$\mathrm{GTFP}_{it}=\alpha_0+\alpha_1\ln\mathrm{IFDI}_{it}+\alpha_2\ln\mathrm{OFDI}_{it}+\alpha_3\ln\mathrm{IFDI}_{it}\times\ln\mathrm{OFDI}_{it}+\alpha_4X_{it}+\mu_i+\nu_t+\varepsilon_{it} \quad (7\text{-}1)$$

其中，GTFP_{it} 表示 i 行业在第 t 期的全要素减排效率；$\ln\mathrm{IFDI}_{it}\times\ln\mathrm{OFDI}_{it}$ 表示

IFDI 和 OFDI 的交互项，主要是为了考察 IFDI 和 OFDI 对全要素减排效率可能存在的替代或互补影响；$\ln IFDI_{it}$ 表示 i 行业在第 t 期的 IFDI 流量；$\ln OFDI_{it}$ 表示 i 行业在第 t 期的 OFDI 流量；X_{it} 表示其他影响全要素减排效率的因素，包括贸易开放程度（TR_{it}）、能源结构（ES_{it}）、行业所有制结构（OS_{it}）、研发投入（RD_{it}）、劳动生产率（LP_{it}）以及要素密集度（KL_{it}）（李斌等，2013；张伟等，2013）；μ_i 和 v_t 分别表示个体效应和时间效应；ε_{it} 表示随机扰动项。

7.3.2 数据说明

（1）行业选取

由于工业生产一般会产生较大的污染，“引进来”和“走出去”的同步发展必然会对行业生产技术产生影响，进而影响行业全要素减排效率。因此，本书选取工业行业数据分析双向 FDI 对全要素减排效率的影响。为了保证数据的完整性和可获得性，最终选取 34 个工业行业 2004—2016 年的数据进行分析。数据说明如下：

一方面，2011 年《国民经济行业分类》进行修订之后，原来的 39 个工业行业增加为 41 个，为了保证数据的一致性，剔除了“开采辅助活动”和“金属制品、机械和设备修理业”。将修订前 2004—2011 年的“橡胶制品业”与“塑料制品业”合并为“橡胶和塑料制品业”，将修订后 2012—2016 年的“汽车制造业”和“铁路、船舶、航空航天和其他运输设备制造业”合并为“交通运输设备制造业”。另一方面，由于联合国对国际贸易的行业分类标准（SITC，Rev3）与中国《国民经济行业分类》中行业的分类标准不一致，参照盛斌的分类标准将统计口径归一化。剔除“废弃资源和废旧材料回收加工业”，将“非金属矿采选业”与“其他矿采选业”合并为“非金属矿采选业”，将“农副食品加工业”与“食品制造业”合并为“食品加工和制造业”，由于“水的生产和供应”属于非贸易部门，故将其剔除。最终选取 34 个工业行业的数据进行分析。

（2）全要素减排效率

环境污染主要来自生产生活中的能源使用，而能源等要素的使用虽然会创造产出，但由于技术或管理的原因，会导致能源利用效率低下或者能源利用不完全，进而导致环境污染。因此，本书借鉴张伟等（2013）的方法，基于数据包络分析的思想，运用规模报酬不变（CRS）的方法在全要素生产关系的框架下测度中国 34 个工业行业 2004—2016 年的全要素减排效率，基于产出导向的全要素污染减排效率模型为

$$\min\theta=\left[D_O^s(K_i^t,L_i^t,E_i^t,Y_i^t,\mathrm{CO}_{2i}^t,\mathrm{SO}_{2i}^t,\mathrm{COD}_i^t,\mathrm{FS}_i^t,\mathrm{FW}_i^t)\right]^{-1} \qquad (7\text{-}2)$$

$$\text{s.t.}\sum_{i=1}^{34}z_iK_i^s\leqslant K_i^t;\ \sum_{i=1}^{34}z_iL_i^s\leqslant L_i^t;\ \sum_{i=1}^{34}z_iE_i^s\leqslant E_i^t;$$

$$\sum_{i=1}^{34}z_iY_i^s\geqslant Y_i^t;\ \sum_{i=1}^{34}z_i\mathrm{CO}_{2i}^s=\theta\mathrm{CO}_{2i}^t;$$

$$\sum_{i=1}^{34}z_i\mathrm{SO}_{2i}^s=\theta\mathrm{SO}_{2i}^t;\ \sum_{i=1}^{34}z_i\mathrm{COD}_i^s=\theta\mathrm{COD}_i^t;$$

$$\sum_{i=1}^{34}z_i\mathrm{FS}_i^s=\theta FS_i^t;\ \sum_{i=1}^{34}z_i\mathrm{FW}_i^s=\theta\mathrm{FW}_i^t;$$

$$z_i\geqslant 0;\ i=1,\cdots,34;\ s,t\in\{0,T\}$$

式（7-2）的环境方向性距离函数表示中国 34 个工业行业在给定生产技术、合意产出和能源消耗总量的基础上降低环境污染的行为。其中 $\{K_i^t,L_i^t,E_i^t\}\in X$ 表示投入要素向量，$\{Y_i^t\}\in Y^g$ 表示期望产出向量，$\{\mathrm{CO}_{2i}^t,\mathrm{SO}_{2i}^t,\mathrm{COD}_i^t,\mathrm{FS}_i^t,\mathrm{FW}_i^t\}\in Y^g$ 表示非期望产出向量。在此基础上，通过构建 ML 指数来测算工业行业全要素减排效率，由于所测算出来的 ML 指数仅能反映全要素减排效率的增长率，而不能反映其本身，因此参考邱斌（2008）的做法，假设 2003 年的全要素减排效率为 1，进而根据测算的 ML 指数进行累乘。即 2004 年的全要素减排效率等于 2003 年的

全要素减排效率乘以 2004 年的 ML 指数，2005 年的全要素减排效率等于 2004 年的全要素减排效率乘以 2005 年的 ML 指数，以此类推得到所有年份的分行业全要素减排效率。

在变量的选取上，将资本（K）、劳动（L）、能源消费（E）作为投入变量，工业销售产值（Y）作为期望产出，二氧化碳（CO_2）、二氧化硫（SO_2）、化学需氧量（COD）、废水（FS）以及固体废物（FW）的排放作为非期望产出。利用各行业的固定资产净值衡量资本投入（K）。选择分行业规模以上工业企业年末从业人员数量衡量劳动投入（L）。分行业能源消费总量数据衡量能源消费（E），单位为万吨标准煤，数据来源于《中国能源统计年鉴》。选取二氧化碳（CO_2）、二氧化硫（SO_2）、化学需氧量（COD）、废水（FS）以及固体废物（FW）的排放作为非期望产出的代理变量。依据 IPCC 所提供的碳排放的核算方法，选取各行业煤炭、石油、天然气三种化石能源的消耗量核算碳排放。

具体公式为

$$\mathrm{CO}_2=\sum_{i=1}^{3}\mathrm{CO}_{2,i}=\sum_{i=1}^{3}E_i\times\mathrm{NCV}_i\times\mathrm{CEF}_i\times\mathrm{COF}_i\times(44/12) \tag{7-3}$$

其中，CO_2 表示估算的二氧化碳排放量；i=1、2、3 分别代表煤炭、石油、天然气三种能源；E_i 表示各类能源的消耗量；NCV_i 表示三种一次能源的净发热值；CEF_i 表示碳排放系数；COF_i 表示碳化因子，其中煤炭的碳化因子设定为 0.99，石油和天然气的碳化因子设定为 1；44 和 12 表示二氧化碳和碳的分子量，其他数据来源于《中国环境统计年鉴》。

（3）IFDI 和 OFDI

由于目前公开的统计数据仅汇报了行业大类的 IFDI 和 OFDI，并未汇报两位数工业行业的细分 IFDI 和 OFDI。本书借鉴刘海云等（2015）的方法，分别采用 IFDI 和 OFDI 与各行业出口占工业销售产值比重的乘积来衡量细分行业 IFDI 和 OFDI 流量数据，采用人民币汇率年均价将美元数据转化为人民币之后对该指标进行核算。同时，利用 GDP 平减指数对 IFDI 和 OFDI 数据进行平减。数据来源于

《中国统计年鉴》和《中国对外直接投资统计公报》。

（4）其他控制变量

贸易开放程度（TR）采用各行业进出口贸易总额占工业销售产值的比重衡量。利用人民币汇率年均价将美元数据转化为人民币数据之后进行核算。其中各行业的进口总额和出口总额数据均来源于 COMTRADE 数据库。

能源结构（ES）在一定程度上反映了能源的配置状况，不同能源的环境污染和能源消耗水平不同，其对全要素减排效率的影响也会有所不同，因此本书采用工业行业煤炭消费总量占能源消费总量的比重进行衡量，数据来源于《中国能源统计年鉴》。

行业所有制结构（OS）现有研究一般认为国有企业的创新活动弱于私有企业（吴延兵，2012；Xie 等，2015），这不利于企业全要素减排效率的提升，但王班班等（2016）指出由于环境规制的逐渐加强，国有企业在节能减排领域的技术创新能力可能更强，因此本书将行业所有制结构纳入回归模型，采用国有控股企业的工业销售产值占工业销售总产值的比重进行衡量，数据来源于中华人民共和国国家统计局。

研发投入（RD）采用各行业人均 R&D 经费投入表示，并利用 GDP 平减指数对数据进行平减，数据来源于《中国科技统计年鉴》。

劳动生产率（LP）一般而言，单位时间所创造的劳动成果越多，意味着劳动生产率越高。如果某一行业的劳动生产率水平越高，意味着该行业的生产效率越高，越有利于促进全要素减排效率的提升。为了测度行业的劳动生产率，本书采用工业销售产值与从业人员之比进行衡量。数据来源于中华人民共和国国家统计局和《中国劳动统计年鉴》。

要素密集度（KL）采用工业行业固定资产净值表示资本存量，以行业年末从业人数表示劳动力人数。其中工业行业的固定资产净值数据来源于《中国工业统计年鉴》，分行业年末从业人数数据来源于《中国劳动统计年鉴》。并沿用涂正革（2008）以及李斌等（2013）的做法采用固定资产净值作为资本存量的代理变量。

数据描述性统计见表 7.1。

表 7.1 描述性统计

样本量	变量	变量说明	均值	标准差	最小值	最大值
442	$GTFP_{it}$	全要素减排效率	2.090	1.665	0.595	20.956
442	$lnIFDI_{it}$	外商直接投资流量/万元	5.775	1.524	–0.855	7.753
442	$lnOFDI_{it}$	对外直接投资流量/万元	5.116	1.072	–0.228	6.990
442	TR_{it}	贸易开放程度/%	0.436	0.631	0.000	4.782
442	ES_{it}	能源结构/%	0.218	0.157	0.003	0.717
442	OS_{it}	行业所有制结构/%	0.248	0.275	0.003	0.995
442	$lnRD_{it}$	研发投入/万元	5.491	0.797	2.569	7.068
442	$lnLP_{it}$	劳动生产率/（万元/人）	1.957	0.260	1.070	2.606
442	$lnKL_{it}$	要素密集度/（万元/人）	1.380	0.325	0.647	2.235

7.4 实证分析

7.4.1 全样本分析

虽然外资的流入和流出会在一定程度上影响行业的全要素减排效率，但全要素减排效率的变化也会影响 IFDI 和 OFDI，因此在分析过程中可能存在内生性问题，最终导致估计结果的有偏和非一致。为此，本书使用 Blundell 等（1998）提出的系统 GMM 方法对式（7-1）进行检验，系统 GMM 方法综合了差分 GMM 和水平 GMM 的特征，既能有效解决差分 GMM 可能产生的工具变量过度识别问题，又能在工具变量与扰动项不相关的基础上实现比水平 GMM 估计更高的效率。作为对比，本书同时给出了静态面板的估计结果，见表 7.2。其中第（1）列和第（3）列表示未纳入控制变量的估计结果，第（2）列和第（4）列表示纳入控制变量之后的估计结果。

表 7.2 基准回归

变量	IV-GMM (1)	IV-GMM (2)	SYS-GMM (3)	SYS-GMM (4)
$GTFP_{it-1}$	—	—	0.764*** (0.075)	0.635*** (0.086)
$lnIFDI_{it}$	−0.725** (0.285)	−1.275*** (0.373)	−0.572** (0.229)	−0.734*** (0.244)
$lnOFDI_{it}$	−0.577* (0.312)	−0.960*** (0.315)	−0.379* (0.189)	−0.430** (0.192)
$lnIFDI_{it}\times lnOFDI_{it}$	0.162*** (0.055)	0.279*** (0.074)	0.110** (0.044)	0.155*** (0.063)
TR_{it}	—	0.373* (0.197)	—	0.287** (0.146)
ES_{it}	—	0.892 (0.755)	—	0.006 (0.547)
OS_{it}	—	0.482 (0.472)	—	0.454 (0.351)
$lnRD_{it}$	—	0.559*** (0.148)	—	0.251** (0.115)
$lnLP_{it}$	—	2.692*** (0.567)	—	0.978** (0.444)
$lnKL_{it}$	—	0.078 (0.488)	—	0.435 (0.401)
常数项	3.981*** (1.188)	−2.832** (1.369)	1.994*** (0.779)	−0.963 (0.899)
R^2	0.659	0.739	—	—
识别不足检验	193.963***	150.627***	—	—
弱识别检验	62.994	37.043	—	—
过度识别检验	1.521 [0.823]	2.839 [0.585]	—	—
AR（1）检验	—	—	−7.31 [0.000]	−9.06 [0.000]
AR（2）检验	—	—	0.85 [0.397]	0.64 [0.524]
过度识别检验	—	—	83.40 [0.529]	91.43 [0.247]

注：①*、**、***分别表示在 10%、5%、1%显著性水平下显著；圆括号中显示的是估计系数的标准误，方括号中显示的是统计量的 P 值；回归结果中均控制了行业效应和时间效应。

② 弱识别检验的临界值为 13.95（5%）、8.50（10%）、5.56（20%）、4.44（30%）。

可以发现，第一，滞后一期的全要素减排效率会显著促进当期全要素减排效率的上升，且至少在1%的显著性水平下通过了检验。说明行业全要素减排效率是一个连续的、长期的累积过程。

第二，IFDI会显著抑制工业行业的全要素减排效率，中国工业行业IFDI每上升1个百分点，会导致全要素减排效率下降0.572～1.275个百分点，说明样本期内，工业行业外资的上升不利于全要素减排效率的增加。究其原因，一方面，工业行业作为环境污染较为密集的部门，外资进入标准本身就较低，大量高污染、高排放、高能耗外资的进入不利于全要素减排效率的上升。另一方面，外资流入所引发的企业之间的竞争效应可能导致本地企业市场份额下滑，利润下降，这会抑制企业提高全要素减排效率的积极性，最终抑制全要素减排效率（王恕立等，2017）。

第三，OFDI会显著抑制工业行业的全要素减排效率，OFDI每增加1个百分点，会导致全要素减排效率下降0.379～0.960个百分点。这可能是由于一方面中国工业行业技术寻求型的OFDI给母国企业带来了"挤出效应"，导致母国企业用于国内的研发投入下降。另一方面中国的OFDI主要集中在亚洲地区，对欧盟和北美等发达地区的投资相对较少，这也不利于OFDI逆向技术溢出效应的发挥，最终会抑制全要素减排效率。此外，可能与现阶段中国工业行业的OFDI流量和存量规模较小，OFDI的逆向技术溢出效应还未充分释放有关（王恕立等，2014）。

第四，IFDI和OFDI的交互项系数为正，且至少在5%的显著性水平下通过了检验。说明中国工业行业双向FDI存在明显的互补效应，当同时存在IFDI和OFDI时，会显著促进全要素减排效率的上升。究其原因，一方面，OFDI虽然在一定程度上挤出了国内研发投入，但也转移了部分过剩产能，这就有效缓解了IFDI所带来的竞争效应和环境污染效应，最终促进全要素减排效率的上升。另一方面，IFDI的流入会通过规模效应促进行业经济增长，而经济增长是OFDI的基础，因此，IFDI的增加可能会通过促进经济增长，进而促进OFDI规模的上升，长期来看，有利于 OFDI 逆向技术溢出效应的发挥，最终促进全要素减排效率的提高。

第五，从其他控制变量来看：① 贸易开放程度上升会显著促进全要素减排效率的提高，说明中国在参与国际贸易的过程中，会通过学习效应显著提升环境技术，改善工业行业的全要素减排效率。② 能源结构和所有制结构对全要素减排效率的影响不显著。③ 研发投入的增加会显著促进全要素减排效率提高，说明 R&D 投入仍然是中国工业行业全要素减排效率提高的重要推动力，在实施“引进来”和“走出去”战略的过程中，要加强本土企业的自主创新能力和吸收学习能力。④ 劳动生产率的提高会显著促进全要素减排效率的增加，且至少在 1% 的水平下通过了检验。⑤ 要素密集度对全要素减排效率的影响并未通过显著性水平检验。

7.4.2　稳健性检验

（1）样本分位数检验

为了考察双向 FDI 对不同全要素减排效率行业的影响，利用分位数检验进行分析，结果见表 7.3。首先，在 10%、25%、50%、75%以及 90%的分位数上，IFDI 对全要素减排效率的负向影响虽略有波动，但大体呈增长趋势，说明“污染天堂”假说在中国工业行业中存在。主要原因在于中国工业行业所引入的 IFDI 以“三高”产业为主，如果所引入的这些外资将环境作为一种低廉的要素投入进行生产，生产成本会显著下降，当这种成本低于高全要素减排效率行业进行减排的成本时，就会显著降低高全要素减排效率行业提高减排效率的积极性，最终抑制全要素减排效率。而对那些低全要素减排效率的行业而言，其本身的减排效率较低，提高全要素减排效率的成本较高，因此引入 IFDI 过程中所带来的竞争效应虽然会在一定程度上抑制行业全要素减排效率，但这种负向影响低于高全要素减排效率的行业。其次，OFDI 对全要素减排效率的负向影响也随分位点的增加呈上升的趋势。究其原因，对于高全要素减排效率的行业而言，当其自身的减排效率达到一定程度之后，就会通过技术寻求型的 OFDI 获取国外先进技术，但这会在一定程度上挤出国内 R&D 投入，而 R&D 投入是中国技术进步的主要推动力（王恕立等，2014），这会抑制行业全要素减排效率。对于全要素减排效率较低的行业而言，OFDI 更多的是以转移过剩产能、降低环境污染为主，而这类 OFDI 虽然不利于全要素减排效率的上升，但其负向影响相对较小。最后，双向 FDI 交互项系数对全要素减排效率的影响显著为正，且这种促进作用会随分位点的上升而显著增强，说明随着全要素减排效率的上升，IFDI 和 OFDI 之间的互补作用会逐渐增强。综上可知，表 7.2 的估计结果具有较好的稳健性。

表 7.3 分位数回归

分位数	10%	25%	50%	75%	90%
$\ln IFDI_{it}$	-0.213^{**} （0.106）	-0.449^{***} （0.097）	-0.586^{***} （0.138）	-0.468^{*} （0.264）	-0.982^{**} （0.418）
$\ln OFDI_{it}$	-0.206^{**} （0.088）	-0.245^{***} （0.072）	-0.290^{***} （0.093）	-0.229^{*} （0.127）	-0.596^{*} （0.327）
$\ln IFDI_{it}\times\ln OFDI_{it}$	0.028 （0.030）	0.080^{***} （0.018）	0.115^{***} （0.026）	0.094^{*} （0.055）	0.210^{**} （0.083）
常数项	-0.958^{*} （0.525）	-0.961^{***} （0.272）	-1.257^{***} （0.359）	-2.741^{**} （1.196）	-4.429^{**} （1.895）
控制变量	是	是	是	是	是
R^2	0.209	0.244	0.273	0.270	0.345

注：*、**、***分别表示在 10%、5%、1%显著性水平下显著；回归系数括号内为对应的估计值的标准误；回归结果中均控制了行业效应和时间效应。

（2）替换变量检验

为了进一步测度表 7.2 结果的稳健性，采用替换变量的方法对式（7-1）重新回归，利用人均 IFDI 流量额和人均 OFDI 流量额数据替代 IFDI 流量和 OFDI 流量数据，回归结果见表 7.4。可以发现，核心变量的大小、符号方向及显著性水平与表 7.2 的回归结果基本一致，因此认为，表 7.2 的估计结果具有较好的稳健性。

表 7.4 替换变量的稳健性检验

变量	IV-GMM	IV-GMM	SYS-GMM	SYS-GMM
$GTFP_{it-1}$	—	—	0.799*** （0.075）	0.681*** （0.086）
$\ln IFDI_{it}$	−0.373** （0.164）	−1.245*** （0.276）	−0.325* （0.171）	−0.294* （0.153）
$\ln OFDI_{it}$	−0.367** （0.161）	−0.456*** （0.157）	−0.100 （0.150）	−0.284** （0.135）
$\ln IFDI_{it}\times\ln OFDI_{it}$	0.144** （0.057）	0.399*** （0.076）	0.095* （0.049）	0.105** （0.044）
常数项	2.412*** （0.316）	−8.487*** （1.313）	0.899*** （0.344）	−2.185*** （0.838）
控制变量	否	是	否	是
R^2	0.653	0.728	—	—
识别不足检验	61.808***	68.765***	—	—
弱识别检验	32.558	21.885	—	—
过度识别检验	12.368 [0.261]	6.639 [0.759]	—	—
AR（1）检验	—	—	−8.44 [0.000]	−7.15 [0.000]
AR（2）检验	—	—	0.89 [0.375]	0.70 [0.484]
过度识别检验	—	—	82.24 [0.115]	93.96 [0.540]

注：① *、**、***分别表示在 10%、5%、1%显著性水平下显著；圆括号中显示的是估计系数的标准误，方括号中显示的是统计量的 P 值；回归结果中均控制了行业效应和时间效应。

② 弱识别检验的临界值为 18.17（5%）、10.14（10%）、5.92（20%）、4.41（30%）。

（3）阶段性检验

考虑到 2008 年国际金融危机的影响，借鉴刘海云等（2015）的方法，以 2008 年为分界点，分别检验 2004—2008 年和 2009—2016 年两个样本期间工业行业双向 FDI 对全要素减排效率的影响，结果见表 7.5。可以发现中国工业行业双向 FDI 对全要素减排效率的影响在不同阶段有所不同，但估计结果与表 7.2 的估计结果基本一致，因此认为表 7.2 的估计结果较为稳健。

表 7.5 分阶段检验

变量	2004—2008 年		2009—2016 年	
$GTFP_{it-1}$	1.003*** (0.070)	0.895*** (0.095)	0.377*** (0.101)	0.586** (0.248)
$lnIFDI_{it}$	−0.204*** (0.073)	−0.228** (0.093)	−0.923** (0.451)	−1.056** (0.529)
$lnOFDI_{it}$	−0.099** (0.045)	−0.441*** (0.157)	−1.000*** (0.329)	−0.825* (0.454)
$lnIFDI_{it}\times lnOFDI_{it}$	0.035** (0.014)	0.036** (0.017)	0.230*** (0.083)	0.220** (0.102)
常数项	−0.505*** (0.186)	−0.932*** (0.277)	5.005*** (1.420)	−0.711 (1.925)
控制变量	否	是	否	是
AR（1）检验	−2.03 [0.043]	−2.04 [0.041]	−2.44 [0.014]	−1.86 [0.064]
AR（2）检验	−0.91 [0.361]	−0.86 [0.388]	−0.83 [0.405]	−0.92 [0.360]
过度识别检验	15.05 [0.448]	12.93 [0.608]	32.45 [0.682]	23.17 [0.451]

注：*、**、***分别表示在 10%、5%、1%显著性水平下显著；圆括号中显示的是估计系数的标准误，方括号中显示的是统计量的 P 值；回归结果中均控制了行业效应和时间效应。

7.4.3 进一步分析

前文的研究结果表明，样本期内行业所有制结构、能源结构以及要素密集度对全要素减排效率的影响不显著，研究认为这可能与样本的选取有关，那么对于不同所有制结构、能源结构和要素密集度的工业行业而言，双向 FDI 对全要素减排效率又是否存在影响？如果存在，这种影响又是否存在异质性？为了进一步考察这种效应，本部分分别以行业所有制结构、能源结构和要素密集度进行分组，系统分析双向 FDI 的全要素减排效应。

（1）分能源结构估计结果

基于能源结构的异质性考量，以能源结构的总体平均值作为划分标准，将 34 个工业行业划分为高煤炭结构组和低煤炭结构组，如果某个行业的平均能源结构高于工业行业能源结构的总体平均值，则将该行业划分为高煤炭结构组，反之则将其划分为低煤炭结构组，回归结果见表 7.6。

表 7.6　分能源结构的回归结果

变量	高煤炭结构组	低煤炭结构组
$GTFP_{it-1}$	1.014*** （0.091）	0.509*** （0.102）
$\ln IFDI_{it}$	−0.156* （0.090）	−1.187** （0.504）
$\ln OFDI_{it}$	−0.141* （0.078）	−0.700** （0.319）
$\ln IFDI_{it}\times\ln OFDI_{it}$	0.031* （0.019）	0.243*** （0.092）
常数项	0.093 （0.402）	−0.178 （1.602）
控制变量	是	是
AR（1）检验	−1.83 [0.068]	−11.76 [0.000]
AR（2）检验	−0.66 [0.512]	0.42 [0.676]
过度识别检验	52.49 [0.270]	72.42 [0.563]

注：*、**、***分别表示在 10%、5%、1%显著性水平下显著；圆括号中显示的是估计系数的标准误，方括号中显示的是统计量的 *P* 值；回归结果中均控制了行业效应和时间效应。

从能源结构分组回归结果来看，IFDI 显著抑制了高煤炭结构组和低煤炭结构组的全要素减排效率，可能的原因在于中国以煤炭为主的能源结构在短期内无法改变，煤炭作为一种廉价的能源投入必然为外资企业所利用，因此引入 IFDI 对全要素减排效率产生负向影响。OFDI 同样会显著抑制高煤炭结构组和低煤炭结构组的全要素减排效率，究其原因这可能与不同组别进行 OFDI 的目的不同有关，高煤炭结构组进行 OFDI 的目的更多的是转移过剩产能，这种类型的 OFDI 并不利于全要素减排效率的提升。同时，低煤炭结构组在转移过剩产能、缓解污染排放的基础上，还通过技术寻求型的 OFDI 获取国外先进的技术，这就在一定程度上挤出了国内研发投入，同样会抑制行业全要素减排效率。从双向 FDI 交互项系数来看，当同时存在 IFDI 和 OFDI 时，会促进行业全要素减排效率的提高，说明高煤炭结构组和低煤炭结构组双向 FDI 之间均呈互补效应。

（2）分所有制结构估计结果

基于所有制结构的异质性考量，以工业行业所有制结构的总体平均值作为划分标准，将 34 个工业行业划分为高所有制结构组、低所有制结构组，如果某个行业的平均所有制结构高于工业行业所有制结构的总体平均值，则将该行业划分为高所有制结构组，反之则将其划分为低所有制结构组，回归结果见表 7.7。

表 7.7 分所有制结构的回归结果

变量	高所有制结构组	低所有制结构组
$GTFP_{it-1}$	1.076*** （0.079）	1.561*** （0.321）
$lnIFDI_{it}$	–0.961*** （0.193）	1.325* （0.698）
$lnOFDI_{it}$	–0.728*** （0.137）	1.658* （0.965）
$lnIFDI_{it}\times lnOFDI_{it}$	0.204*** （0.039）	–0.334* （0.178）
常数项	1.056 （0.674）	–3.632 （2.444）
控制变量	是	是
AR（1）检验	–3.66 [0.000]	–1.12 [0.264]
AR（2）检验	–0.06 [0.949]	1.10 [0.270]
过度识别检验	45.10 [0.510]	0.64 [0.888]

注：*、**、***分别表示在 10%、5%、1%显著性水平下显著；圆括号中显示的是估计系数的标准误，方括号中显示的是统计量的 P 值；回归结果中均控制了行业效应和时间效应。

从行业所有制结构分组回归来看，IFDI 和 OFDI 均会显著抑制高所有制结构的全要素减排效率，但会显著促进低所有制结构的全要素减排效率。究其原因，所有制结构较高的企业，法人治理结构不完善，还未形成有效的激励约束机制，对先进技术的模仿动机相对较弱；同时，在一些自然垄断行业和“支柱”行业，政府通过审批障碍对所有制结构较高的企业建立了保护，使得这些企业缺乏竞争压力，而所有制结构较低的企业，市场的竞争约束相对更强，使得其具备更强的学习能力和模仿先进技术的积极性，因此，IFDI 和 OFDI 会显著抑制所有制结构较高行业技术溢出效应的发挥，但会显著促进所有制结构较低行业技术溢出效应的发挥，最终影响行业全要素减排效率。当同时存在 IFDI 和 OFDI 时，则会显著促进高所有制结构组的全要素减排效率，但会显著抑制低所有制结构组的全要素减排效率，说明高所有制结构组双向 FDI 之间存在明显的互补效应，而低所有制结构组双向 FDI 之间存在明显的替代效应。

（3）分要素密集度估计结果

基于要素密集度的异质性考量，以工业行业要素密集度的总体平均值作为划分标准，将 34 个工业行业划分为资本密集组和劳动密集组，如果某个行业的平均要素密集度高于工业行业要素密集度的总体平均值，则将该行业划分为资本密集组，反之则将其划分为劳动密集组，回归结果见表 7.8。

表 7.8 分要素密集度的回归结果

变量	劳动密集	资本密集
$GTFP_{it-1}$	0.534^{***} （0.110）	0.374^{***} （0.096）
$\ln IFDI_{it}$	-0.231^{**} （0.117）	-1.211^{**} （0.515）
$\ln OFDI_{it}$	-0.266^{***} （0.077）	-1.015^{*} （0.550）
$\ln IFDI_{it} \times \ln OFDI_{it}$	0.039^{*} （0.021）	0.195^{*} （0.116）

变量	劳动密集	资本密集
常数项	0.057 （0.424）	-5.149^{**} （2.451）
控制变量	是	是
AR（1）检验	−2.97 [0.003]	−1.90 [0.058]
AR（2）检验	1.00 [0.320]	−0.02 [0.983]
过度识别检验	62.23 [0.999]	107.78 [0.175]

注：*、**、***分别表示在 10%、5%、1%显著性水平下显著；圆括号中显示的是估计系数的标准误，方括号中显示的是统计量的 *P* 值；回归结果中均控制了行业效应和时间效应。

从要素密集度分组回归来看，IFDI 和 OFDI 均会显著抑制劳动密集型和资本密集型行业的全要素减排效率，且至少在 10%的显著性水平下通过了检验。说明对于工业行业而言，其本身就属于污染密集型部门，一方面所引入的外商直接投资环境标准较低，另一方面对外直接投资主要是为了寻求市场而非技术，因此，无论是劳动密集型行业还是资本密集型行业，IFDI 和 OFDI 均会显著抑制其全要素减排效率的提高。从双向 FDI 的交互项系数来看，当同时存在 IFDI 和 OFDI 时，会显著促进劳动密集型行业和资本密集型行业全要素减排效率的提高，说明劳动密集型行业和资本密集型行业双向 FDI 之间存在明显的互补效应。

7.5 小结

本章利用中国 34 个工业行业 2004—2016 年的面板数据，系统分析了双向 FDI 对行业全要素减排效率的影响，结果发现：① IFDI 显著抑制了工业行业的全要素减排效率，IFDI 每增加 1%，会导致全要素减排效率下降 0.572%～1.275%。② OFDI 同样显著抑制了工业行业的全要素减排效率，在样本期内，OFDI 每上升 1%，会导致全要素减排效率下降 0.379%～0.960%。③ IFDI 和 OFDI 对全要素减排效率的负向影响存在一定互补效应。④ 本书在研究过程中采用多种稳健性检验，结果均表明 IFDI 和 OFDI 对工业行业全要素减排效率存在负向影响，且二者之间确实存在显著的互补效应。⑤ 双向 FDI 对工业行业全要素减排效率的影响会因为行业所有制结构、能源结构和要素密集度的不同而显示出差异性。首先，不管是 IFDI 还是 OFDI，其对不同能源结构组全要素减排效率的影响均为负，且二者之间呈互补效应；其次，IFDI 和 OFDI 会显著抑制高所有制结构组的全要素减排效率，促进低所有制结构组的全要素减排效率，且二者的交互项会显著促进高所有制结构组的全要素减排效率，抑制低所有制结构组的全要素减排效率；最后，IFDI 和 OFDI 均会显著抑制不同要素密集组的全要素减排效率，但二者的交互项会显著促进不同要素密集组全要素减排效率的上升。

8 结论、建议与展望

8.1 研究结论

第一，IFDI 和 OFDI 对环境污染的影响可以分解为规模效应、结构效应和技术效应三种，其对环境污染的最终效应为正还是为负无法确定。且 2000—2016 年中国 IFDI、OFDI 与环境污染的增长趋势呈现明显的同步性，尤其是 2005 年之后，三者的变化趋势高度一致，因此认为 IFDI 和 OFDI 在一定程度上影响了中国的环境污染。

第二，本书系统分析了双向 FDI 影响环境污染的综合效应，分别从 IFDI、OFDI、环境污染三者的互动关系，以及双向 FDI 协调发展和环境污染互动关系两个层面出发，运用协整分析、向量自回归模型、脉冲响应函数和方差分解等方法进行分析，研究结果表明：① IFDI、OFDI 和环境污染之间存在长期协整关系。② IFDI、OFDI 和环境污染的向量自回归模型估计结果显示，滞后一期的 IFDI 会显著促进中国环境污染增加，滞后一期的 OFDI 则会显著抑制环境污染。③ 从 IFDI 影响环境污染的脉冲响应函数来看，IFDI 受到一个单位标准差的外生冲击时，会导致环境污染在初期出现正向影响，但到第三期之后，这种影响会转变为负向影响，这种现象说明 IFDI 对中国环境污染的影响同时存在“污染天堂”和“污染光环”两种效应；从 OFDI 影响环境污染的脉冲响应函数来看，其对环境污染的影响存在较大的波动性，直到第五期之后这种影响才逐渐消失。④ 从双向 FDI 协调发展与环境污染的向量自回归模型估计结果来看，滞后一期的双向 FDI 协调发展水平会显著抑制环境污染，且方差分解结果显示双向 FDI 协调发展水平对环境污染的影响在第二期之后超过了 10%。

第三，本书深入分析了中国双向 FDI 影响环境污染的规模效应，采用碳排放表征环境污染水平，利用 KAYA 恒等式将影响碳排放的因素分解为人口、人均 GDP、能源强度和能源结构四个方面，并用地区人均 GDP 表征经济发展水平，研究发现：① 中国 IFDI 和 OFDI 通过影响地区经济规模，进而影响环境污染的效应存在显著差异，其中 IFDI 会通过规模效应显著增加地区环境污染，说明 IFDI 的“污染天堂”效应在中国确实存在，这与中国引入的 IFDI 以资源寻求型为主有关。② OFDI 则会通过规模效应减轻地区环境污染，说明 OFDI 通过转移过剩产能，缓解了城市工业规模的扩张，这在一定程度上缓解了地区环境污染压力。③ IFDI 和 OFDI 之间存在显著的相互促进关系，说明研究期内 IFDI 与 OFDI 之间呈现良性互动机制。④ IFDI 会导致要素市场扭曲程度上升，OFDI 则会显著抑制要素市场扭曲，说明 IFDI 可能在一定程度上“挤出”了本土企业，进而导致要素市场扭曲程度上升，而 OFDI 由于转移了过剩产能，促使部分企业退出国内市场，这在一定程度上抑制了要素市场扭曲。

第四，本书进一步探讨了中国双向 FDI 影响环境污染的结构效应，将产业结构演进表征为产业结构合理化和产业结构高度化两方面，利用脉冲响应函数验证了 IFDI 和 OFDI 之间的互动效应，在此基础上通过耦合系统模型测算了中国 30 个省（自治区、直辖市）2004—2015 年双向 FDI 的协调发展水平，实证结果显示：

①双向 FDI 的协调发展水平越高，越有利于环境污染下降。②产业结构合理化指标会显著促进地区环境污染水平上升，主要原因在于：一方面中国的产业结构合理化水平存在较大的区域不平衡性，整体来看，中国的产业结构合理化水平还较低；另一方面与中国生产要素在产业间的流动方向有关，研究期内，中国各区域的生产要素主要是由农业向制造业转移，这导致了产业结构合理化对环境污染的促进作用。③产业结构高度化的上升会显著抑制环境污染，说明产业结构高度化所带来的新旧技术置换会显著改善地区环境污染状况。④中国双向 FDI 协调发展会通过促进产业结构合理化水平上升，进而抑制环境污染，但会通过抑制产业结构高度化，导致地区环境污染增加，这说明双向 FDI 协调发展水平的上升虽然能通过全球配置资源来促进产业结构向更合理的方向发展，但是 IFDI 和 OFDI 的类型会显著抑制产业结构高度化水平上升。

第五，本书分析了中国双向 FDI 影响环境污染的技术效应，在深度剖析双向 FDI 影响全要素减排效率的基础上，基于数据包络分析的思想，运用规模报酬不变（CRS）的方法在全要素生产关系的框架下测度中国 34 个工业行业 2004—2016 年的全要素减排效率，实证结果显示：①中国工业行业 IFDI 的增加会显著抑制全要素减排效率，说明工业行业所引入的外资类型和其所引发的企业之间的竞争效应不利于全要素减排效率的上升。②OFDI 对工业行业全要素减排效率的影响同样为负，说明研究期内中国 OFDI 的类型及规模还未能有效促进工业行业的全要素减排效率。③IFDI 和 OFDI 的交互项系数显著为正，说明当 IFDI 和 OFDI 同时存在时，会显著促进工业行业全要素减排效率的上升。

8.2 政策建议

8.2.1 调整 IFDI 结构

第一，继续坚持“引进来”思想不动摇。随着 OFDI 的快速增加，出现了弱化引入 IFDI 的观点和倾向，但事实上，中国的人均 IFDI 还处于较低的水平，与发达国家还存在较大差距。对于经济转轨时期的中国而言，引资依旧是获取国外技术、促进经济发展的重要渠道，如果形成以资本输出为主、资本流入为辅的发展模式势必不利于经济的可持续发展，且 IFDI 所蕴含的区域外新知识、新技术和相对稳定的战略合作机会能有效促进本土企业突破原有的发展路径，为本土企业通过模仿创新学习国外先进的环境技术，进而进行弯道超车提供了机会。因此，现阶段中国依旧不能忽视 IFDI 对缓解环境污染的积极作用，但应适当调整 IFDI 来源国结构，加大对发达国家 IFDI 的引入力度。

第二，改善引入外商直接投资的结构。目前中国的 IFDI 虽然规模较大，但可以看到大多是以资源寻求型为主，且中国的 IFDI 有很大一部分是要素市场扭曲的结果。而这类外资势必会给中国的资源环境带来巨大压力，因此未来中国应加大高技术水平 IFDI 的引资力度，大力吸引金融业、租赁和商务服务业、批发和零售业等现代服务业的 IFDI，在促进经济发展水平上升的同时抑制环境污染。

第三，建立更加多元化的 IFDI 产业目标，为促进产业结构向高度化和合理化方向转变进而缓解地区环境污染提供基础。在经济发展初期，中国对 IFDI 项目均实行了一定的税收优惠政策，这种普惠性的税收政策有利于 IFDI 给中国带来显著的经济增长效应，也与中国经济发展阶段特征相符，但却显著加剧了中国的环境污染状况。因此，未来中国应根据 IFDI 的类型，实施差异化的税收优惠政策。加大对新技术、新能源 IFDI 的税收优惠，为促进产业结构升级，转变经济增长方式，最终缓解环境污染压力提供条件。

第四，改变以往的招商引资政策，制定以获取绿色环保技术为目的的引资政策，推动中国工业行业增长模式由要素驱动的“粗放型”增长向全要素减排效率提高所驱动的“集约型”增长转变。现阶段，中国既要注重高水平、高质量 IFDI 的技术溢出效应对环境技术的促进作用，又要改变以往为了获取短期利益而给予外资企业“超国民待遇”的环境政策优惠。事实上，以往这种以环境作为低廉的要素成本，吸引外资落户来促进经济发展的模式不符合绿色可持续发展战略的要求，且中国各个区域之间竞相引入 IFDI 促进地区经济发展的行为，虽然会在短期内有效推动地区经济的快速上升，但是不利于经济的长远发展。因此，必须转变以往“重规模轻质量”的引资模式，在引入外商直接投资时结合地区经济发展水平、环境承载力等现实状况，制定适宜的 IFDI 政策，最终有效促进中国全要素减排效率的提高。

8.2.2 加大技术寻求型 OFDI 力度

第一，促进 OFDI 区位的多元化发展，通过在全球配置资源，深化与东道国环境能源方面的合作交流。随着近年来中国 OFDI 规模快速上升，增长速度持续加快，OFDI 的区位选择也应该逐步向多元化发展。不仅要对发展中经济体和转型经济体进行投资，以寻求市场、转移过剩产能，也要加大对发达经济体的直接投资，寻求清洁生产技术。中国目前经济发展水平、环境技术水平等与发达国家还存在较大差距，自主研发创新能力较低，因此应有效利用 OFDI 的自主权，鼓励国内企业到发达国家进行投资，加大对技术资源丰富国家或地区的直接投资，一方面，可以通过设立海外研发机构，促进清洁生产技术的发展；另一方面，也可以通过合资的方式与发达国家清洁生产技术领先的高科技企业进行合作，通过学习效应和逆向技术溢出效应学习国际领先的绿色生产技术和减排技术，促进中国环境质量的改善。

第二，中国应特别注重 OFDI 所带来的市场净化效应。本书实证部分结论显示 OFDI 会显著抑制要素市场扭曲，且 OFDI 会通过规模效应抑制地区环境污染，因此，鼓励企业进行 OFDI，转移过剩产能，净化市场环境，促进母国经济发展水平上升，进而抑制环境污染是未来经济发展过程中的重要举措，也是中国实施“走出去”战略的重要载体。

第三，中国在实施“走出去”战略的同时，相关政策的制定应更加偏向于 OFDI 对母国企业逆向技术溢出的长期效应，因为短期内 OFDI 可能会挤占研发投入，且本书的实证结果显示，在样本期内中国工业行业 OFDI 的逆向技术溢出效应并不能充分发挥，因此，在政策制定上，应考虑到OFDI逆向技术溢出的长期性。

8.2.3 加强双向FDI的协调发展

第一，中国应积极引导双向FDI的合理布局，促进双向FDI互动协调发展。首先，坚持“引进来”和“走出去”并重的发展战略，重视区域经济发展的阶段性特征，合理调整不同经济发展阶段的引资和对外直接投资政策，形成各区域IFDI和OFDI之间的相互促进效应；其次，应根据双向FDI协调发展的阶段性特征，不断调整优化IFDI结构，鼓励各地区加大高技术性IFDI的引入力度，通过IFDI的技术溢出效应，促进地区生产技术和环境技术水平的快速上升，最终促进OFDI增加，在此基础上，通过OFDI的逆向技术溢出效应反作用于母国环境技术，形成对地区环境技术的正向促进作用；最后，在政策制定过程中充分考虑IFDI和OFDI对全要素减排效率影响的替代或互补效应，注重IFDI和OFDI结构的调整，最终改善环境污染。

第二，应该将双向FDI协调发展效应与产业结构合理化水平的提高相结合，提高产业结构的聚合质量，促进资本要素在产业间的合理流动，最终促进环境质量的上升。虽然本书的实证结果显示产业结构合理化水平会导致环境污染的上升，但双向FDI协调发展水平会扭转这种促进作用，最终改善环境污染。因此认为，在人口红利逐渐消失、环境质量显著恶化的背景下，必须改变以往以低廉要素价格吸引外资流入的模式，大力引入高质量、高技术、低污染、低能耗的绿色外资，通过技术寻求以及市场寻求型的OFDI促进母国经济实力以及环境技术的进一步提高，进而促进产业结构优化升级，减轻环境污染。

第三，综合利用在IFDI和OFDI过程中所带来的技术溢出效应和逆向技术溢出效应，将产业结构高度化放在更突出的位置是改善环境污染的重要保证。现阶段，推动产业结构持续高度化是未来经济发展的必然趋势，因此应注重产业结构内生的技术创新，通过双向FDI的协调发展推动产业向高技术、高附加值的方向发展，培育高端服务业，最终促进环境质量改善。

8.3 研究局限与展望

尽管本书系统讨论了中国双向 FDI 对环境污染的影响效应，但由于部分数据的不可获得性，以及作者学术水平有限，本书还存在以下不足：

首先，研究数据存在局限。本书使用中国的省级面板和行业面板数据研究了双向 FDI 对环境的影响，主要是基于宏观层面的研究，由于官方统计资料并未公布企业的环境污染数据，因此本书暂时无法将研究深入到微观企业层面。此外，中国的双边投资不仅仅存在省级差异，省份内部各个地级市的 IFDI、OFDI 以及能源消耗等方面也存在显著差异，从城市层面出发能更好地考察中国双边投资对地区环境污染的影响。但官方统计资料缺乏地级市层面的 OFDI 数据，因此本书暂未拓展到该领域，未来可以采用各省级城市的 OFDI 数据乘以地级市的出口总额占 GDP 的比重来近似衡量各地级市的 OFDI 数据，从地级市的层面揭示双向 FDI 对环境污染的影响，为中国制定差异化的双边投资政策提供更有力的支持。

其次，理论研究存在局限。本书尝试性地在 Copeland 等的研究框架下，构建了双向 FDI 影响环境污染的理论模型，并将 IFDI 和 OFDI 对环境污染的影响区分为规模效应、结构效应和技术效应，但受限于作者自身能力，并未建立双向 FDI 对环境污染互补或替代效应的数理模型。未来可以进一步建立双向 FDI 存在互补或替代效应时对环境污染影响的数理模型，以更标准的分析范式研究双向 FDI 对环境的影响，深层次地揭示问题的本质。

最后，研究内容存在局限。本书系统分析了双向 FDI 影响环境污染的综合效应、规模效应、结构效应和技术效应，但在引入 IFDI 和 OFDI 的过程中，双向 FDI 对环境污染的综合效应、规模效应、结构效应和技术效应是否存在国别差异？出于时间和篇幅限制，本书并未涉及。因此，未来可以进一步分析双向 FDI 对环境污染的规模效应、结构效应、技术效应和净效应是否存在国别差异。

参考文献

[1] Aitken B J，Harrison A E. Do domestic firms benefit from foreign direct investment? Evidence from Venezuela[J]. American Economic Review，1999，89（3）：605-618.

[2] Bakhsh K，Rose S，Ali M F，et al. Economic growth，CO_2 emissions，renewable waste and FDI relation in Pakistan：new evidences from 3 sls[J]. Journal of Environmental Management，2017，196：627-632.

[3] Barrios S，Görg H，Strobl E. Foreign direct investment，competition and industrial development in the host country[J]. Ssrn Electronic Journal，2004，49（7）：1761-1784.

[4] Barro R J，Lee J W. International comparisons of educational attainment[J]. Journal of Monetary Economics，1993，32（3）：363-394.

[5] Baumol W J，Oates W E. The theory of environmental policy[M]. England：Cambridge University Press，1988.

[6] Friedl B，Getzner M. Determinants of CO_2 emissions in a small open economy[J]. Ecological Economics，2003，45（1）：133-148.

[7] Bitzer J，Kerekes M. Does foreign direct investment transfer technology across borders? New evidence[J]. Economics Letters，2008，100（3）：355-358.

[8] Blundell R，Bond S. Initial conditions and moment restrictions in dynamic panel data models[J]. Economics Papers，1998，87（1）：115-143.

[9] Bond S R. Dynamic panel data models：a guide to micro data methods and practice[J]. Portuguese Economic Journal，2002，1（2）：141-162.

[10] Buckley P J，Clegg L J，Cross A R，et al. The determinants of Chinese outward foreign direct investment[J]. Journal of International Business Studies，2007，38（4）：499-518.

[11] Buckley P J. The limits of explanation：testing the internalization theory of the multinational enterprise[J]. Journal of International Business Studies，1988，19（2）：181-193.

[12] Chen J E，Zulkifli S A M. Malaysian outward fdi and economic growth[J]. Procedia-Social and

Behavioral Sciences，2012，65：717-722.

[13] Chen V Z，Li J，Shapiro D M. International reverse spillover effects on parent firms：evidences from emerging-market MNEs in developed markets[J]. European Management Journal，2012，30（3）：204-218.

[14] Chichilnisky G. North-south trade and the global environment[J]. American Economic Review，1994，84（4）：851-874.

[15] Ciesielska D，Marcin K. Outward foreign direct investments and home country's export[J]. Physica a Statistical Mechanics & Its Applications，2017，482：127-146.

[16] Copeland B R，Taylor M S. North-south trade and the environment[J]. The Quarterly Journal of Economics，1994，109（3）：755-787.

[17] Copeland B R，Taylor M S. Trade，growth and the environment[J]. Journal of Economic Literature，2004，42（1）：7-71.

[18] Cozza C，Rabellotti R，Sanfilippo M. The impact of outward fdi on the performance of Chinese firms[J]. China Economic Review，2015，36：42-57.

[19] Desai M A，Foley C F，Hines J R. Foreign direct investment and the domestic capital stock[J]. American Economic Review，2005，95（2）：33-38.

[20] Denzer A. The effects of outward FDI on economic growth-a theoretical and empirical analysis[J]. Eberhard Karls University Tuebingen，Working Paper，2011，201（1）：1-30.

[21] Dietz T，Rosa E A. Effects of population and affluence on CO_2 emissions[J]. Proceedings of the National Academy of Sciences，1997，94（1）：175-179.

[22] Dijkstra B R，Mathew A J，Mukherjee A. Environmental regulation：an incentive for foreign direct investment[J]. Review of International Economics，2011，19（3）：568-578.

[23] Elliott R J R，Zhou Y. Environmental regulation induced foreign direct investment[J]. Environmental and Resource Economics，2013，55（1）：141-158.

[24] Eskeland G S，Harrison A E. Moving to greener pastures? Multinationals and the pollution haven hypothesis[J]. Journal of Development Economics，2003，70（1）：1-23.

[25] Eastin J，Zeng K. Are foreign investors attracted to “pollution havens” in China?[J]. Zugriffam，2009，9.

[26] Esty D C，Dua A. Sustaining the asia pacific miracle：environmental protection and economic integration[J]. Asia Pacific Journal of Environmental Law，1997，3（1）：150-152.

[27] Fisher-Vanden K，Jefferson G H，Liu H，et al. What is driving China’s decline in energy intensity?[J]. Resource and Energy Economics，2004，26（1）：77-97.

[28] Ghodeswar B，Vaidyanathan J. Business process outsourcing：an approach to gain access to world-class capabilities[J]. Business Process Management Journal，2008，14（1）：23-38.

[29] Grimes P，Kentor J. Exporting the greenhouse：foreign capital penetration and CO_2 emissions 1980-1996[J]. Journal of World-Systems Research，2003，9（2）：261-275.

[30] Grossman G M，Krueger A B. Environmental impacts of a north American free trade agreement[R]. National Bureau of Economic Research，1991.

[31] Grossman G M，Krueger A B. Economic growth and the environment[J]. The Quarterly Journal of Economics，1995，110（2）：353-377.

[32] He J. Pollution haven hypothesis and environmental impacts of foreign direct investment：the case of industrial emission of sulfur dioxide（SO_2）in Chinese provinces[J]. Ecological Economics，2006，60（1）：228-245.

[33] Herzer D. Outward fdi and economic growth[J]. Journal of Economic Studies，2010，37（5）：476-494.

[34] Herzer D. The long-run relationship between outward fdi and domestic output：evidence from panel data[J]. Economics Letters，2008，100（1）：146-149.

[35] Hille E，Shahbaz M，Moosa I. The impact of FDI on regional air pollution in the republic of Korea：a way ahead to achieve the green growth strategy?[R]. Royal Institute of Technology，CESIS-Centre of Excellence for Science and Innovation Studies，2018.

[36] Huang S C. Capital outflow and R&D investment in the parent firm[J]. Research Policy，2013，42（1）：245-260.

[37] Huang J，Chen X，Huang B，et al. Economic and environmental impacts of foreign direct investment in China：a spatial spillover analysis[J]. China Economic Review，2017，45：289-309.

[38] Jorgenson A K. Does foreign investment harm the air we breathe and the water we drink? A cross-national study of carbon dioxide emissions and organic water pollution in less-developed countries，1975 to 2000[J]. Organization & Environment，2007，20（2）：137-156.

[39] Jebaraj S，Iniyan S. A review of energy models[J]. Renewable & Sustainable Energy Reviews，2006，10（4）：281-311.

[40] Kim H S，Baek J. The environmental consequences of economic growth revisited[J]. Economics Bulletin，2011，31（2）：1198-1211.

[41] Kogut B，Chang S J . Technological capabilities and Japanese foreign direct investment in to the United States[J]. The Review of Economics and Statistics，1991，73（3）：401-413.

[42] Kuznets S. Quantitative aspects of the economic growth of nations：Ⅱ. industrial distribution of national product and labor force[J]. Economic Development and Cultural Change，1957，5（S4）：1-111.

[43] Lee G. The effectiveness of international knowledge spillover channels[J]. European Economic Review，2006，50（8）：2075-2088.

[44] Lee J W. The contribution of foreign direct investment to clean energy use，carbon emissions and economic growth[J]. Energy Policy，2013，55：483-489.

[45] Letchumanan R，Kodama F. Reconciling the conflict between the pollution-haven hypothesis and an emerging trajectory of international technology transfer[J]. Research Policy，2000，29（1）：59-79.

[46] Liang F H. Does foreign direct investment harm the host country's environment? Evidence from China[J]. Current Topics in Management，2014，17：105-121.

[47] Liang R，Bing L. Outward foreign direct investment and industry structural optimization：analysis and testing on data of Republic of Korea[C]. International Conference on Computational Intelligence & Security，2011.

[48] Liu C，Duan M，Zhang X，et al. Empirical research on the contributions of industrial restructuring to low-carbon development[J]. Energy Procedia，2011，5（5）：834-838.

[49] Liu Q，Wang S，Zhang W，et al. Does foreign direct investment affect environmental pollution in China's cities? A spatial econometric perspective[J]. Science of the Total Environment，2018，613-614，521-529.

[50] Mielnik O，Goldemberg J. Foreign direct investment and decoupling between energy and gross domestic product in developing countries[J]. Energy Policy，2002，30（2）：87-89.

[51] Morawski M. Market access，competitiveness，and harmonization：environmental protection in regional trade agreements[J]. Social Science Electronic Publishing，1997，21（2）：265-336.

[52] Omri A，Nguyen D K，Rault C. Causal interactions between CO_2 emissions，FDI，and economic growth：evidence from dynamic simultaneous-equation models[J]. Economic Modelling，2014，42：382-389.

[53] Padilla-Perez R，Gomes Nogueira C. Outward FDI from small developing economies：firm level strategies and home-country effects[J]. International Journal of Emerging Markets，2016，11（4）：693-714.

[54] Pao H T，Tsai C M. Multivariate granger causality between CO_2 emissions，energy consumption，FDI（foreign direct investment）and GDP（gross domestic product）：evidence from a panel of

BRIC（Brazil，Russian Federation，India，and China） countries[J]. Energy，2011，36（1）：685-693.

[55] Pearson C S. The trade and environment nexus：what is new since'72?[J]. Trade and the Environment：Law，Economics and Policy，1993：23-32.

[56] Perkins R，Neumayer E. Do recipient country characteristics affect international spillovers of CO_2-efficiency via trade and foreign direct investment?[J]. Climatic Change，2012，112（2）：469-491.

[57] Pethig R. Pollution，welfare，and environmental policy in the theory of comparative advantage[J]. Journal of Environmental Economics and Management，1976，2（3）：160-169.

[58] Porter M E，Claas V D L . Toward a new conception of the environment-competitiveness relationship[J]. Journal of Economic Perspectives，1995，9（4）：97-118.

[59] Potterie B P，Lichtenberg F. Does foreign direct investment transfer technology across borders?[J]. Review of Economics and Statistics，2001，83（3）：490-497.

[60] Pradhan J P，Singh N. Outward fdi and knowledge flows：a study of the Indian automotive sector[J]. Mpra Paper，2008（1）：156-187.

[61] Ren S，Yuan B，Ma X，et al. International trade，FDI（foreign direct investment） and embodied CO_2 emissions：a case study of China's industrial sectors[J]. China Economic Review，2014，28：123-134.

[62] Ritchie B K. Economic upgrading in a state-coordinated，liberal market economy[J]. Asia Pacific Journal of Management，2009，26（3）：435.

[63] Siebert H. Environmental quality and the gains from trade[J]. Kyklos，1977，30（4）：657-673.

[64] Shahbaz M，Nasreen S，Abbas F，et al. Does foreign direct investment impede environmental quality in high，middle，and low-income countries?[J]. Energy Economics，2015，51：275-287.

[65] Wei S J，Smarzynska B. Pollution havens and foreign direct investment：dirty secret or popular myth?[M]. America Washington：The World Bank，1999.

[66] Spatareanu M. Searching for pollution havens：the impact of environmental regulations on foreign direct investment[J]. The Journal of Environment & Development，2007，16（2）：161-182.

[67] Tuan C，Ng L F Y. Manufacturing agglomeration as incentives to Asian FDI in China after WTO[J]. Journal of Asian Economics，2004，15（4）：673-693.

[68] Walter I，Ugelow J L. Environmental policies in developing countries[J]. Ambio，1979：102-109.

[69] Wang H，Jin Y. Industrial ownership and environmental performance：evidence from China[J]. Environmental & Resource Economics，2007，36（3）：55-273.

[70] Wang J M，Shi Y F，Zhang J. Energy efficiency and influencing factors analysis on Beijing industrial sectors[J]. Journal of Cleaner Production，2017，167：653-664.

[71] Xie Z，Zhang X. The patterns of patents in China[J]. China Economic Journal，2015，8（2）：122-142.

[72] Zhang X Q，Ren J L. The relationship between carbon dioxide emissions and industrial structure adjustment for Shandong Province[J]. Energy Procedia，2011，5：1121-1125.

[73] Zhou Y，Jiang J，Ye B，et al. Green spillovers of outward foreign direct investment on home countries：evidence from China's Province-level data[J]. Journal of Cleaner Production，2019，215：829-844.

[74] 白洁．对外直接投资的逆向技术溢出效应——对中国全要素生产率影响的经验检验[J]．世界经济研究，2009（8）：65-69，89.

[75] 白俊红，吕晓红. FDI 质量与中国环境污染的改善[J]．国际贸易问题，2015（8）：72-83.

[76] 包群，陈媛媛，宋立刚．外商投资与东道国环境污染：存在倒 U 型曲线关系吗？[J]．世界经济，2010，33（1）：3-17.

[77] 曹翔，余升国．外资与内资对我国大气污染影响的比较分析——基于工业二氧化硫排放的经验分析[J]．国际贸易问题，2014（9）：67-76.

[78] 陈超凡．中国工业绿色全要素生产率及其影响因素——基于 ML 生产率指数及动态面板模型的实证研究[J]．统计研究，2016，33（3）：53-62.

[79] 陈琳，林珏．外商直接投资对中国制造业企业的溢出效应：基于企业所有制结构的视角[J]．管理世界，2009（9）：24-33.

[80] 陈诗一．能源消耗、二氧化碳排放与中国工业的可持续发展[J]．经济研究，2009，44（4）：41-55.

[81] 杜思正，冼国明，冷艳丽．中国金融发展、资本效率与对外投资水平[J]．数量经济技术经济研究，2016，33（10）：17-36.

[82] 冯彩，蔡则祥．对外直接投资的母国经济增长效应——基于中国省级面板数据的考察[J]．经济经纬，2012（6）：46-51.

[83] 付海燕．对外直接投资逆向技术溢出效应研究——基于发展中国家和地区的实证检验[J]．世界经济研究，2014（9）：56-61.

[84] 干春晖，郑若谷，余典范．中国产业结构变迁对经济增长和波动的影响[J]．经济研究，2011，46（5）：4-16，31.

[85] 韩永辉，黄亮雄，王贤彬．产业结构优化升级改进生态效率了吗？[J]．数量经济技术经济研究，2016，33（4）：40-59.

[86] 黄凌云，刘冬冬，谢会强．对外投资和引进外资的双向协调发展研究[J]．中国工业经济，2018（3）：80-97.

[87] 黄清煌，高明．环境规制对经济增长的数量和质量效应——基于联立方程的检验[J]．经济学家，2016（4）：53-62.

[88] 金春雨，王伟强．“污染避难所假说”在中国真的成立吗——基于空间 VAR 模型的实证检验[J]．国际贸易问题，2016（8）：108-118.

[89] 孔群喜，孙爽，陈慧．对外直接投资、逆向技术溢出与经济增长质量——基于不同投资动机的经验考察[J]．山西财经大学学报，2019，41（2）：16-34.

[90] 匡远配，唐文婷．中国产业结构优化度的时序演变和区域差异分析[J]．经济学家，2015（9）：40-47.

[91] 李斌，彭星，欧阳铭珂．环境规制、绿色全要素生产率与中国工业发展方式转变——基于 36 个工业行业数据的实证研究[J]．中国工业经济，2013（4）：56-68.

[92] 李东坤，邓敏．中国省际 OFDI、空间溢出与产业结构升级——基于空间面板杜宾模型的实证分析[J]．国际贸易问题，2016（1）：121-133.

[93] 李金凯，程立燕，张同斌．外商直接投资是否具有“污染光环”效应？[J]．中国人口·资源与环境，2017，27（10）：74-83.

[94] 李梅，金照林．国际 R&D、吸收能力与对外直接投资逆向技术溢出——基于我国省际面板数据的实证研究[J]．国际贸易问题，2011（10）：124-136.

[95] 李梅，柳士昌．对外直接投资逆向技术溢出的地区差异和门槛效应——基于中国省际面板数据的门槛回归分析[J]．管理世界，2012（1）：21-32，66.

[96] 李猛，于津平．东道国区位优势与中国对外直接投资的相关性研究——基于动态面板数据广义矩估计分析[J]．世界经济研究，2011（6）：63-67.

[97] 李强．财政分权、FDI 与环境污染：来自长江经济带的例证[J]．统计与决策，2019，35（4）：173-175.

[98] 林伯强，蒋竺均．中国二氧化碳的环境库兹涅茨曲线预测及影响因素分析[J]．管理世界，2009（4）：27-36.

[99] 林毅夫．消除市场扭曲要素[J]．资本市场，2014（5）：12.

[100] 刘海云，聂飞．中国 OFDI 动机及其对外产业转移效应——基于贸易结构视角的实证研究[J]．国际贸易问题，2015（10）：73-86.

[101] 刘华军，闫庆悦．贸易开放、FDI 与中国 CO_2 排放[J]．数量经济技术经济研究，2011，28

（3）：21-35.

[102] 刘飞宇，赵爱清．外商直接投资对城市环境污染的效应检验——基于我国 285 个城市面板数据的实证研究[J]．国际贸易问题，2016（5）：130-141.

[103] 刘夏，朱光福，曾蓼．逆向技术溢出减缓了我国碳排放吗？——基于 30 个省份的面板数据[J]．生态经济，2018，34（9）：14-18.

[104] 卢进勇，宋琳．供给侧结构性改革背景下我国“走出去”战略新思考[J]．国际贸易，2017（2）：21-25.

[105] 罗良文，李珊珊．国际资本流动对我国低碳经济发展影响的实证分析——基于主成分分析法[J]．技术经济，2012，31（6）：95-100.

[106] 毛海欧，刘海云．中国对外直接投资促进了产业升级吗？——基于出口劳动结构视角的研究[J]．世界经济研究，2018（6）：94-108，137.

[107] 聂飞，刘海云. FDI、环境污染与经济增长的相关性研究——基于动态联立方程模型的实证检验[J]．国际贸易问题，2015（2）：72-83.

[108] 聂飞，刘海云．基于城镇化门槛模型的中国 OFDI 的碳排放效应研究[J]．中国人口·资源与环境，2016，26（9）：123-131.

[109] 潘雄锋，闫窈博，王冠．对外直接投资、技术创新与经济增长的传导路径研究[J]．统计研究，2016，33（8）：30-36.

[110] 彭星，李斌．贸易开放、FDI 与中国工业绿色转型——基于动态面板门限模型的实证研究[J]．国际贸易问题，2015（1）：166-176.

[111] 邱斌，杨帅，辛培江．FDI 技术溢出渠道与中国制造业生产率增长研究：基于面板数据的分析[J]．世界经济，2008（8）：20-31.

[112] 邱丽萍，叶阿忠．对外直接投资的逆向技术溢出效应研究——基于半参数面板空间滞后模型[J]．软科学，2019（4）：29-33.

[113] 冉启英，吴海涛．外商直接投资的污染避难所效应会一直存在吗？——基于动态门限面板模型的实证分析[J]．生态经济，2019，35（4）：152-159.

[114] 沙文兵，石涛．外商直接投资的环境效应——基于中国省级面板数据的实证分析[J]．世界经济研究，2006（6）：76-81.

[115] 沙文兵．对外直接投资、逆向技术溢出与国内创新能力——基于中国省际面板数据的实证研究[J]．世界经济研究，2012（3）：69-74，89.

[116] 沈坤荣，金刚，方娴．环境规制引起了污染就近转移吗？[J]．经济研究，2017，52（5）：44-59.

[117] 盛斌，吕越. 外国直接投资对中国环境的影响——来自工业行业面板数据的实证研究[J]. 中

国社会科学，2012（5）：54-75.
[118] 施炳展，冼国明．要素价格扭曲与中国工业企业出口行为[J]．中国工业经济，2012（2）：47-56.
[119] 史青．外商直接投资、环境规制与环境污染——基于政府廉洁度的视角[J]．财贸经济，2013（1）：93-103.
[120] 施震凯，邵军，王美昌．外商直接投资对雾霾污染的时空传导效应——基于 SpVAR 模型的实证分析[J]．国际贸易问题，2017（9）：107-117.
[121] 宋勇超．中国对外直接投资的逆向技术溢出效应研究——理论模型与实证检验[J]．经济经纬，2015（3）：60-65.
[122] 苏振东，周玮庆．外商直接投资对中国环境的影响与区域差异——基于省际面板数据和动态面板数据模型的异质性分析[J]．世界经济研究，2010（6）：63-67，86.
[123] 涂正革．环境、资源与工业增长的协调性[J]．经济研究，2008（2）：93-105.
[124] 王柏杰，周斌．货物出口贸易、对外直接投资加剧了母国的环境污染吗？——基于“污染天堂假说”的逆向考察[J]．产业经济研究，2018（3）：77-89.
[125] 王班班，齐绍洲．市场型和命令型政策工具的节能减排技术创新效应——基于中国工业行业专利数据的实证[J]．中国工业经济，2016（6）：91-108.
[126] 王滨．对外直接投资在我国经济发展中的作用——挤进和挤出效应的实证分析[J]．国际贸易问题，2006（1）：75-79.
[127] 王丽，张岩．对外直接投资与母国产业结构升级之间的关系研究——基于 1990—2014 年 OECD 国家的样本数据考察[J]．世界经济研究，2016（11）：60-69.
[128] 王恕立，胡宗彪．服务业双向 FDI 的生产率效应研究——基于人力资本的面板门槛模型估计[J]．财经研究，2013，39（11）：90-101.
[129] 王恕立，王许亮．服务业 FDI 提高了绿色全要素生产率吗——基于中国省际面板数据的实证研究[J]．国际贸易问题，2017（12）：83-93.
[130] 王亚星，李敏瑞．资本扭曲与企业对外直接投资——以全要素生产率为中介的倒逼机制[J]．财贸经济，2017，38（1）：115-129.
[131] 王运良，李富有．OFDI、金融生态运行效率与产业结构升级[J]．经济问题探索，2018（6）：135-143.
[132] 魏巧琴，杨大楷．对外直接投资与经济增长的关系研究[J]．数量经济技术经济研究，2003（1）：93-97.
[133] 吴敬琏．中国增长模式抉择（修订版）[M]．上海：上海远东出版社，2006.
[134] 吴延兵．中国哪种所有制类型企业最具创新性？[J]．世界经济，2012，35（6）：3-29.

[135] 肖德，陈婉．“一带一路”沿线省份对外直接投资碳排放效应研究[J]．湖北大学学报（哲学社会科学版），2018，45（1）：118-125.

[136] 谢文武，肖文，汪滢．开放经济对碳排放的影响——基于中国地区与行业面板数据的实证检验[J]．浙江大学学报（人文社会科学版），2011，41（5）：163-174.

[137] 徐国泉，刘则渊，姜照华．中国碳排放的因素分解模型及实证分析：1995—2004[J]．中国人口·资源与环境，2006，16（6）：158-161.

[138] 许和连，邓玉萍．外商直接投资导致了中国的环境污染吗？——基于中国省际面板数据的空间计量研究[J]．管理世界，2012（2）：30-43.

[139] 许建伟，郭其友．外商直接投资的经济增长、就业与工资的交互效应——基于省级面板数据的实证研究[J]．经济学家，2016（6）：15-23.

[140] 许可，王瑛．中国对外直接投资的母国碳排放效应研究——基于 2003—2011 年省级面板数据[J]．生态经济，2015（1）：47-54.

[141] 徐昱东．FDI、贸易开放与 CO_2 排放：以山东省为例[J]．科研管理，2016，37（8）：76-84.

[142] 杨海生，周永章，王树功，等．外商直接投资与环境库兹涅茨曲线[J]．生态经济，2005（9）：37-39.

[143] 杨恺钧，王婵．双向 FDI、环境规制与环境污染——基于长江经济带面板数据的门槛模型分析[J]．管理现代化，2018，38（4）：75-77.

[144] 姚惠泽，张梅．要素市场扭曲、对外直接投资与中国企业技术创新[J]．产业经济研究，2018（6）：22-35.

[145] 尹应凯．试论发展中国家利用外资与对外投资的互动关系[J]．国际贸易问题，2002（1）：36-39.

[146] 尹忠明，李东坤．中国对外直接投资与国内全要素生产率提升——基于全面提高开放型经济发展水平的视角[J]．财经科学，2014（7）：21-31.

[147] 余官胜，袁东阳．金融发展是我国企业对外直接投资的助推器还是绊脚石——基于量和质维度的实证研究[J]．国际贸易问题，2014（8）：125-134.

[148] 原毅军，谢荣辉．FDI、环境规制与中国工业绿色全要素生产率增长——基于 Luenberger 指数的实证研究[J]．国际贸易问题，2015（8）：84-93.

[149] 岳舞，杜莉．中国 FDI 与 ODI 对低碳经济发展的影响以及对“一带一路”战略的启示[J]．武汉大学学报，2017，70（2）：52-60.

[150] 张杰，周晓艳，李勇．要素市场扭曲抑制了中国企业 R&D?[J]．经济研究，2011，46（8）：78-91.

[151] 张琴．国际产业转移对我国产业结构的影响研究——基于 1983—2007 年外商直接投资的

实证分析[J]．国际贸易问题，2012（4）：137-144.
[152] 张庆丰，Crooks R．迈向环境可持续的未来：中华人民共和国国家环境分析[M]．北京：中国财政经济出版社，2012.
[153] 张伟，朱启贵，李汉文．能源使用、碳排放与我国全要素碳减排效率[J]．经济研究，2013，48（10）：138-150.
[154] 张学刚，钟茂初．外商直接投资与环境污染——基于联立方程的实证研究[J]．财经科学，2010（10）：110-117.
[155] 张艺影，王士伟．双向 FDI 对中国低碳经济发展影响及对策研究[J]．现代商贸工业，2015，36（21）：14-18.
[156] 张宇，蒋殿春．FDI、政府监管与中国水污染——基于产业结构与技术进步分解指标的实证检验[J]．经济学（季刊），2014，13（2）：491-514.
[157] 张宇，蒋殿春．FDI、环境监管与工业大气污染——基于产业结构与技术进步分解指标的实证检验[J]．国际贸易问题，2013（7）：102-118.
[158] 张远鹏，李玉杰．对外直接投资对中国产业升级的影响研究[J]．世界经济与政治论坛，2014（6）：1-15，29.
[159] 张云，韩露露，尹筑嘉．中国对外贸易环境效应：工业行业 EKC 与碳泄漏实证分析[J]．上海经济研究，2019（2）：110-118.
[160] 赵伟，古广东，何元庆．外向 FDI 与中国技术进步：机理分析与尝试性实证[J]．管理世界，2006（7）：53-60.
[161] 赵文军，于津平．贸易开放、FDI 与中国工业经济增长方式——基于 30 个工业行业数据的实证研究[J]．经济研究，2012，47（8）：18-31.
[162] 郑强，冉光和，邓睿，等．中国 FDI 环境效应的再检验[J]．中国人口·资源与环境，2017，27（4）：78-86.
[163] 郑月明．基于环境污染综合指数分析 FDI 的生态环境效应[J]．经济研究导刊，2019（2）：51-52.
[164] 周杰琦，汪同三．FDI、要素市场扭曲与碳排放绩效——理论与来自中国的证据[J]．国际贸易问题，2017（7）：96-107.
[165] 周杰琦，梁文光，张莹，等．外商直接投资、环境规制与雾霾污染——理论分析与来自中国的经验[J]．北京理工大学学报（社会科学版），2019（1）：1-13.
[166] 周力，应瑞瑶．外商直接投资与工业污染[J]．中国人口·资源与环境，2009，19（2）：42-50.
[167] 周力，庞辰晨．中国对外直接投资的母国环境效应研究——基于区域差异的视角[J]．中国人口·资源与环境，2013，23（8）：131-139.

[168] 周燕，王传雨．我国外商直接投资产业结构转变效应实证分析[J]．中国软科学，2008（3）：148-152.
[169] 朱平芳，张征宇，姜国麟．FDI与环境规制：基于地方分权视角的实证研究[J]．经济研究，2011，46（6）：133-145.

环境损害鉴定评估与赔偿丛书

生态环境损害赔偿与鉴定评估 200 问

赵 丹 於 方 齐 霁 徐伟攀 田 超 等编著

中国环境出版集团·北京

图书在版编目（CIP）数据

生态环境损害赔偿与鉴定评估200问 / 赵丹等编著. 北京 : 中国环境出版集团, 2024. 10. -- ISBN 978-7-5111-6063-8

Ⅰ. D922.683.4; X55

中国国家版本馆CIP数据核字第2024E6N272号

责任编辑 宾银平
封面设计 彭 杉

出版发行 中国环境出版集团
（100062 北京市东城区广渠门内大街 16 号）
网 址：http://www.cesp.com.cn
电子邮箱：bjgl@cesp.com.cn
联系电话：010-67112765（编辑管理部）
发行热线：010-67125803，010-67113405（传真）

印 刷 玖龙（天津）印刷有限公司
经 销 各地新华书店
版 次 2024 年 10 月第 1 版
印 次 2024 年 10 月第 1 次印刷
开 本 787×960 1/16
印 张 7.75
字 数 120 千字
定 价 49.00 元

“环境损害鉴定评估与赔偿丛书”指导委员会

“环境损害鉴定评估与赔偿丛书”编写委员会

《生态环境损害赔偿与鉴定评估 200 问》

编 著 者

赵　丹　於　方　齐　霁　徐伟攀

田　超　郭培培　张衍燊　张志宏

马依伊　王鲲鹏

总　序

积极推进环境损害鉴定评估与赔偿制度的建立

改革开放以来，我国创造了现代世界经济发展的奇迹，但是发达国家上百年发展出现的环境问题，近年来在我国出现集中式爆发增长，环境污染损耗着我国经济社会赖以发展的自然资源与生态环境，社会经济的可持续发展面临着前所未有的压力。环境管理长期处于“头痛医头、脚痛医脚”的被动管理、应急管理状态，与我国面临的经济社会形势及其对环境保护工作的要求很不适应。

国外针对经济发展带来的资源环境问题，建立了严格的环境损害赔偿与责任追究制度。充分借鉴发达国家开展环境损害赔偿的实践经验，基于我国当前的环境形势和社会经济发展阶段特征，构建符合我国国情的环境损害赔偿制度，对于提高违法成本、抑制恶性环境事件发生、确保受损害的公私权益得到有效保障，维护社会与环境公平正义、大力推进生态文明建设和促进社会和谐发展具有重要的现实意义和深远的历史意义。

（一）国家环境安全形势严峻，环境损害赔偿不到位

受自然条件、历史原因及发展阶段等多种因素影响，我国生态环境总体脆弱。随着过去 40 年来我国工业化、城市化进程的加快，我国逐步进入了生态环境高风险时期，环境污染和生态破坏日益严重。部分地区人口、产业发展严重超过资源与环境承载力，

北方地区水资源过度开发现象普遍，水资源减少与质量恶化同步出现；环境空气质量普遍超标，雾霾等重污染天气趋于常态化；工矿业等产业活动聚集，工业废物与垃圾管理滞后，造成土壤环境质量急剧恶化；人与野生动植物争夺发展空间矛盾突出，自然生态系统严重退化；高环境风险企业布局性、结构性问题显著，环境监测预警与应急响应能力不足，突发环境事件高发。特别是近年来，我国突发环境事件呈现出事件原因复杂、污染物质多样、影响地域敏感、影响范围扩大的趋势。根据历年环境统计年报，2006—2024 年，我国共发生突发环境事件 7 017 起。近年来接连发生的腾格里沙漠环境污染事件、天津港"8 · 12"瑞海公司危险品仓库特别重大火灾爆炸事故、陇星锑业尾矿库尾砂泄漏事件、黑龙江伊春鹿鸣矿业尾矿砂泄漏事件、江苏响水"3 · 21"特别重大爆炸事故、青海木里矿区非法开采生态破坏事件等，引起了社会各界的高度关注和环境监管部门的高度重视。

虽然在几十年的环境管理实践中，已经尝试加大违法行为的罚款力度、实行按日计罚、提高排污收费标准和积极引入司法力量介入环境保护，但依然存在行政处罚偏轻、行政强制手段不足、环境犯罪与民事赔偿制度衔接不顺畅、寻求环境司法救济途径难和生态环境损害获赔难等问题。例如，2010 年福建紫金矿业紫金山铜矿湿法厂渗漏事故造成约 9 100 m^3 含铜酸性污水进入汀江，致使 185 万 kg 鱼类死亡和部分下游水厂停水，仅被判处罚金 3 000 万元，由于环境责任追究力度太弱，造成罚款当日紫金矿业的股票立即涨停。2015 年发生天津港"8 · 12"瑞海公司危险品仓库特别重大火灾爆炸事故，由于责任企业在事故后不复存在，事故处置期间的环境应急处置费用与后期高昂的土壤与地下水环境修复费用只能由政府埋单。

实践表明，仅仅依靠罚款或者其他惩罚性措施无法完全实现责任方的环境责任承担，确保受损环境的足额赔偿和完全恢复。究其原因，历史上，我国法律在环境责任和环境损害赔偿等方面规定的不完善以及环境损害赔偿机制的缺失，在一定程度上影响了污染者付费原则的有效落实。长期以来，环境管理面临的"守法成本高、违法成本低"顽疾没有得到根本性解决，现实中环境污染造成的私益损害赔偿不到位，环境公益损害赔偿与修复没有得到落实，不仅使环境事件演变成社会群体性事件，影响社会政治稳定，还使国家生态环境安全受到威胁，影响国家可持续发展能力。

（二）党和国家高度重视生态环境损害赔偿工作，相关立法近年来取得长足进步

我国环境损害赔偿存在着人身财产损害赔偿不足、生态环境损害赔偿缺失的问题。为切实保护人身财产权利和生态环境利益，党和国家领导人多次在党和国家的重要纲领性文件中强调建设生态文明、建立健全环境损害赔偿制度。环境法理论和实务界人士也对环境损害赔偿制度的构建进行了诸多有价值的思考和探讨，推进了我国环境立法和司法的发展。

国务院早在2005年颁布的《关于加强环境保护的若干决定》中就明确指出："要抓紧拟定生态保护、生物安全和环境损害赔偿等方面的法律法规，研究环境保护法等法律法规的修订。司法机关要加强各类环境案件的审理，充分发挥惩治环境犯罪和化解环境纠纷的作用。国家为污染受害者提供环境法律援助。通过修改和完善相关法律，建立环境民事和行政公诉制度，明确民事和行政公诉的相应程序。"2008年修订的《中华人民共和国水污染防治法》强化了环境污染损害赔偿责任相关条款。2010年7月1日施行的《中华人民共和国侵权责任法》设专章规定了"环境污染责任"，2012年修订通过的《中华人民共和国民事诉讼法》为提起环境公益诉讼提供了法律依据。

2014年，全国人大常委会审议通过《中华人民共和国环境保护法》，规定了环境污染和生态破坏承担侵权责任，并明确了环保组织为环境民事公益诉讼主体。2015年，最高人民法院出台了关于审理环境民事公益诉讼和环境侵权纠纷案件的司法解释，分别对生态环境损害修复与赔偿责任承担及其诉讼程序进行了规定，对环境损害导致的人身财产损害赔偿因果关系认定、举证责任倒置等问题进行了完善。2015年，中共中央办公厅、国务院办公厅印发了《生态环境损害赔偿制度改革试点方案》，对生态环境损害赔偿内容范围、责任主体、索赔主体、磋商与诉讼程序，以及环境损害评估、资金保障和公众参与等配套制度进行了框架性的规定，对建立健全我国生态环境损害赔

偿制度进行了探索。2017 年中共中央办公厅、国务院办公厅在前期试点基础上，印发了《生态环境损害赔偿制度改革方案》，决定在全国范围内试行生态环境损害赔偿制度。2019 年 6 月，最高人民法院发布《关于审理生态环境损害赔偿案件的若干规定（试行）》，为畅通生态环境损害赔偿诉讼途径提供了有力的司法保障。2020 年，《中华人民共和国民法典》颁布，从民事基本法律上明确了国家规定的机关行使生态环境损害赔偿的相关权利。另外，《中华人民共和国固体废物污染环境防治法》的修订也确定了赔偿权利人与赔偿义务人进行生态环境损害赔偿磋商的规则。

（三）环保、海洋、农业等部门着力推进，环境损害鉴定评估技术体系初步建立

我国学术界从 20 世纪 70 年代开始进行关于环境损害评估的研究与计算，但当时所说的“损害评估”多集中于国家与区域层面的环境污染与生态破坏所导致的宏观经济损失评估，对于污染事件导致环境损害评估的研究起步相对较晚，从 80 年代开始关注溢油导致海洋生态损害的研究。在国家层面，生态环境部、原国家海洋局、农业农村部、司法部等分别从本部门的职能出发，制定了环境损害鉴定评估相关的技术导则或规定，规范了环境损害鉴定评估工作的开展。

原农业部针对农业环境污染事故，于 2007 年发布了《农业环境污染事故损失评价技术准则》（NY/T 1263—2007），该标准适用于污染事故对种植业、畜禽养殖业造成的经济损失的计算，但对评估程序、评估范围等还缺乏配套的规定。2014 年发布了《农业环境污染事故司法鉴定经济损失估算实施规范》（SF/Z JD0601001—2014），规定了农业环境污染事故引起的农产品、农业环境及其他财产损失的估算范围、现场调查、估算方法及其适用条件、误差分析与控制。针对渔业水域污染事故对天然渔业资源、渔业养殖生物和渔业生产造成的经济损失评估，原农业部于 2008 年制定了《渔业污染事故经济损失评价方法》（GB/T 21678—2008）。此外，原农业部渔业局还发布了《污染死鱼调查方法（淡水）》等相关技术性文件。

原国家海洋局于 2007 年制定并发布了《海洋溢油生态损害评估技术导则》，用于

规范在中华人民共和国管辖的海域内发生的海洋溢油事件的生态损害评估工作，该标准规定了海洋溢油对海洋生态损害的评估程序、评估内容、评估方法和要求。2013年8月，原国家海洋局发布的《海洋生态环境损害评估技术指南（试行）》替代了该技术导则。国家标准化管理委员会组织制定了《海洋生态损害评估技术导则　第1部分：总则》（GB/T 34546.1—2017）和《海洋生态损害评估技术导则　第2部分：海洋溢油》（GB/T 34546.2—2017）规定了海洋生态损害的评估程序、评估内容、评估方法和要求。从已经发布的技术文件来看，各部门各有侧重，关于损害范围的界定与评估方法有所差别。

生态环境部环境规划院基于"环境损害评估"（2011—2015年）财政项目，结合环境损害评估试点工作的实际需求，于2011年起草了《环境污染损害数额计算推荐方法（第Ⅰ版）》及其编制说明，对环境污染损害做出了比较全面的定义，即环境污染行为直接造成的区域生态环境功能和自然资源破坏、人身伤亡和财产损毁及其减少的实际价值，也包括为防止污染扩大、污染修复和（或）恢复受损生态环境而采取的必要的、合理的措施而发生的费用，在正常情况下可以获得利益的丧失，污染环境部分或完全恢复前生态环境服务功能的期间损害。该定义在各有关部门颁布的技术性文件中首次提出要对环境污染修复期间的环境服务功能的损害进行计算赔偿，并在编制说明中对计算方法做了阐释。2014年，根据原环境保护部的要求，环境规划院组织对《环境污染损害数额计算推荐方法（第Ⅰ版）》进行了修改完善，2014年10月24日，原环境保护部发布了《环境损害鉴定评估推荐方法（第Ⅱ版）》。2016年，原环境保护部印发《生态环境损害鉴定评估技术指南　总纲》和《生态环境损害鉴定评估技术指南　损害调查》两项技术指南，为鉴定评估技术体系奠定了基础；2017年，为指导地方准确使用环境损害鉴定评估推荐方法，研究编制了《关于虚拟治理成本法适用情形与计算方法的说明》；2018年，为深入推动鉴定评估技术的完善，印发了《生态环境损害鉴定评估技术指南　土壤和地下水》；2020年6月印发《生态环境损害鉴定评估技术指南　地表水与沉积物》，初步构建了覆盖全环境要素的生态环境损害鉴定评估技术体系。2020年，印发了《突发环境事件应急处置阶段直接经济损失核定细则》（环应急〔2020〕28

号)，进一步明确直接经济损失核定的要求。

2020年12月，生态环境部联合国家市场监督管理总局发布了《生态环境损害鉴定评估技术指南　总纲和关键环节　第1部分：总纲》等6项国家推荐标准。2022年，发布了首个生态系统损害评估指南《生态环境损害鉴定评估技术指南　森林（试行）》（环法规〔2022〕48号）。2024年发布了《生态环境损害鉴定评估技术指南 总纲和关键环节　第3部分：恢复效果评估》等3项国家推荐标准。截至目前，已初步形成包含9项国家推荐标准和4项现行有效技术文件在内的生态环境损害鉴定评估标准体系。

（四）环境损害鉴定评估工作制度初步建立，环境损害鉴定纳入司法鉴定管理范围

司法行政管理、环境保护、资源管理等部门在各自的职责范围内，在环境损害鉴定评估领域进行了有益的探索和实践。但在环境损害鉴定评估的制度研究探索和鉴定评估实践过程中，存在鉴定机构的法律地位不明确、管理制度不健全、评估程序不明确、技术规范不统一、机构人员资格要求缺位等一系列阻碍环境损害鉴定评估工作顺利开展的问题。

实践中，同时存在环境损害司法鉴定机构、生态环境部推荐的环境损害鉴定评估机构、质检部门和司法行政管理部门认定的微量物证检测机构、海洋行政管理部门管理的海洋环境监测机构、渔政部门管理的渔业资源监测机构、农业部门管理的农业环境检测机构和科研院校等。这些机构间互不统属，缺乏协调统一的管理，由于工作程序和技术标准方法不一致，不同的鉴定评估机构面对同一环境损害纠纷时，鉴定评估结论不一致，司法审理和行政管理面临各种尴尬。

经过对现行法律法规和管理制度的研究，原环境保护部与司法部进行沟通协调，决定共同推动将环境损害鉴定评估纳入司法鉴定管理体系。经过前期大量研究，在两部门以及其他相关部门的共同努力下，2016年1月8日，最高人民法院、最高人民检察院、司法部联合印发了《关于将环境损害司法鉴定纳入统一登记管理范围的通知》，

司法部、原环境保护部联合印发了《关于规范环境损害司法鉴定管理工作的通知》，就环境损害司法鉴定实行统一登记管理和规范管理环境损害司法鉴定工作作出了明确规定。环境损害司法鉴定成为法医、物证和声像资料传统三大类司法鉴定外，第一项正式纳入第四类司法鉴定的业务。自此，环境损害司法鉴定有了开展工作的依据。随后，司法部和原环境保护部相继印发了《关于规范环境损害司法鉴定管理工作的通知》《环境损害司法鉴定机构登记评审办法》《环境损害司法鉴定机构登记评审专家库管理办法》《环境损害司法鉴定机构登记评审细则》《环境损害司法鉴定执业分类规定》，建立了“全国环境损害司法鉴定专家库专家名单（国家库）”，加强了环境损害司法鉴定的规范化管理。

截至2024年，生态环境部共发布三批生态环境损害鉴定评估推荐机构名单，覆盖42家单位；全国经司法行政机关登记管理的环境损害司法鉴定机构287家，鉴定人5 098名。生态环境损害鉴定评估推荐机构和环境损害司法鉴定机构为各地环境损害案件办理提供了重要支撑。

（五）环境损害赔偿与鉴定评估基础薄弱，环境损害赔偿工作任重道远

我国目前在环境损害鉴定评估与赔偿的研究和实践方面仍然处于发展阶段，法律制度、工作机制、技术方法体系与资金保障制度还有很大的建设空间。在法律方面，我国目前生态环境损害的系统化法律规定还有待完善；在工作方面，生态环境损害赔偿磋商与鉴定评估工作机制还有待进一步健全；在技术方面，相关部门尚未完全形成统一规范的评估程序与技术导则；在资金保障方面，环境损害赔偿资金保障制度有待进一步完善，环境损害赔偿与生态恢复工作仍存在障碍；在实践层面，部分环境损害鉴定评估机构还不能掌握或灵活使用国外广泛采用的环境资源价值评估法与等值分析法，评估结论的可靠性存在疑问。

在我国开展环境损害鉴定评估与生态环境损害赔偿工作，应结合当前我国面临的主要环境损害问题，以切实服务于我国环境管理与环境司法实际需求为目标，吸取发达国家和地区开展这项工作的经验和教训，探索与我国立法、司法、执法与管理体系

相适应的环境损害鉴定评估与赔偿工作路径。

在立法方面，应该通过专门立法或修订现有法律，进一步明确生态环境损害的内涵与外延，完善环境损害鉴定评估制度，明确相关部门的工作职责，为环境损害赔偿与鉴定评估工作的开展提供明确系统的法律依据。其中应特别加强环境责任立法，树立生态价值损害理念，弥补生态环境损害赔偿缺漏，建立以“严格、追溯和连带责任”为原则的责任主体认定方式，对过去和现在的场地所有者、使用者、贷款者、运输者等追究责任。在工作机制方面，应进一步探索生态环境损害赔偿磋商制度与民事诉讼制度的衔接，明确生态环境损害赔偿的工作机制，研究服务于行政管理的环境损害评估与服务于司法的环境损害司法鉴定之间的关系，明确环境损害鉴定评估机构与专家的资质条件，提高生态环境损害鉴定评估与赔偿工作的执行效率。在技术体系方面，应重视技术方法的顶层设计，制定生态环境损害鉴定评估技术标准体系建设规划，分别从总纲和关键环节、环境要素、生态系统、基础方法、污染物性质鉴定、应用领域等维度制定标准，逐步形成术语统一、专业科学、合理有效的环境损害鉴定评估执行标准与技术方法体系；同时，要注重基础科学研究与环境监测能力的提高，逐步建立环境损害鉴定评估方法库、知识库、案例库，为形成环境损害鉴定评估工作能力奠定基础。在资金保障方面，可参照国际经验建立多样化的环境风险预防、赔偿和修复的资金机制：一是针对突发性的重大环境污染或生态破坏事件建立企业赔偿与修复责任专项资金；二是通过征收行业环境税费等方式，针对特定高环境风险行业的损害赔偿与修复，建立风险性赔偿与修复资金；三是针对历史遗留问题，以政府财政投入、社会捐助和企业赔偿金等作为筹资渠道建立公共补偿性的环境损害赔偿与修复的资金机制；四是建立金融部门主导的资金机制和市场自由认购型的环境损害赔偿与修复的资金机制，综合利用环境责任保险、环境修复债券、PPP等市场化的融资方式保障赔偿与修复资金。

（六）充分学习国外先进经验，编制适应我国国情的环境损害鉴定评估与赔偿丛书

发达国家在自身环境保护发展历程中逐渐形成了独特的环境损害评估制度，将环境损害相关立法及管理模式、损害评估方法与技术导则、资源环境价值理念和自然文化传统融为一体，演进出健全的资源环境保护和环境权益保障体系。

作为世界上对环境损害问题施行严厉追究制度的国家之一，美国通过实际案例评估工作经验的积累，构建了一套完整的自然资源环境损害评估制度。在法律方面，形成了以《超级基金法》《油污法》《清洁水法》为基本框架的环境损害赔偿与责任追究立法体系，对自然资源损害评估工作程序与适用方法做出原则性规定；在工作方面，形成了以内政部（DOI）和国家海洋与大气管理局（NOAA）为主，农业部、环保局等联邦和州相关部门为辅的自然资源损害评估委托方，具体评估工作由具备损害评估能力的咨询公司或高校、科研机构承担；在技术方面，DOI 与 NOAA 评估规则构成了美国自然资源损害评估的基本框架，首次提出了考虑自然资源恢复到基线状态之前的“期间损失”、以将生态环境损害恢复至基线状态为最终目标的替代等值分析法；在资金保障方面，污染场地超级基金、石油信托责任基金、清洁水基金等为赔偿与修复的主要资金来源。美国的自然资源损害评估经验已经比较成熟并广泛为世界其他地区所借鉴。

欧盟目前施行的环境责任指令及 REMEDE 技术框架主要吸取了美国法律和技术方法的经验，同时克服了美国法律制度中的一些缺点。在法律方面，环境责任指令是欧盟指导成员国进行环境责任界定与开展自然资源损害评估的核心法律，传统损害赔偿由各国法律调整；在工作方面，各成员国根据各国法律体系组织实施；在技术方面，正在开发 REMEDE 项目，尝试建立自然资源损害评估模型库、方法库与案例库；在资金保障方面，欧盟国家似乎更青睐于环境责任保险制度，欧盟环境责任指令要求环境责任保险同时承担传统损害赔偿和环境污染治理费用。

20 世纪日本在应对环境公害事件的 50 多年的历程中，针对健康损害和矿山修复

形成了自己独特的责任与赔偿制度。在法律方面，针对健康损害，经历了从仅赔付医疗费用（60年代）、到赔付医疗和福利事业费（70年代）、再到损害预防（80年代）的法律制度演变，针对矿区破坏修复，出台了《金属矿业等矿害对策特别措施法》，要求对矿区进行污染治理与生态恢复；在工作方面，建立了中央制定规则、地方具体开展损害与赔偿标准认定的工作机制；在技术方面，确定了“指定地区—指定疾病—暴露期限”三要件损害认定标准，不完全科学但操作性好；在资金保障机制方面，日本针对巨额健康损害赔偿费用，创造性地建立了行政救济补偿制度，针对矿区恢复建立了矿害防止公积金与事业基金制度，保证损害得到快速及时赔偿。

系统学习这些发达国家的先进经验对于完善我国环境损害评估与赔偿制度具有重要的参考价值，我们从立法、工作机制、技术和资金保障4个维度对环境损害鉴定评估与赔偿的国内外经验进行梳理，系统介绍国内外相关案例，结合我国环境损害鉴定评估与赔偿工作进程，将技术体系、工作机制等方面的最新学术与工作成果编纂成这套“环境损害鉴定评估与赔偿丛书”，与读者共享并敬请指正。

我作为这项工作的启动者、亲历者与旁观者，见证了环境损害鉴定评估与赔偿工作的艰苦历程，对以生态环境部环境规划院为主、相关部门领导与机构参与的丛书编写人员致以敬意。从2007年启动环境损害鉴定评估与赔偿研究工作以来，得到了最高人民法院、最高人民检察院、公安部、司法部、自然资源部、农业农村部等有关部门的大力支持和帮助。在生态环境部法规与标准司、环境应急与事故调查中心等相关部门的指导下，由生态环境部环境规划院联合最高人民法院应用法学研究所、清华大学、中国人民大学、中国政法大学、中央财经大学、中国科学院南京土壤研究所、中国科学院烟台海岸带研究所、中国科学院资源与地理科学研究所、中国环境监测总站、中国环境科学学会等相关单位共同开展制度体系、技术标准、实际案例的研究，吉林、江苏、山东、湖南、重庆、贵州、云南等地方生态环境部门积极推进生态环境损害赔偿改革试点工作。在工作中得到了最高人民法院环境资源审判庭与研究室、最高人民检察院第八检察厅、司法部公共法律服务管理局、原农业部渔政局等单位领导，以及国务院发展研究中心、中国环境科学研究院、北京大学、清华大学、中央财经大学、中国科学院生态环境研究中心、华东师范大学、华中科技大学、北京市环境保护科学研究院等科研院所与高校专家的指导和帮助。

本丛书的出版得到了财政项目“环境污染事故经济损失评价标准与赔偿机制”（2007—2009）、“环境损害评估”（2011—2019）、“生态环境损害赔偿评估体系建设”（2020—2024）、“环境损害鉴定评估与生态恢复重点实验室建设”（2022—2024）、“突发水污染事件环境损害鉴定评估技术方法体系研究”（环保公益，2013—2015）、“环境污染事件损害评估调查技术规范（国家环保标准）”（财政，2013—2015）、“环境污染损害鉴定评估技术指南——总纲（国家环保标准）”（2013—2015）、“跨界重大环境污染事件综合协调技术子课题”（863 课题，2009—2010）、“污染土壤及场地修复技术集成与综合管理体系”（863 课题，2013—2016）、“流域水污染事件损害赔偿法律制度研究”（水专项，2013—2015）、“环境污染事故损失核定技术与鉴定机制——一期和二期”（中意合作，2008—2011）、“生态环境污染损害评估技术总结与案例研究”（中美合作，2010—2011）、“基于血铅指标的铅污染事件健康损害鉴定评估技术框架设计”（原环境保护部环境规划院基金，2011—2013）“公益诉讼领域环境损害鉴定关键技术及方法研究”（2020—2022，国家重点研发计划课题）、“土壤与地下水环境损害量化关键技术与不确定性分析方法研究”（2021—2024，自然科学基金）、“复杂场地多源耦合下的土壤重金属污染多因果关系证据链构建”（2024—2026，自然科学基金）、“石化污染场地生态环境损害评估与恢复关键技术研究”（2022—2025，地方专项）等项目的资金支持。

感谢中国环境出版集团的陈金华、宾银平女士精心组织丛书选题和编辑工作。本套丛书的出版要特别感谢参加原环境保护部环境损害鉴定评估第一批试点的地方政府和科研人员，他们是环保系统开展环境损害鉴定评估研究的第一批实践者和贡献者，与我们共同经历了欣喜、压力、辛酸和无奈，同时也要感谢全国生态环境损害赔偿制度改革与环境公益诉讼制度改革的各级地方政府、司法工作者，你们辛勤的工作为环境损害鉴定评估与赔偿提供了坚实的基础和技术方法的验证。此外，在环境损害鉴定评估与赔偿研究项目的开展与实践过程中，有很多领导、法官、专家学者、律师、NGO 工作人员给予了高度的关注和支持，他们积极参与了工作框架、技术方法、研究报告的咨询、论证和指导工作，对我们的工作给予了极大的鼓励；同时，也有不少专家提出了不同的、有益的、反对的意见。在此无法一一列举他们的名字，正是这些鼓励和反对的意见，使得这项工作辩证前行，让我们更加客观审慎地看待我们的工作研究成果，更加认真努力地投入相关课题的研究工作。

由于时间限制和水平有限，本丛书难免有错误或不当之处，欢迎同行、读者与本书的主编联系（yufang@caep.org.cn），提出批评、给予指正。我们期望与大家共同为探索形成我国的环境损害鉴定评估与赔偿体系贡献一份力量，也期望更多的同行加入"环境损害鉴定评估与赔偿丛书"的编写工作，共享工作与研究成果。

前　言

2012 年党的十八大明确提出“健全生态环境保护责任追究制度和环境损害赔偿制度”。2015 年 4 月中共中央、国务院出台的《关于加快推进生态文明建设的意见》中要求“建立独立公正的生态环境损害评估制度”。2015 年 9 月中共中央、国务院印发的《生态文明体制改革总体方案》中提出“严格实行生态环境损害赔偿制度，……健全环境损害赔偿方面的法律制度、评估方法和实施机制”。随着 2015 年 12 月《生态环境损害赔偿制度改革试点方案》的发布，生态环境损害赔偿作为生态文明体制改革的一项重要制度正式确立。2017 年《生态环境损害赔偿制度改革方案》发布，生态环境损害赔偿制度开始在全国试行。《关于推进生态环境损害赔偿制度改革若干具体问题的意见》以及《生态环境损害赔偿管理规定》的发布，使得生态环境损害赔偿制度进一步完善和优化，目前已经初步实现了“责任明确、途径畅通、技术规范、保障有力、赔偿到位、修复有效”的制度建设目标。按照党的二十届三中全会和《中共中央　国务院关于全面推进美丽中国建设的意见》的要求，下一步将继续“统筹推进生态环境损害赔偿”。

为了支撑生态环境环境赔偿制度改革，按照《生态环境损害赔偿制度改革方案》《关于推进生态环境损害赔偿制度改革若干具体问题的意见》《生态环境损害赔偿管理规定》要求，生态环境部持续开展生态环境损害鉴定评估标准体系建设。目前已经初步建立了覆盖总纲和关键环节、环境要素、生态系统、基础方法、污染物性质鉴别五个维度的技术标准体系，包含 9 项国家推荐标准和 4 项技术文件。按照相关技术标准规范，全国生态环境损害鉴定评估推荐机构和环境损害司法鉴定机构开展了大量案例实践。根据对生态环境损害赔偿改革进展报送系统数据的统计，截至 2024 年 11 月，全国共办理件生态环境损害赔偿案件 48 266 件，涉及土壤 25 212 万 m^3，地下水 6 157 万 m^3，地表水 98 667 万 m^3，沉积物 97 120 万 m^3，农田 23 928 万 m^2，森林 16 776 万 m^2，草原 54 495 万 m^2，湿地 534 万 m^2，固体废物 9 731 万 t，赔偿金额共计 317.636 3 亿元。从实践来看，目前损害赔偿相关制度以及损害鉴定评估相关标准规范仍存在部分覆盖不够全面、要求不够明确、规定不够细化的问题，一定程度上影响了损害评估和赔偿工作的高效开展。

本书围绕生态环境损害鉴定评估和赔偿工作从业人员在生态环境损害赔偿与环境公益诉讼制度落实、环境损害司法鉴定、不同生态环境要素损害鉴定评估、突发环境事件生态环境损害鉴定评估等工作中遇到的重点、难点问题，依据现有法律法规和标准规范中的要求，基于作者所在团队的研究基础和工作经验，结合专家咨询研讨提出的意见建议，对这些问题给出了相应的解答。希望对司法部门、行政管理部门、鉴定评估机构以及相关科研单位、高校等单位和个人的研究和实践工作有所帮助。由于生态环境损害赔偿制度不断完善，生态环境损害鉴定评估技术方法日渐成熟，标准规范逐渐健全，这个过程也会有很多新的问题出现，我们会在后续工作中以合适的形式对这些问题进行解答。

参与本书编写的除封面作者以外，生态环境部环境规划院生态环境风险损害鉴定评估研究中心的郭培培副研究员、张衍燊副研究员、张志宏高级工程师、马依伊、王鲲鹏等人对本书的部分章节也有贡献。

由于本书涉及内容广泛，难免存在不足或遗漏之处，敬请读者批评指正。

目　录

一、生态环境损害赔偿与环境公益诉讼制度改革

（一）索赔主体和适用范围

1．提起生态环境损害赔偿诉讼的主体是省级、市地级政府还是具体索赔的工作部门？行政机关能否以自己的名义开展生态环境损害赔偿的索赔工作？

提起生态环境损害赔偿诉讼的主体可以是省级、市地级政府，也可以是具体索赔的工作部门。行政机关可以以自己的名义开展生态环境损害赔偿。根据《生态环境损害赔偿制度改革方案》（中办发〔2017〕68号）的规定，省级、市地级政府可指定相关部门或机构负责生态环境损害赔偿具体工作。同时，根据相关司法解释、《生态环境损害赔偿管理规定》（环法规〔2022〕31号）及各地实施方案的规定，省级、市地级政府及被指定的行政机关都可以以自己的名义开展索赔工作，包括调查、磋商和起诉。

2．省域内跨市地的生态环境损害，由省级政府管辖。跨省域的生态环境损害，应如何处理？

根据《生态环境损害赔偿制度改革方案》（中办发〔2017〕68号）、《生态环境损害赔偿管理规定》（环法规〔2022〕31号）等文件的规定，跨省域的生态环境损害，由损害地相关省级政府共同管辖，相关省级政府应加强沟通联系，协商开展赔偿工作。

3．生态环境损害案件发生后，如何确定赔偿具体工作的部门？

赔偿权利人可以根据《生态环境损害赔偿制度改革方案》（中办发〔2017〕68号）、《生态环境损害赔偿管理规定》（环法规〔2022〕31号）和各地实施方案，按照相关部门职能指定生态环境、自然资源、住房和城乡建设、水利、农业农村、林业和草原等相关部门或机构负责生态环境损害赔偿的具体工作。

4．行政机关可以从哪些渠道发现案件线索？

根据《生态环境损害赔偿管理规定》（环法规〔2022〕31号）的要求，行政机关可以通过10种途径[①]发现生态环境损害赔偿案件的线索，如突发生态环境事件，资源与环境行政处罚案件，涉嫌构成破坏环境资源保护犯罪的案件，在生态保护红线等禁止开发区域、国家和省级国土空间规划中确定的重点生态功能区发生的环境污染、生态破坏事件，资源与环境专项行动发现的案件线索，信访投诉、举报和媒体曝光的案件线索等。

---

①《生态环境损害赔偿管理规定》第十五条　赔偿权利人应当建立线索筛查和移送机制。

赔偿权利人指定的部门或机构，应当根据本地区实施方案规定的任务分工，重点通过以下渠道定期组织筛查发现生态环境损害赔偿案件线索：

（一）中央和省级生态环境保护督察发现的案件线索；

（二）突发生态环境事件；

（三）资源与环境行政处罚案件；

（四）涉嫌构成破坏环境资源保护犯罪的案件；

（五）在生态保护红线等禁止开发区域、国家和省级国土空间规划中确定的重点生态功能区发生的环境污染、生态破坏事件；

（六）日常监管、执法巡查、各项资源与环境专项行动发现的案件线索；

（七）信访投诉、举报和媒体曝光涉及的案件线索；

（八）上级机关交办的案件线索；

（九）检察机关移送的案件线索；

（十）赔偿权利人确定的其他线索渠道。

5．在什么情况下应该启动生态环境损害赔偿？启动标准发生了哪些变化？生态环境损害赔偿与环境行政处罚、刑事案件处罚之间的关系是怎样的？

根据《中华人民共和国民法典》的规定，违反国家规定造成生态环境损害的，均应提起生态环境损害赔偿。

在《中华人民共和国民法典》施行前，生态环境损害赔偿根据《生态环境损害赔偿制度改革方案》（中办发〔2017〕68号）的规定，主要有三类情形启动赔偿：一是发生较大及以上突发环境事件的；二是在国家和省级主体功能区规划中划定的重点生态功能区、禁止开发区发生环境污染、生态破坏事件的；三是发生其他严重影响生态环境后果的。各地区应根据实际情况，综合考虑造成的环境污染、生态破坏程度以及社会影响等因素，明确具体情形。因此，各地根据自身实际情况可以在规定范围内自主明确启动标准①。在《中

① 如：《北京市生态环境损害赔偿制度改革工作实施方案》补充了在北京市生态保护红线区发生环境污染、生态破坏事件的以及“在国家和市级主体功能区规划中确定的重点生态功能区、禁止开发区以及本市生态保护红线区以外的其他地区直接导致区域大气、水、土壤等环境质量等级下降，或造成耕地、林地、绿地、湿地、饮用水水源地等功能性退化的”情形。

《上海市生态环境损害赔偿制度改革实施方案》中补充了“3.上海市生态保护红线范围内（禁止开发区以外的陆域）发生一般及以上突发环境事件的；4.违法排放污染物，造成生态环境严重损害，导致耕地、森林、绿地、滩涂、湿地、渔业水域及其他水资源等基本功能丧失或者其他严重后果的；5.其他生态环境严重损害行为，检察机关提出索赔建议或者赔偿权利人认为有必要提起生态环境损害赔偿的”等情形。

《河北省生态环境损害赔偿制度改革实施方案》补充了“3.受到环境污染或生态破坏导致国家重要水功能区水质下降或不达标、饮用水水源水质下降的；4.因污染或生态破坏致使基本农田、国有防护林地、特种用途林地5亩以上，一般农田10亩以上，国有草原或草地20亩以上基本功能丧失或遭受永久性破坏的；致使国有森林或其他林木死亡50立方米以上，或幼树死亡2 500株以上的；5.向环境非法排放、倾倒和处置有放射性的废物、含传染病病原体的废物、有毒物质或其他危险废物，造成严重生态环境损害的”等情形。

《浙江省生态环境损害赔偿制度改革实施方案》中补充了“3.在我省生态保护红线陆域范围内发生环境污染、生态破坏事件的；4.涉嫌环境污染犯罪，造成生态环境严重损害的”等情形。

《广东省生态环境损害赔偿工作办法（试行）》中补充了“涉嫌破坏环境资源保护罪，存在后果特别严重、情节严重或者数量巨大等情形的”等情形。

《甘肃省生态环境损害赔偿制度改革实施方案》中补充了“（3）在自然保护区、森林公园、地质公园、湿地公园、风景名胜区、世界文化和自然遗产地发生严重环境污染或生态破坏的；（4）向环境（大气、地表水、地下水、土壤等）非法排放污染物（含有放射性的废物、传染病病原体的废物、有毒物质、危险废物等），造成生态环境损害的；（5）因污染或生态破坏致使基本农田、防护林地、特种用途林地5亩以上，农用地10亩以上，草原20亩以上基本功能丧失或者遭受永久性破坏的；致使国有森林或者其他林木死亡50立方米以上，或者幼树死亡2500株以上的；（6）公民、法人和其他组织举报要求提起生态环境损害赔偿，赔偿权利人认为有必要启动赔偿程序的”等情形。

综合来看，各地在细化“其他严重影响生态环境后果的情形”时，主要考虑了“①发生在生态保护红线内；②发生在自然保护区、森林公园、地质公园、湿地公园、风景名胜区、世界文化和自然遗产地内；③涉及环境污染犯罪或破坏环境资源保护罪；④导致区域大气、水、土壤等环境质量等级下降，或造成耕地、林地、绿地、湿地、饮用水水源地等功能性退化；⑤损害达到特定规模（如基本农田、防护林地、特种用途林地5亩以上，农用地10亩以上，草原20亩以上，国有森林或者其他林木死亡50立方米以上，或者幼树死亡2 500株以上）”等情形。

华人民共和国民法典》施行后，生态环境损害赔偿只要符合“违反国家规定”和“造成生态环境损害”两种情形，就要启动赔偿程序。《生态环境损害赔偿管理规定》（环法规〔2022〕31号）也对此予以了明确。

根据《生态环境损害赔偿制度改革方案》（中办发〔2017〕68号）的规定，赔偿义务人因同一生态环境损害行为需承担行政责任或刑事责任的，不影响其依法承担生态环境损害赔偿责任。同时，《生态环境损害赔偿管理规定》（环法规〔2022〕31号）明确，赔偿义务人积极履行生态环境损害赔偿责任的，依法对其行政、刑事责任予以从轻、减轻或者免予处理。

6．违反国家规定造成生态环境损害的，要承担赔偿责任。如何理解违反国家规定？

违反国家规定是指违反全国人民代表大会及其常务委员会制定的法律和决定，国务院制定的行政法规、规定的行政措施、发布的决定和命令，以及国家颁布的标准规范。

7．破坏环境资源犯罪案件、一般突发环境事件是否一定要开展生态环境损害赔偿？

不一定。开展损害赔偿的标准是以生态环境是否受损进行判断的。通过调查和鉴定如果发现生态环境受到违法违规行为的损害，根据《中华人民共和国民法典》的规定，需要进行赔偿。破坏环境资源犯罪是生态环境损害赔偿案件的重要线索来源，一般情况下，构成犯罪的污染和破坏行为比较恶劣，有可能造成生态环境损害。同理，如果是违法违规造成的一般突发环境事件，存在损害的，也应当追究赔偿责任。

8．接到生态环境损害案件投诉举报后，相关部门不予受理的，该如何处理？

发生生态环境损害案件后，如果承担损害赔偿具体工作的相关部门不受理，可以向赔偿权利人提出。赔偿权利人审查后，认为符合赔偿启动条件的，指定生态环境或其他相关部门办理。

行政机关未启动生态环境损害赔偿程序，或者经过磋商未达成一致，又不提起诉讼的，检察机关根据《人民检察院公益诉讼办案规则》等规定，提起公益诉讼。

（二）调查与鉴定评估

9．生态环境损害调查由什么部门开展？

可由承担环境资源保护监督管理职责的部门开展生态环境损害调查。根据《生态环境损害赔偿管理规定》（环法规〔2022〕31 号）的要求，各地赔偿权利人可以根据相关部门的职能指定生态环境、自然资源、住房和城乡建设、水利、农业农村、林业和草原等相关部门或机构负责生态环境损害赔偿的调查工作。

生态环境损害调查需要注意区分索赔部门开展的调查和鉴定评估机构开展的调查。索赔部门开展的调查是案件情况调查，应当围绕生态环境损害是否存在、受损范围、受损程度、是否有相对明确的赔偿义务人等问题开展；调查结束应当形成调查结论，并提出启动索赔磋商或者终止索赔程序的意见。鉴定评估机构开展的调查是针对污染损害或者生态破坏的科学调查，通过资料收集与分析、人员访谈、现场踏勘、环境监测、问卷调查、生态调查、遥感影像分析等，掌握污染环境或破坏生态行为的事实，调查评估区生态环境质量及其服务功能现状和基线，获取损害程度、范围量化等所需的基础数据。①

① 生态环境损害调查内容可包括：
a）污染环境行为的发生时间和地点，污染源分布情况（如数量和位置），特征污染物种类及其排放情况（如排放方式、排放去向、排放频率、排放浓度和总量等）；
b）破坏生态行为的发生时间、地点、破坏方式、破坏对象、破坏范围以及土地利用或植被覆盖类型改变等情况；
c）评估区环境空气、地表水、沉积物、土壤、地下水、海水等环境质量现状及基线；
d）评估区生态系统结构、服务功能类型的现状及基线；
e）评估区已经开展的污染清除、生态环境恢复措施及其费用；
f）可能开展替代恢复区域的生态环境损害现状和可恢复性。

10. 哪些机构和个人可以承担生态环境损害鉴定评估？什么情况下可以委托专家对生态环境损害进行评估？专家评估要注意什么？专家意见和专家辅助人意见有什么区别？

根据《最高人民法院、最高人民检察院关于办理环境污染刑事案件适用法律若干问题的解释》（法释〔2023〕7号）、《最高人民法院关于审理生态环境损害赔偿案件的若干规定（试行）》、《生态环境损害赔偿管理规定》（环法规〔2022〕31号）等的规定[①]，有三类机构和个人可以开展生态环境损害鉴定评估。一是环境损害司法鉴定机构；二是国务院环境资源保护监督管理部门推荐的机构；三是生态环境损害鉴定评估相关领域的专家。

根据以上相关司法解释规定，在刑事案件中，司法鉴定机构出具鉴定意见，国务院生态环境主管部门、公安部门指定的机构出具报告；生态环境损害赔偿的司法解释明确司法鉴定机构和国务院环境资源保护监督管理部门推荐的机构可以承担生态环境损害鉴定评估；《生态环境损害赔偿管理规定》（环法规〔2022〕31号）和生态环境损害赔偿的司法解释相关内容一致。根据《生态环境损害赔偿管理规定》（环法规〔2022〕31号）的规定，对“损害事实简单、责任认定无争议、损害较小的案件”，可以采用委托专家评估的方式，出具专家意见。安徽[②]、内蒙古[③]等地也在简易评估实践中进行了有益的探索，提出了具体的简易评估标准。

简易评估并不意味着评估程序可以简化，但是由于这类案件损害事实简单、责任认定无争议、损害较小，为了节约时间和经济成本，损害调查和因果关系分析可以相

---

①《最高人民法院关于审理生态环境损害赔偿案件的若干规定（试行）》第十条：“当事人在诉前委托具备环境司法鉴定资质的鉴定机构出具的鉴定意见，以及委托国务院环境资源保护监督管理相关主管部门推荐的机构出具的检验报告、检测报告、评估报告、监测数据等，经当事人质证并符合证据标准的，可以作为认定案件事实的根据。”

②《安徽省生态环境损害赔偿实施办法（试行）》第二十六条：经生态环境损害调查，损害事实清楚，责任认定无争议，损失金额在50万元以下的案件，可以选择采用简易评估认定程序。

③《内蒙古自治区生态环境损害赔偿工作规定（试行）》第二十条：“经生态环境损害调查，损害事实清楚、责任认定无争议、损失金额在50万元以下的案件，可以采用委托专家评估的简易评估认定方式，由专家按照国家生态环境损害鉴定评估技术标准体系要求出具意见，也可以根据与案件相关的法律文书、监测报告等资料对生态损害综合作出认定。评估或者认定意见应不少于3名专家共同出具，专家应当对其意见负责。专家可以从国家和地方成立的相关领域专家库或专家委员会中选取。”

对简化，赔偿数额计算也以虚拟治理成本法居多，可以专家意见的形式出具，但相关内容不可缺少。简易评估有明确的适用范围，不适用于因果关系复杂、生态环境影响较大的案件。

专家辅助人意见和以上所述专家意见不同。根据公益诉讼司法解释的规定，生态环境修复费用难以确定或者确定具体数额所需鉴定费用明显过高的，人民法院可以结合污染环境、破坏生态的范围和程度、生态环境的稀缺性、生态环境恢复的难易程度、防治污染设备的运行成本、被告因侵害行为所获得的利益以及过错程度等因素，并参考负有环境保护监督管理职责的部门的意见、专家意见等，予以合理确定。此时，专家意见属于专家辅助人意见，是帮助法官判定污染环境、破坏生态相关技术问题的专业技术咨询辅助，不属于鉴定评估活动。

11．委托出具专家意见时，如何选择专家，专家的人数如何确定，如何规范专家评估？

根据《生态环境损害赔偿管理规定》（环法规〔2022〕31 号）的要求，专家可以从市地级及以上政府及其部门、人民法院、检察机关成立的相关领域专家库或者专家委员会中选取。内蒙古等部分地区直接规定了专家人数，安徽等地要求成立专家组，因此，专家的人数选取应当根据各地的鉴定评估管理规范确定，建议专家人数为 3 人及以上单数。专家开展评估应当参照鉴定人的工作程序和相应规范要求，并遵守相关鉴定评估技术规范，专家应当对其出具的专家意见负责。

12．赔偿权利人及其指定的部门或机构可以和赔偿义务人共同委托鉴定机构开展损害评估吗？

可以。根据《生态环境损害赔偿管理规定》（环法规〔2022〕31 号）的要求，赔偿权利人及其指定的部门或机构可以自行委托鉴定评估机构，也可以和赔偿义务人协商共同委托鉴定评估机构出具鉴定评估报告，共同委托鉴定更有利于赔偿协议的达成。

（三）索赔程序

13．哪些情形不需要启动生态环境赔偿工作程序？

以下 6 种情形可以不启动生态环境赔偿工作程序：①赔偿义务人已经履行赔偿义务的；②人民法院已就同一生态环境损害形成生效裁判文书，赔偿权利人的索赔请求已被得到支持的诉讼请求所全部涵盖的；③环境污染或者生态破坏行为造成的生态环境损害显著轻微，且不需要赔偿的；④承担赔偿义务的法人终止、非法人组织解散或者自然人死亡，且无财产可供执行的；⑤赔偿义务人依法持证排污，符合国家规定的；⑥其他可以不启动索赔程序的情形。

根据《中华人民共和国民法典》、《生态环境损害赔偿管理规定》（环法规〔2022〕31 号）的规定，发现违反国家规定造成生态环境损害的，就应当启动生态环境损害赔偿工作程序，要求赔偿义务人承担修复和赔偿责任。

14．磋商次数和期限如何规定？

根据《关于推进生态环境损害赔偿制度改革若干具体问题的意见》（环法规〔2020〕44 号）等的规定，磋商期限原则上不超过 90 天，磋商自赔偿权利人及其指定的部门或机构向义务人送达生态环境损害赔偿磋商书面通知之日起算。磋商会议原则上不超过 3 次。

15．司法确认是否需要第三方组织调解？

不需要。根据《最高人民法院关于审理生态环境损害赔偿案件的若干规定（试行）》的规定，经磋商达成赔偿协议的，赔偿权利人与赔偿义务人可以向人民法院申请司法确认，不需要第三方组织调解。

16．磋商不成的情形有哪些？磋商不成的应当如何处理？

根据《关于推进生态环境损害赔偿制度改革若干具体问题的意见》（环法规〔2020〕

44 号）的规定，磋商不成包括以下 5 种情形：一是赔偿义务人明确表示拒绝磋商或未在磋商函件规定时间内提交答复意见的；二是赔偿义务人无故不参与磋商会议或退出磋商会议的；三是已召开磋商会议 3 次，赔偿权利人及其指定的部门或机构认为磋商难以达成一致的；四是超过磋商期限，仍未达成赔偿协议的；五是赔偿权利人及其指定的部门或机构认为磋商不成的其他情形。

磋商不成的，应当及时提起诉讼。

17．什么情况可以终止生态环境赔偿工作程序？

生态环境赔偿终止情形与不启动情形一致，具体见问题 13。

18．生态环境损害赔偿磋商协议是否一定要赔偿权利人签字、盖章？

不一定。根据《生态环境损害赔偿管理规定》（环法规〔2022〕31 号）及《最高人民法院关于审理生态环境损害赔偿案件的若干规定（试行）》的规定，生态环境损害赔偿磋商协议可以由赔偿权利人及其指定的部门或机构开展索赔、诉讼等工作，具有主体资格。因此，可以由具体开展工作的部门签字、盖章，不是一定要赔偿权利人签字、盖章。

19．磋商时可以就哪些问题进行协商？

根据《生态环境损害赔偿制度改革方案》（中办发〔2017〕68 号）的规定，赔偿权利人根据生态环境损害鉴定评估报告，就损害事实和程度、修复启动时间和期限、赔偿的责任承担方式和期限等具体问题与赔偿义务人进行磋商，统筹考虑修复方案技术可行性、成本效益最优化、赔偿义务人赔偿能力、第三方治理可行性等情况，达成赔偿协议。根据《生态环境损害赔偿管理规定》（环法规〔2022〕31 号）的规定，赔偿权利人及其指定的部门或机构，应当就修复方案、修复启动时间和期限、赔偿的责任承担方式和期限等具体问题与赔偿义务人进行磋商。磋商过程中，应当充分考虑修复方案可行性和科学性、成本效益优化、赔偿义务人赔偿能力、社会第三方治理可行性等因素。

修复路径的选择可能会影响修复费用，因此，如果通过适当调整或优化相关的修复工艺能够实现更经济高效的修复，磋商阶段可以对具体修复方案和相应修复费用进行磋商。

20．申请司法确认是必需的程序吗？需要注意些什么？

不是。根据《生态环境损害赔偿制度改革方案》（中办发〔2017〕68 号）、《生态环境损害赔偿管理规定》（环法规〔2022〕31 号）等文件的要求，生态环境损害赔偿磋商协议的司法确认不是必经程序。

磋商协议一经达成即具有合同效力，当事人违背合同约定的，应当承担违约责任。经过司法确认的磋商协议具有强制执行力，赔偿义务人不履行磋商协议的，赔偿权利人可以向人民法院申请强制执行。

（四）生态环境损害赔偿诉讼

21．生态环境损害赔偿诉讼和民事公益诉讼之间是什么关系？

生态环境损害赔偿诉讼和民事公益诉讼两者仅是索赔主体不一样，赔偿的范围、内容、责任承担方式等均一致。

根据《关于推进生态环境损害赔偿制度改革若干具体问题的意见》（环法规〔2020〕44 号）的规定，赔偿权利人指定的部门或机构，在启动生态环境损害赔偿调查后可以同时告知相关人民法院和检察机关，在生态环境损害赔偿案件办理期限届满前，检察机关根据相关规定可暂不提起环境民事公益诉讼。

另外，根据《最高人民法院关于审理生态环境损害赔偿案件的若干规定（试行）》的规定，在生态环境损害赔偿诉讼案件审理过程中，同一损害生态环境行为再次被提起民事公益诉讼，符合起诉条件的，应当由受理生态环境损害赔偿诉讼案件的人民法院受理并由同一审判组织审理。人民法院受理因同一损害生态环境行为提起的生态环境损害赔偿诉讼案件和民事公益诉讼案件，应先中止民事公益诉讼案件的审理，待生态环境损害赔偿诉讼案件审理完毕后，就民事公益诉讼案件未被涵盖的诉讼请求依法作出裁判。

22．检察机关或公益组织已经提起的环境公益诉讼，行政主管部门是否可以提起生态环境损害赔偿？

可以。《最高人民法院关于审理生态环境损害赔偿案件的若干规定（试行）》规定，民事公益诉讼案件的裁判生效后，有权提起生态环境损害赔偿诉讼的主体就同一损害生态环境行为有证据证明存在前案审理时未发现的损害，并提起生态环境损害赔偿诉讼的，人民法院应予以受理。

23．行政机关提起的诉讼，能否减免或缓交诉讼费？

目前没有关于行政机关开展生态环境损害赔偿诉讼费用减免或缓交的规定。诉讼案件的诉讼费用缴纳以司法机关规定为准。

（五）环境公益诉讼

24．检察机关提起环境公益诉讼应满足什么要求、履行什么程序？

根据《最高人民法院、最高人民检察院关于检察公益诉讼案件适用法律若干问题的解释》（法释〔2018〕6 号）、《人民检察院公益诉讼办案规则》的规定，社会公共利益受到损害，且可能存在破坏生态环境和资源保护的违法行为的，可以立案。

人民检察院拟提起公益诉讼的，应当在起诉前明确公益诉讼起诉人、被告的基本信息、诉讼请求及所依据的事实和理由，并依法发布公告，公告期为 30 日。公告期满，法律规定的机关和有关组织不提起诉讼的，人民检察院可以向人民法院提起诉讼。

根据《人民检察院公益诉讼办案规则》的要求，人民检察院办理公益诉讼案件，应当依法、客观、全面调查收集的证据。对专门性问题认为确有必要鉴定、评估、审计、检验、检测、翻译的，可以委托具备资格的机构进行鉴定、评估、审计、检验、检测、翻译。对以下事实进行调查：一是违法行为人的基本情况；二是违法行为人实施的损害社会公共利益的行为；三是社会公共利益受到损害的类型、具体数额或者修复费用等；四是违法行为与损害后果之间的因果关系；五是违法行为人的主观过错情况；六是违法行为人是否存在免除或者减轻责任的相关事实；七是其他需要查明的事项。

25．刑事附带民事公益诉讼是否由检察机关提起，如何提起？

刑事附带民事公益诉讼是由检察机关提起。

根据《最高人民法院、最高人民检察院关于检察公益诉讼案件适用法律若干问题的解释》（法释〔2018〕6号）和《最高人民法院、最高人民检察院关于人民检察院提起刑事附带民事公益诉讼应否履行诉前公告程序问题的批复》（法释〔2019〕18号）的规定，人民检察院提起刑事附带民事公益诉讼，应履行诉前公告程序。公告期满，法律规定的机关和有关组织不提起诉讼的，人民检察院可以向人民法院提起诉讼。对于未履行诉前公告程序的，人民法院应当进行释明，告知人民检察院，公告后再行提起诉讼。因此，在没有行政机关和社会组织提起赔偿的情况下，由检察机关按照《人民检察院公益诉讼办案规则》确定的程序提起诉讼。

（六）生态环境恢复

26．生态环境恢复包括哪几个阶段？

对于污染排放导致的生态环境事件，生态环境恢复一般包括污染清除、环境修复和生态恢复三个阶段。其中，污染清除指采用工程和技术手段，将生态环境中的污染物阻断、控制、移除、转移、固定和处置的过程；环境修复指污染清除完成后，为进一步降低环境中的污染物浓度，采用工程和管理手段将环境污染导致的人体健康或生态的风险降至可接受水平的过程；生态恢复指采取必要、合理的措施将受损生态服务功能恢复至基线并补偿期间损害的过程。对于废物倾倒造成的土壤和地下水环境损害，一般包括上述三个完整的阶段，如果废物倾倒没有造成土壤和地下水环境损害，则不需要开展后续的环境修复，如果倾倒的土地属于荒地，没有特定的生态服务功能，则不需要开展后续的生态恢复。对于地表水环境损害，污染清除和环境修复可能同时开展，两者没有明确的界限。针对实际工作过程中，环境修复和生态恢复存在难以进行清晰划分工作边界的情况，如采用植物修复污染土壤时，在修复环境的同时恢复了植被，因此，在《生态环境损害鉴定评估技术指南　总纲和关键环节　第 1 部分：总纲》（GB/T 39791.1—2020）中针对综合性的污染治理、环境修复和生态恢复行动，提出了生态环境恢复的定义，即采取必要、合理的措施将受损生态环境及其服务功能恢复至基线并补偿期间损害的过程，包括环境修复和生态服务功能的恢复。

27. 如何判断是否需要开展生态环境修复或恢复，标准是什么？

根据 GB/T 39791.1—2020，当不具备经济、技术和操作可行性时，环境空气、地表水、沉积物、土壤、地下水、海水等环境要素应修复至维持其基线功能的可接受风险水平；可接受风险水平与基线之间不可恢复的部分，可以采用适合的替代性恢复方案，或采用环境价值评估方法进行价值量化。也就是说，对于空气、地表水、沉积物、土壤、地下水、海水等环境要素因污染受到损害的情况来说，是否需要开展生态环境修复，需要将污染物浓度与其环境功能对应的质量标准、筛选值或基于可接受风险水平推导的环境修复目标值（简称标准值）进行比较，污染物浓度高于标准值时，需要修复，污染物浓度低于标准值时，不需要修复。当需要开展修复，且标准值低于基线水平时，应当修复到基线水平，并根据相关法律规定进一步确认应该承担将污染物浓度从基线水平降至标准值的责任方，要求责任方采取措施将风险降低到可接受水平；当需要开展修复，且标准值高于基线水平且均低于现状污染水平时，应当修复到标准值，并对标准值与基线水平之间的损害进行评估计算。当不需要开展修复，且现状污染水平高于基线水平时，应对现状污染水平与基线水平之间的损害进行评估计算。

根据《生态环境损害鉴定评估技术指南　环境要素　第 1 部分：土壤和地下水》（GB/T 39792.1—2020），土壤和地下水基于风险的环境修复目标值参照《建设用地土壤修复技术导则》（HJ 25.4—2019）和《污染地块地下水修复和风险管控技术导则》

（HJ 25.6—2019）等相关标准规范确定，未利用地可以按照未来拟利用方式及保护目标判定是否需要修复。根据《生态环境损害鉴定评估技术指南 环境要素 第2部分：地表水和沉积物》（GB/T 39792.2—2020），对于受现场条件或技术可达性等原因限制的，地表水和沉积物生态环境不能完全恢复至基线水平时，根据水功能规划，结合经济、技术可行性，确定基本修复目标。

对于生物或生态系统来说，一旦受到损害，都需要开展修复，确保受损害的指标恢复到基线水平，如果生态系统发生不可逆变化，需要根据实际情况制定合理可行的修复目标，并利用经济价值评估方法对修复目标和基线水平之间的损害进行量化。

28．积极开展赔偿恢复的义务人能否减免相关处罚？

对积极履行赔偿义务的责任人可以依法从轻、减轻或者免除处罚。

根据《关于推进生态环境损害赔偿制度改革若干具体问题的意见》（环法规〔2020〕44号）的规定，对积极参与生态环境损害赔偿磋商，并及时履行赔偿协议、开展生态环境修复的赔偿义务人，赔偿权利人指定的部门或机构可将其履行赔偿责任的情况提供给相关行政机关，供其在作出行政处罚裁量时予以考虑，或提交司法机关，供其在案件审理时参考。

根据《生态环境损害赔偿管理规定》（环法规〔2022〕31号）的规定，赔偿义务人积极履行生态环境损害赔偿责任的，相关行政机关和司法机关，依法将其作为从轻、减轻或者免予处理的情节。

根据《最高人民法院、最高人民检察院关于办理环境污染刑事案件适用法律若干问题的解释》（法释〔2023〕7号）的规定，实施《中华人民共和国刑法》第三百三十八条规定的行为，行为人认罪认罚，积极修复生态环境，有效合规整改的，可以从宽处罚；犯罪情节轻微的，可以不起诉或者免予刑事处罚；情节显著轻微、危害不大的，不作为犯罪处理。

29．磋商协议达成前，赔偿义务人要求开展恢复的，是否允许？

允许。赔偿义务人在磋商未达成一致前，主动要求开展生态环境修复的，在双方当事人书面确认损害事实后，赔偿权利人及其指定的部门或机构可以同意，并做好过程监管。

30．修复效果评估由谁组织，行政机关组织的修复效果评估是否属于行政验收？

按照《生态环境损害赔偿制度改革方案》（中办发〔2017〕68 号）的规定，存在以下两种修复情况：一是赔偿义务人自行修复或委托修复；二是赔偿义务人造成的生态环境损害无法修复的，其赔偿资金作为政府非税收入，全额上缴同级国库，纳入预算管理。赔偿权利人及其指定的部门或机构根据磋商或判决要求，结合本区域生态环境损害情况开展替代修复。赔偿义务人开展的修复可以由赔偿权利人组织赔偿义务人开展效果评估，并报赔偿权利人备案。赔偿权利人开展的修复，由赔偿权利人组织开展修复效果评估。

根据《生态环境损害赔偿制度改革方案》（中办发〔2017〕68 号）、《关于推进生态环境损害赔偿制度改革若干具体问题的意见》（环法规〔2020〕44 号）、《生态环境损害赔偿管理规定》（环法规〔2022〕31 号）等文件的要求，赔偿权利人及其指定的部门或机构在收到赔偿义务人、第三方机构关于生态环境损害修复完成的通报后，组织对受损生态环境恢复效果进行评估，确保生态环境得到及时有效修复。修复效果评估相关的工作内容可以在赔偿协议中予以规定，费用根据规定由赔偿义务人承担。赔偿权利人及其指定的部门或机构可以自行开展修复效果评估，也可以要求赔偿义务人开展修复效果评估。行政机关作为赔偿权利人要求赔偿义务人对修复效果负责，对修复效果的评估不属于行政验收。赔偿权利人及其指定的部门或机构根据磋商或判决要求，结合本区域生态环境损害情况开展替代修复时，由赔偿权利人及其指定的部门或机构根据替代修复项目确定的修复效果进行评估，确定是否达到修复目标。

31．赔偿义务人不按磋商要求开展修复的，行政机关应该如何处理？

赔偿义务人拒绝履行或者未全部履行生效的诉讼案件裁判、经司法确认的赔偿协议的，赔偿权利人及其指定的部门或机构可以向人民法院申请强制执行。

根据《中华人民共和国民法典》第一千二百三十四条的规定，侵权人在期限内未修复的，国家规定的机关或者法律规定的组织可以自行或者委托他人进行修复，所需费用由侵权人负担。

32．修复效果没有达到目标要求怎么办？

修复效果未达到目标要求的，赔偿义务人可以根据赔偿协议要求继续开展修复。

如果经风险评估表明，残留污染已经不会对人体健康构成不可接受的风险，可以对修复目标进行调整，并采用环境资源价值评估方法对调整后的修复目标和基线之间的生态环境损害进行价值量化。如果经研究表明，已经达到修复极限，即在现有的技术水平、合理的时间和资金投入条件下，继续进行修复仍难以达到修复目标，应及时调整修复策略和方案。

如果阶段性评估结果显示，生态恢复已经达到极限，应采取其他替代性恢复措施对这部分无法恢复的损害进行补偿，或通过环境资源价值评估方法对这部分生态系统服务功能价值进行量化。

33．当环境损害发生地的规划用途对应的环境质量标准或生态服务功能类型与环境损害发生时的实际环境质量标准或生态服务功能类型不同时，环境修复目标应按照环境损害发生时还是规划用途的标准或功能类型来制订？

当环境损害发生地的规划用途对应的环境质量标准或生态服务功能类型与环境损害发生时的实际环境质量标准或生态服务功能类型不同时，基本修复目标应按照环境损害发生时的标准或功能类型来制订，确保将生态环境恢复到损害前的基线水平。

如果经过磋商或司法调解，赔偿权利人和义务人就按照规划用途要求开展生态环境修复达成一致意见的，应该按照规划用途的标准或功能类型来制订修复方案，并由双方协商确定额外产生费用的承担方式。

34．在实际环境修复过程中，损害赔偿金额不足以支撑修复行动时，是否可向责任方追加赔偿，具体数额的确定是否还需开展损害鉴定评估？

生态环境受到损害后，通常应该优先要求赔偿义务人自行开展修复，以免发生赔偿金额低于实际开展修复所需费用的情况。

由赔偿权利人代为组织修复的，建议在磋商协议中给出多退少补或先行支付保证金等规定，避免出现损害赔偿金额不足以支撑修复行动的情况。

损害鉴定评估机构在开展损害鉴定时，应按照相关标准规范要求，尽可能详细地制订损害恢复方案，合理测算修复费用，避免出现损害赔偿金额不足以支撑修复行动的情况。

如果由赔偿义务人进行赔偿，赔偿权利人在组织实施修复时，发现赔偿金额不足以支撑修复行动的，赔偿权利人应寻找新的证据，重新立案进行损害赔偿磋商或者公益诉讼。

35．生态环境损害恢复效果评估工作由谁开展，依据什么开展？

生态环境损害恢复效果评估由赔偿权利人及其指定的部门或机构组织开展。

GB/T 39791.1—2020、GB/T 39792.1—2020、GB/T 39792.2—2020 中均给出了生态环境损害恢复效果评估的原则性要求，《生态环境损害鉴定评估技术指南　总纲和关键环节　第 3 部分：恢复效果评估》（GB/T 39791.3—2024）中进一步对不同要素损害恢复效果评估的过程评估、恢复目标完成性评估要求进行了明确。

（七）生态环境损害赔偿资金

36．生态环境损害赔偿金可否采用基金、保证金等方式管理？

根据《生态环境损害赔偿制度改革方案》（中办发〔2017〕68 号）的规定，赔偿义务人造成的生态环境损害无法修复的，其赔偿资金作为政府非税收入，全额上缴同级国库，纳入预算管理。目前，暂无基金、保证金的相关管理规定，资金的管理以财政部等出台的《生态环境损害赔偿资金管理办法（试行）》（财资环〔2020〕6号）规定为准。

目前，根据《生态环境损害赔偿制度改革方案》（中办发〔2017〕68号）的规定，赔偿义务人造成的生态环境损害无法修复的，其赔偿资金作为政府非税收入，全额上缴同级国库。预算管理资金需要按照预算相关规定申请使用，并按《生态环境损害赔偿资金管理办法（试行）》（财资环〔2020〕6号）进行监管，实行国库集中收缴，全额上缴赔偿权利人指定部门、机构的本级国库，纳入一般公共预算管理。赔偿权利人指定的相关部门、机构需要编制生态环境恢复及工作经费支出预算草案、绩效目标，提出使用申请，经本级财政部门审核后按照规定支出，并实施财政监督管理和定期绩效评价。

在实践中，生态环境损害赔偿资金存在使用与监管程序相对复杂、使用效率不高的问题，不利于受损生态环境的快速高效修复。建议鼓励各地结合实际探索基金、信托、保证金等方式，提高资金使用效率，或与其他资金管理方式统筹管理。

37. 生态环境损害赔偿资金和环境损害公益诉讼赔偿资金都涉及生态环境损害，能否统筹用于生态环境的修复？

可以。根据财政部等部门印发的《生态环境损害赔偿资金管理办法（试行）》（财资环〔2020〕6号）的规定，“环境民事公益诉讼中，经人民法院生效法律文书确定的生态环境无法修复或者无法完全修复的损害赔偿资金，以及赔偿义务人未履行义务或者未完全履行义务时应当支付的生态环境修复费用，可参照本办法规定管理；需要修复生态环境的，人民法院应当及时移送省级、市地级人民政府及其指定的相关部门、机构组织实施”。

38. 国外关于生态环境损害赔偿金使用管理的主要做法有哪些？

部分发达国家对环境损害赔偿资金管理使用有相对成熟的法律和制度规定，如美国的《超级基金》规定，超级基金信托基金内的“特别账户”，可以支付场地清理活动的费用。美国国家环境保护局（EPA）必须记录其支出的所有清理费用，包括直接费用（如薪金）和间接费用（如管理费用）。由 EPA 委托承包商开展工作的相关费用必须有文件证明该工作获得了授权并已经完成，此外，必须证明是由政府支付的。EPA 根据与潜在责任方清理责任相关的证据的强度、潜在责任方的财务实力、需要追偿的金额等因素进行成本追偿。

美国的《石油污染法》还设立了石油信托基金，规定了对污染责任人法定最高赔偿限额之外部分的损失，由“油污责任信托基金”进行补充性赔偿。基金的赔偿范围和责任人的赔偿范围是一致的，均为清理费用和油污损害赔偿两大方面。基金的资金来源于税费以及行政部门罚款所得、自然资源的赔偿费用、其他基金转入的收入等，其中，80%的资金通过征税方式获得。美国在海岸警备队设立了国家油污责任信托基金中心，负责管理基金的来源和使用，开展油污清除行动与自然资源损害评估，并就基金已支付的清污费用和损害赔偿费用向责任方追偿，处理第三方对基金的索赔等。

日本通过《金属矿业等矿害对策特别措施法》，解决了矿山关闭后的污染源封堵、废水治理与农用地土壤修复问题，并分别制定了矿害防止公积金制度和矿害防止事业基金制度。其中，矿害防止公积金旨在筹集将来矿山关闭后的坑道和堆积场的矿害防止事业资金，公积金的用途包括坑道坑口的封闭、矸石或矿渣堆积场的覆土和植栽、矿坑水处理设施的设置与维护管理。矿害防止事业基金旨在筹集已关闭矿山的废水治理与矿山修复资金，对于有主矿山，由矿业权人造成的污染实施污染者付费（Polluter Pays Principle，PPP）原则，他人造成的污染部分由地方和国家给予补助金（地方为 1/4，国家为 3/4）；对于无主矿山，采用地方和国家缴纳基金的方式（地方为 1/4，国家为 3/4）。

二、环境损害司法鉴定与生态环境损害鉴定评估

（一）环境损害司法鉴定

39．环境损害司法鉴定与生态环境损害鉴定评估有什么区别和联系？

生态环境损害鉴定评估，是按照规定的程序和方法，综合运用科学技术和专业知识，调查污染环境、破坏生态行为与生态环境损害情况，分析污染环境与破坏生态行为与生态环境损害间的因果关系，评估污染环境或生态破坏行为所致生态环境损害的范围和程度，确定生态环境恢复至基线并补偿期间损害的恢复措施，量化生态环境损害数额的过程。

环境损害司法鉴定是在诉讼活动中鉴定人运用环境科学的技术或者专门知识，采用监测、检测、现场勘察、实验模拟或者综合分析等技术方法，对环境污染或者生态破坏诉讼涉及的专门性问题进行鉴别和判断并提供鉴定意见的活动。

从实际工作过程和技术要求的角度看，环境损害司法鉴定与生态环境损害鉴定评估没有实质性区别。当生态环境损害鉴定评估应用于环境司法领域（为环境民事公益诉讼、生态环境损害赔偿诉讼和环境刑事诉讼出具环境损害鉴定意见）时，即为环境损害司法鉴定。

但生态环境损害鉴定评估除了应用于环境司法领域外，还可用于环境管理和社会服务等领域，具体包括以下内容：

（1）环境管理领域。具体包括生态环境损害赔偿磋商中磋商方案的制订、提出修

复建议和修复目标、修复效果评估；突发环境事件应急处置阶段的环境影响和损失评估；污染地块责任人认定中的责任人认定意见；环境执法过程中作为环境证据和责令恢复原状的依据。

（2）社会服务领域。目前主要用于环境污染责任保险中的保费费率确定、理赔协议制定等过程。

40．环境损害司法鉴定针对哪些专门性问题？

根据《环境损害司法鉴定执业分类规定》（司发通〔2019〕56 号）的规定，环境损害司法鉴定解决的专门性问题包括：确定污染物的性质；确定生态环境遭受损害的性质、范围和程度；评定损害行为与损害后果的因果关系；评定污染治理与运行成本以及制定防止损害扩大、修复生态环境的措施或方案等。

41．环境损害司法鉴定主要业务领域有哪些？

根据《司法部　环境保护部关于规范环境损害司法鉴定管理工作的通知》（司发通〔2015〕118 号）的规定，环境损害司法鉴定的主要领域包括：

（1）污染物性质鉴定，主要包括危险废物鉴定、有毒物质鉴定，以及污染物其他物理、化学等性质的鉴定；

（2）地表水和沉积物环境损害鉴定，主要包括因环境污染或生态破坏造成河流、湖泊、水库等地表水资源和沉积物生态环境损害的鉴定；

（3）空气污染环境损害鉴定，主要包括因污染物质排放或泄漏造成环境空气或室内空气环境损害的鉴定；

（4）土壤与地下水环境损害鉴定，主要包括因环境污染或生态破坏造成农田、矿区、居住和工矿企业用地等土壤与地下水资源及生态环境损害的鉴定；

（5）近海海洋与海岸带环境损害鉴定，主要包括因近海海域环境污染或生态破坏造成的海岸、潮间带、水下岸坡等近海海洋环境资源及生态环境损害的鉴定；

（6）生态系统环境损害鉴定，主要是对动物、植物等生物资源和森林、草原、湿地等生态系统，以及因生态破坏而造成的生物资源与生态系统功能损害的鉴定；

（7）其他环境损害鉴定，主要包括由于噪声、振动、光、热、电磁辐射、核辐射等污染造成的环境损害鉴定。

42. 既然规定了环境损害司法鉴定的领域，为什么还要制定环境损害司法鉴定执业分类？

《司法部　环境保护部关于规范环境损害司法鉴定管理工作的通知》（司发通〔2015 年〕118 号）规定了环境损害司法鉴定的七大类领域。《环境损害司法鉴定机构登记评审细则》（司发通〔2018〕54 号）明确了各领域的主要工作内容和技术要求，但每个领域的工作内容和技术要求仍较为宽泛，不利于环境损害司法鉴定机构登记精细化评审，也不利于办案机关查询和委托鉴定机构和鉴定人。为了解决上述问题，2019 年 5 月，司法部和生态环境部联合印发了《环境损害司法鉴定执业分类规定》（司发通〔2019〕56 号）。

43.《环境损害司法鉴定执业分类规定》（司发通〔2019〕56 号）中存在交叉重复时，如何确定环境损害司法鉴定机构？如污染倾倒行为导致的土壤环境损害，需要识别或鉴定特征污染物，此时该选择持有污染物性质鉴定资质的鉴定机构还是污染环境行为致土壤与地下水环境损害鉴定资质的鉴定机构？

污染物性质鉴定大类中的各项条目侧重明确污染物性质，作为量刑、赔偿和废物处置的依据，是直接明确的鉴定结果，且不涉及其他环境介质造成的损害。对于污染倾倒行为导致的土壤与地下水环境损害，其中的识别特征污染物，属于鉴定过程中的一个环节。“识别特征污染物”与“污染物性质鉴定”是不同类别的工作。

一般的环境污染类生态环境损害鉴定涉及识别特征污染物、确认环境损害、因果关系分析、损害量化、确定恢复目标等多个环节，是一系列过程。在环境损害鉴定评估委托中，建议针对整体评估做委托，而不是分段委托，以保证鉴定评估工作的连续性和可靠性。

如污染倾倒行为导致的土壤环境损害，需要识别或鉴定特征污染物，此时应该选择持有污染环境行为致土壤与地下水环境损害鉴定资质的鉴定机构。

44. 环境损害司法鉴定有哪些执业分类？划分这些执业分类主要考虑哪些因素？

根据《环境损害司法鉴定执业分类规定》（司发通〔2019〕56 号）的规定，环境损害司法鉴定执业分类包括七大类、47 小类，七大类为污染物性质鉴定、空气污染环境损害鉴定、地表水与沉积物环境损害鉴定、土壤与地下水环境损害鉴定、近岸海洋与海岸带环境损害鉴定、生态系统环境损害鉴定和其他环境损害鉴定。其中，《环境损害司法鉴定执业分类规定》（司发通〔2019〕56 号）第 7 章仅针对生态破坏行为对生态系统造成的环境损害作出规定，对于污染行为造成的生态环境损害，按照环境要素分别在第 2～6 章和第 8 章中进行规定。

执业分类的划定一方面基于已有科学研究基础，以环境介质和损害结果为主要划分依据，内容覆盖生态环境损害的各个环节；另一方面考虑了实际需求，较一般生态环境损害鉴定评估增加了人体健康损害鉴定、物种鉴定等内容。

45. 对于在《环境损害司法鉴定执业分类规定》（司发通〔2019〕56 号）发布前已经认定的鉴定机构，其执业范围并未按该规定详细划分，应怎么做？

根据《司法部办公厅关于进一步做好环境损害司法鉴定管理有关工作的通知》的规定，对于在《环境损害司法鉴定执业分类规定》（司发通〔2019〕56 号）发布前已经认定的鉴定机构，应尽快完成执业类别重新核定工作，及时换发司法鉴定许可证和司法鉴定人执业证。

（二）环境损害司法鉴定机构与生态环境损害鉴定评估推荐机构管理

46. 什么机构可以申请生态环境损害鉴定评估推荐机构？申报程序是怎样的？

一般情况下，具有独立法人资格的科研院所、高等院校、事业单位、内资或内资控股企业等，均可单独或联合申报，不接受个人申报。对申请机构有注册资本、固定资产、工作场所和工作条件、健全的内部管理制度和工作质量保证体系、有通过计量认证或实验室认可的检测实验室、具备一定数量的专职技术人员以及开展过环境损害鉴定评估案件等条件要求。具体的条件要求以生态环境部下发的申报通知为准。

一般的申报程序是在生态环境部下发申报通知后，由拟申报机构向各省级生态环境厅（局）自荐；省级生态环境厅（局）审核自荐材料后报送生态环境部；生态环境部组织环境损害鉴定评估专家委员会专家评审后确定推荐名录。具体程序以生态环境部下发的申报通知为准。

47. 什么机构可以申请从事环境损害司法鉴定业务？申请程序是怎样的？

申请从事环境损害司法鉴定业务的机构除了要满足《司法鉴定机构登记管理办法》（司法部令　第 95 号）、《司法部　环境保护部关于规范环境损害司法鉴定管理工作的通知》（司发通〔2015〕118 号）等规定的一般条件[①]外，还要满足《环境损害司法鉴定机构审核登记评审办法》（司发通〔2016〕101 号）的要求，即每项鉴定业务至少有 2 名具有相关专业高级专业技术职称的鉴定人、有不少于 100 万元人民币的资金。

---

①《司法鉴定机构登记管理办法》第十四条　法人或者其他组织申请从事司法鉴定业务，应当具备下列条件：
（一）有自己的名称、住所；
（二）有不少于二十万至一百万元人民币的资金；
（三）有明确的司法鉴定业务范围；
（四）有在业务范围内进行司法鉴定必需的仪器、设备；
（五）有在业务范围内进行司法鉴定必需的依法通过计量认证或者实验室认可的检测实验室；
（六）每项司法鉴定业务有三名以上司法鉴定人。

拟申请从事环境损害司法鉴定业务的机构应当按照《司法鉴定机构登记管理办法》（司法部令　第95号）的要求，向所在地区省（区、市）司法厅（局）提交符合条件的申请材料；司法厅（局）受理后，依据《环境损害司法鉴定机构审核登记评审办法》（司发通〔2016〕101号）等规定，组织专家进行评审；符合评审要求的由司法厅（局）决定授予资质。

48. 为什么目前开展环境损害鉴定评估相关工作的机构有国务院环境资源保护监督管理部门推荐的机构和环境损害司法鉴定机构两类？

环境损害鉴定评估具有推荐机构和司法鉴定机构两套管理体系是在特定历史条件下形成的。

为依法惩治有关环境污染犯罪，最高人民法院与最高人民检察院曾于2013年联合发布《关于办理环境污染刑事案件适用法律若干问题的解释》（法释〔2013〕15号），明确提出对案件所涉的环境污染专门性问题难以确定的，可以依据国务院环境保护主管部门指定的机构出具的报告，结合其他证据作出认定。为了协助司法部门开展审判工作，生态环境部（原环境保护部）面向社会推荐了环境损害鉴定评估机构。

根据《全国人民代表大会常务委员会关于司法鉴定管理问题的决定》的规定，我国司法鉴定实行登记管理制度，包括法医类鉴定、物证类鉴定、声像资料鉴定三类，设置其他类别司法鉴定的，需要国务院司法行政部门商最高人民法院、最高人民检察院确定。2015年，司法部联合环境保护部共同开展环境损害司法鉴定管理，开始构建环境损害司法鉴定管理体系。

2019年《最高人民法院关于审理生态环境损害赔偿案件的若干规定（试行）》、2023年《最高人民法院、最高人民检察院关于办理环境污染刑事案件适用法律若干问题的解释》（法释〔2023〕7号）规定，当事人在诉前委托具备环境司法鉴定资质的鉴定机构出具的鉴定意见，以及委托国务院环境资源保护监督管理相关主管部门推荐的机构出具的检验报告、检测报告、评估报告、监测数据等，经当事人质证并符合证据标准的，可以作为认定案件事实的根据。因此，在司法实践中，环境损害鉴定评估推荐机构和环境损害司法鉴定机构两套体系并存，共同为环境损害责任追究提供技术支持。目前，环境损害鉴定评估推荐机构共 3 批 42 家[①]，环境损害司法鉴定机构 200 余家，基本实现全国覆盖。

49．环境损害司法鉴定机构和鉴定人的关系是怎样的？

司法鉴定机构是司法鉴定人的执业机构，每项司法鉴定业务需要有 3 名以上司法鉴定人。环境损害司法鉴定机构的技术水平，主要通过对鉴定机构的鉴定人进行打分，进一步得到环境损害司法鉴定机构的技术水平得分。

50．环境损害司法鉴定人和评审专家应该如何管理？

环境损害司法鉴定人应当遵守司法鉴定人的一般性法律法规和规范性文件，其中，主要的规范性文件是司法部印发的《司法鉴定人登记管理办法》（司法部令　第 96 号）。相关机构对环境损害司法鉴定人的管理主要包括以下几项：①司法鉴定人的审核登记、名册编制和公告；②司法鉴定人执业规则和职业道德、职业纪律规范；③司法鉴定人诚信等级评估；④司法鉴定人专业技术职称评聘标准和规范；⑤司法鉴定人继续教育规划；⑥法律、法规规定的其他要求。司法部和生态环境部在鉴定人资格审批的初期可以利用行业培训与考核的结果进行认定。另外，环境损害司法鉴定人应当按照《环境损害司法鉴定机构登记评审细则》（司发通〔2018〕54 号）中有关“环境损害司法鉴定人员专业能力要求”的规定进行规范，并建立司法鉴定机构和鉴定人诚信档案。同时，针对环境损害司法鉴定涉及多部门、多领域的特点，建议司法行政机关与司法机关、生态环境、农业农村等部门加强联系，建立信息共享平台，针对鉴定机构和鉴定人的能力水平、执业表现、违法记录等情况建立诚信记录，并向社会公开，接受社会监督。

鉴于评审专家在机构审批程序中的重要性，可根据《环境损害司法鉴定机构登记

---

① 参见《生态环境损害鉴定评估工作指南与手册》（2020 年中国环境出版集团出版）。

评审专家库管理办法》（司发通〔2016〕101 号）有关评审专家要求[①]加强对专家的管理。同时，需要强化专家的诚信管理，将专家的专业领域、评审活动参加情况、职业操守、履行职责等情况列入诚信记录，作为继续聘请或调整的重要依据。

51．环境损害司法鉴定从业人员应该如何培训？

环境损害司法鉴定是一个新的领域，为做好鉴定机构的评审工作，应当加强对审批人员、评审专家和鉴定机构从业人员的培训，切实保障相关人员的工作能力。培训包括司法鉴定常规培训与专业技术培训两部分。

常规培训建议由各级司法行政主管部门或相关社会组织开展，内容包括司法鉴定基本法律制度、工作程序、标准规范、鉴定要求等。专业技术培训建议由各级生态环境行政主管部门或相关社会组织开展，内容包括生态环境损害鉴定评估的工作原则和程序、标准规范、重点和难点技术问题、案例实践等，根据工作安排，对鉴定人进行培训。

此外，评审专家是机构评审的关键环节，关系机构的质量水平，而很多原来从事生态和环境领域研究的专家对于环境损害司法鉴定活动的内容和要求还不具备充足的背景知识，原来从事传统司法鉴定领域研究的专家对于生态环境损害的相关专业知识非常欠缺，有必要对评审专家也进行系统培训。

52．环境损害司法鉴定与传统三大类司法鉴定有哪些联系和区别？

传统三大类司法鉴定中，法医毒物鉴定和微量物证鉴定中的部分内容与环境损害司法鉴定有一定联系，但又有区别。法医毒物强调毒物的定性、定量，并分析毒性机理从而得出结论；微量物证同样强调物质材料成分的定性和定量，并进行检材样本的

---

①《环境损害司法鉴定机构登记评审专家库管理办法》第四条　入选专家库的专家应具备以下条件：
（一）具有高级专业技术职称或者从事审判、检察、公安等工作并熟悉相关鉴定业务；
（二）从事或参与相关专业工作十年以上；
（三）了解环境保护工作的有关法律、法规和政策，熟悉国家和地方环境损害鉴定评估相关制度与技术规范；
（四）具有良好的科学道德和职业操守；
（五）健康状况良好，可以参加有关评审、评估和培训等活动。

同一性鉴定。这与环境损害司法鉴定中的特征污染物识别、污染溯源部分内容有类似之处，但环境损害司法鉴定需要对污染物来源、迁移转化过程、损害后果、损害量化等全过程进行鉴定，要求的证据链更为完整，其中污染物识别、污染物同一性鉴定仅为其中的一个环节或一部分证据，一般不能仅据此得出鉴定结论。此外，环境损害司法鉴定对象牵涉面广，除生态环境损害，还涉及人身伤害、财产损失等领域。

根据环境损害司法鉴定的整体性要求，建议梳理传统三大类司法鉴定中与环境有关的事项及其与环境损害司法鉴定之间的关系，将与传统三大类中环境损害相关的司法鉴定事项，合并至环境损害司法鉴定类别下统一管理。

53．环境损害司法鉴定人是否允许兼职工作?

允许。根据《司法鉴定人登记管理办法》（司法部令　第96号）的规定，个人兼职从事司法鉴定业务的，应当符合法律、法规的规定，并提供所在单位同意其兼职从事司法鉴定业务的书面意见。

环境损害司法鉴定人必须依托环境损害司法鉴定机构，不得私自接受司法鉴定委托，不得同时在两个以上（含两个）司法鉴定机构执业。

54．为磋商提供鉴定意见的鉴定评估机构与为诉讼提供鉴定意见的鉴定评估机构，工作要求有什么不同?

无论是为生态环境损害赔偿磋商提供鉴定意见，还是为公益诉讼提供鉴定意见，就生态环境损害鉴定评估机构而言，在人员配置和专业能力方面的要求是一致的。由于司法鉴定机构主要服务于司法机关，而生态环境损害案件专业性较强，通常需要进行更加耐心的沟通，要根据与刑事和民事案件不同的诉讼请求、诉讼时效、办案时间要求，对鉴定评估委托事项和鉴定评估时间作出更加细致的规划；此外，环境损害司法鉴定意见有固定的格式要求，需要结合委托方意见、按照鉴定意见格式编制意见或报告。

（三）环境损害司法鉴定资质申请与审核

55. 专家在进行环境损害司法鉴定机构审核中应该如何判定鉴定人的技术能力？

《环境损害司法鉴定机构登记评审细则》（司发通〔2018〕54 号）附件 2《环境损害司法鉴定机构和人员专业能力要求》中提出了环境损害各类别鉴定人应具备的专业技术能力，专家在查阅申请人提交的环境损害鉴定评估相关项目与其他工作成果资料时，通过逐一比对各类执业类别鉴定人需要具备的技术能力进行打分，申请人应该具备的主要能力包括污染物来源分析能力、鉴定方案编制能力、因果关系分析能力、损害实物量化能力、恢复方案设计与价值量化能力等。申请人应具备上述一方面或多方面能力。通常是基于申请人提交的相关损害鉴定评估业绩证明材料来进行判断，必要时，评审专家可采用现场交流、口试、答辩考核的形式，对鉴定人的专业能力进行补充考核，综合评定。

56. 环境损害司法鉴定人应该具备哪些专业能力？环境损害鉴定评估涉及调查、取样和检测分析、因果关系分析、损害数额计算等各个环节，是否要求鉴定人员具备各个环节的工作能力？

《环境损害司法鉴定机构登记评审细则》（司发通〔2018〕54 号）附件 2《环境损害司法鉴定机构和人员专业能力要求》中给出了每一类鉴定事项对应的人员专业要求和专业能力要求。一般环境介质的损害鉴定要求具备特征污染物识别、制定损害评估方案、开展基线水平调查、确认环境损害、污染物空间分布和迁移转化模拟分析、生态风险评估、修复或恢复技术筛选与价值量化等方面能力。生态系统环境损害鉴定要求具备物种、结构、服务功能的调查采样，损害识别和量化等方面的能力，且要求一定的空间分析技术应用能力。污染物性质鉴定则要求熟悉常见化学污染物的性质、检测分析方法，熟悉国内外相关技术标准，能够根据需求制订污染物性质鉴别工作方案，开展鉴定工作。

对于某一个鉴定人员而言，不需要同时具备某一鉴定事项涉及的全部环节的专业能力，但一个环境损害鉴定评估机构应该满足其所申请的鉴定事项对应的人员专业要求和专业能力要求。

57．环境损害司法鉴定机构对于实验室认证/认可的具体要求是怎样的?

按照《司法鉴定机构登记管理办法》（司法部令　第95号）第十四条的规定，法人或其他组织申请从事司法鉴定业务，应当“有在业务范围内进行司法鉴定必需的依法通过计量认证或者实验室认可的检测实验室”。根据《环境损害司法鉴定机构登记评审细则》（司发通〔2018〕54号），申请机构所属检测实验室必须通过中国计量认证（CMA）或中国合格评定国家认可委员会（CNAS）认可或良好实验室规范（GLP）认证。

58．环境损害司法鉴定实验室已经要求具备实验室认证/认可，为何还允许将检测业务对外委托?

开展环境损害司法鉴定，通常需要以检测实验室出具的数据或报告作为依据。环境损害司法鉴定实验室已经要求具备实验室认证/认可，还允许将检测业务对外委托的原因：一是考虑实践中环境损害鉴定的复杂性，涉及的样品类型和检测项目非常多，一家实验室难以覆盖各类检测任务，因此对于自有实验室未通过认证的检测项目，司法鉴定机构可委托有资质的第三方检测机构进行检测；二是对一些检测工作量大、时间要求紧的鉴定任务，在自有实验室检测能力不足的情况下，可对外委托完成。

对生态环境损害鉴定来说，检测只是其中的一个工作环节，检测数据作为损害确认和量化的依据之一，而不是鉴定结论。因此，在保证检测数据质量的情况下，检测业务对外委托并不影响鉴定工作的实际开展。

59.《环境损害司法鉴定机构登记评审评分标准》中详细列出了各鉴定类别要求配置的仪器设备，为何不明确列出应当使用的采样、检测标准方法或规范?

环境类污染物的种类繁多，同一台仪器可以用于多种污染物的检测，同一种污染物也可以用多种检测方法进行检测，难以详尽列举。根据《生态环境损害鉴定评估技术指南　总纲和关键环节　第 2 部分：损害调查》（GB/T 39791.2—2020），无相关采样、检测标准方法规范的情况下，“可参照国外相关适用性标准或专家认可的技术方法”。可见，环境损害鉴定评估涉及的检测并非一定要使用标准方法或规范。基于以上两方面的原因，《环境损害司法鉴定机构登记评审评分标准》中没有列出应当使用的采样、检测标准方法和规范。

60. 在“申请从事环境损害司法鉴定业务法人或其他组织评分表”中的专业配置项目中，将生态系统类别中的物种类别鉴定单独列出，但在《环境损害司法鉴定机构和人员专业能力要求》中并未将其单独列出，二者是否有矛盾?

鉴于污染物性质鉴定和生态系统环境损害鉴定中的物种类别鉴定与其他生态环境鉴定类别在专业能力要求方面有较大的差异，不需要具备其他类别要求的生态学、环境经济学等专业能力，在司法鉴定人专业配置要求中，对这两类设立了独立的打分标准。其中，污染物性质鉴定需要多种专业背景的鉴定人；物种类别鉴定，可根据所申请鉴定业务的范围，配备植物学、动物学、水生生物学等某一专业或者多个专业的鉴定人。

《环境损害司法鉴定机构和人员专业能力要求》中将污染物性质鉴定的专业能力单独列出，而生态系统环境损害鉴定大类中已经涵盖了物种鉴定相关的机构和人员能力要求，因此未再单独列出。

61.《环境损害司法鉴定机构登记评审评分标准》对于科研成果和已有工作经历、成果要求较高，新申请的鉴定机构往往不具有相关工作经验，如何解决这一问题？

考虑新申请的鉴定机构往往不具有生态环境损害鉴定评估工作经验，《环境损害司法鉴定机构登记评审评分标准》中对于科研成果和已有工作经历、成果的要求扩展为环境损害鉴定评估及相关工作。与鉴定评估工作相关的污染调查、危险废物鉴别、环境经济核算等工作均可视为环境损害鉴定评估相关工作。

三、生态环境损害鉴定评估

（一）生态环境损害鉴定评估基本概念

62．什么是生态环境损害？

根据 GB/T 39791.1—2020 中给出的定义，生态环境损害是指因污染环境、破坏生态造成环境空气、地表水、沉积物、土壤、地下水、海水等环境要素和植物、动物、微生物等生物要素的不利改变，及上述要素构成的生态系统的功能退化和服务减少。

63．生态环境损害鉴定评估总体上应遵循哪些基本原则？

生态环境损害鉴定评估应遵循的基本原则包括：①合法合规原则，即鉴定评估工作应遵守国家和地方有关法律、法规和技术规范，禁止伪造数据和弄虚作假；②科学合理原则，即鉴定评估工作应制订科学、合理、可操作的工作方案，鉴定评估工作方案应包含严格的质量控制和质量保证措施，当损害情形较为复杂时，方案编制阶段尽可能组织相关专家进行研讨，确保鉴定评估方法和过程的科学性和合理性；③独立客观原则，即鉴定评估机构及鉴定人员应当运用专业知识和实践经验独立客观地开展鉴定评估，不受鉴定评估利益相关方的影响。

64. 完整的生态环境损害评估包括哪些工作内容？是否每个评估案例都应该进行完整的损害评估？

生态环境损害鉴定评估是一项系统工作，需要专业的鉴定评估技术团队配合开展，根据 GB/T 39791.1—2020 的规定，完整的生态环境损害鉴定评估包括以下 7 个方面的工作内容。

（1）工作方案制订。通过收集资料、现场踏勘、座谈走访、文献查阅、遥感影像分析等方式，掌握污染环境或破坏生态行为以及生态环境的基本情况，确定生态环境损害鉴定评估的目的、对象、范围、内容、方法、质量控制和质量保证措施等，编制鉴定评估工作方案。

（2）损害调查确认。掌握污染环境或破坏生态行为的事实，调查并对比生态环境及其服务功能现状和基线，确定生态环境损害的事实及其类型。

（3）因果关系分析。根据污染环境或破坏生态行为和生态环境损害的调查结果，分析污染环境或破坏生态行为与生态环境损害的因果关系。

（4）损害实物量化。明确不同生态环境损害类型的量化指标，量化生态环境损害的时空范围和程度；分析恢复受损生态环境的可行性；明确生态环境恢复的目标，制定生态环境恢复备选方案，筛选确定最佳恢复方案。

（5）损害价值量化。统计实际发生的污染清除费用；估算最佳生态环境恢复方案的实施费用；当生态环境无法恢复或仅部分恢复时，可采用环境价值评估方法，量化生态环境损害价值。

（6）评估报告编制。编制生态环境损害鉴定评估报告（意见）书，同时建立完整的鉴定评估工作档案。

（7）恢复效果评估。跟踪生态环境损害基本恢复和补偿恢复方案的实施情况，开展必要的调查和监测，评估生态环境恢复的效果，必要时开展补充性恢复。

此外，对于涉及刑事案件的环境损害鉴定评估，部分还涉及污染物性质的鉴别，一般应按照《固体废物鉴别标准 通则》（GB 34330—2017）、危险废物鉴别系列标准

（GB 5085.1～GB 5085.7）和《危险废物鉴别技术规范》（HJ 298—2019）的要求，开展固体废物及危险废物鉴别。涉及《最高人民法院、最高人民检察院关于办理环境污染刑事案件适用法律若干问题的解释》（法释〔2023〕7号）中规定的其他情形的，就基本农田损害面积、林木破坏面积或死亡株数、饮用水中断时间、污染设施运行支出等损害事实进行调查确认。

不是每个案例都需要进行完整的损害评估，实践中委托方也可以就某一个技术环节或某个专业问题委托鉴定，但对于需要制订恢复方案、计算损害数额的案件，一般应该按上述程序开展完整的损害评估，不建议分段委托鉴定。

65．环境污染与生态破坏分别指什么？

环境污染是指人为因素导致某种物质进入土壤、大气、地表水、地下水、沉积物等环境介质中，超过环境的自净能力，引起其物理、化学、生物等方面特性的改变，影响其功能和有效利用，危害公众健康或者破坏生态环境的现象。导致环境污染的原因包括固体废物、废水倾倒，废气、废水排放，生产过程中的跑、冒、滴、漏，化肥、农药的不当使用等。环境污染的类型主要包括土壤污染、水污染、大气污染、噪声污染等。

生态破坏是指人类社会活动引起的生态退化及由此衍生的环境效应，导致环境结构和功能变化，对人类生存发展以及环境本身发展产生不利影响的现象。生态破坏的原因主要包括乱砍滥伐、过度放牧、非法捕捞、非法开采、违规建设、地下水超采等人为原因以及气候变化等自然诱因。生态破坏的表现主要包括水土流失、沙漠化、荒漠化、森林锐减、土地退化、生物多样性减少，此外还有湖泊富营养化、地下水漏斗、地面下沉等。

66．地表水、地下水、土壤中污染物浓度超标是否意味着造成了生态环境损害？

地表水、地下水、土壤中污染物浓度超标并不一定意味着造成了生态环境损害，因为地表水、地下水、土壤是否受到损害，是以其中的污染物浓度是否超过基线水平为判断依据的。如果地表水、地下水、土壤中污染物的基线水平本来就比较高，超过了相关的质量标准，就可能出现地表水、地下水、土壤中污染物浓度超标但并未造成生态环境损害的情况。如果地表水、地下水、土壤中污染物的基线水平较低，低于相关的质量标准，那么地表水、地下水、土壤中污染物浓度超标也就意味着超过了基线水平，造成了生态环境损害。

67. 生态环境基线的确定方法有哪些？应根据什么原则来确定生态环境基线？

生态环境基线的确定方法包括基于历史数据确定、基于对照数据确定、基于标准和基准确定、通过专项研究确定。生态环境基线确定的具体原则包括以下4个。

（1）优先利用评估区污染环境或破坏生态行为发生前的历史数据确定基线。可以利用评估区既往开展的常规监测、专项调查、学术研究等历史数据。对收集的历史资料，应注明资料来源和时间，使用的资料应经过筛选和甄别。历史数据应对评估区具有较好的时间和空间代表性，且历史数据的采样、检测等数据收集方法与现状调查数据具有可比性，样本数（点位数量或采样次数）不少于5个。应对历史数据的变异性进行统计描述，识别数据中的极值或异常值并分析其原因，确定是否剔除极值或异常值。根据专业知识和评价指标的意义确定基线，对于服从正态分布的数据，当污染或破坏导致评价指标升高时，采用历史数据的90%参考值上限（算术平均数+1.65倍标准差）作为基线；当污染或破坏导致评价指标降低时，采用历史数据的90%参考值下限（算术平均数–1.65倍标准差）作为基线。对于不服从正态分布的数据，当污染或破坏导致评价指标升高时，采用历史数据的第90百分位数作为基线；当污染或破坏导致评价指标降低时，采用历史数据的第10百分位数作为基线。

（2）当缺乏评估区的历史数据或历史数据不满足要求时，可以利用未受污染环境或破坏生态行为影响的“对照区域”的历史数据或现状数据确定基线。应选择一个或多个与评估区具有可比性且未受污染或生态破坏行为影响的对照区域。“对照区域”数据应具有较好的时间和空间代表性，且其数据收集方法应与评估区具有可比性，并遵守评估方案的质量保证规定，样本数（点位数量或采样次数）不少于 5 个。对收集的历史资料，应注明资料来源和时间，使用的资料应经过筛选和甄别。应对“对照区域”数据的变异性进行统计描述，识别数据中的极值或异常值并分析其原因确定是否剔除极值或异常值，根据专业知识和评价指标的意义确定基线，确定原则同（1）。

（3）当利用历史数据或对照数据确定基线不可行时，可参考适用的国家或地方环境质量标准或环境基准确定基线；当标准和基准同时存在时，优先适用环境质量标准；当缺乏适用的标准或基准时，可参考国外政府部门或国际组织发布的相关标准或基准。

（4）必要时应开展专项研究，按照相关环境基准制定技术指南，推导环境基准作为基线；也可以构建生态环境质量与生物体的毒性效应、种群密度、物种丰度、生物多样性等评价指标之间的剂量-反应关系确定基线。

68．一般情况下，生态环境损害确定的条件主要有哪些？

根据 GB/T 39791.1—2020，生态环境损害确定应满足以下任一条件：①评估区环境空气、地表水、沉积物、土壤、地下水、海水中特征污染物浓度或相关理化指标超过基线；②评估区环境空气、地表水、沉积物、土壤、地下水、海水中物质的浓度足以导致生物毒性反应；③评估区生物个体发生死亡、病变、行为异常、肿瘤、遗传突变、生理功能失常、畸形；④评估区生物种群特征（如种群密度、性别比例、年龄组成等）、群落特征（如多度、密度、盖度、频度、丰度等）或生态系统特征（如生物多样性）与基线相比发生不利改变；⑤与基线相比，评估区生态服务功能降低或丧失；⑥造成生态环境损害的其他情形。

69．污染环境行为与生态环境损害之间是否存在因果关系，主要从哪些方面进行分析论证？

污染环境行为与生态环境损害之间因果关系分析的内容包括：

（1）时间顺序分析。分析判断污染环境行为与生态环境损害发生的时间先后顺序。污染环境行为应发生在生态环境损害之前。

（2）污染物同源性分析。采样分析污染源、环境介质和生物中污染物的成分、浓度、同位素丰度等，采用稳定同位素、放射性同位素、指纹图谱、多元统计分析等技术方法，判断污染源、环境介质和生物中的污染物是否具有同源性。

（3）迁移路径合理性分析。分析评估区气候气象、地形地貌、水文地质等自然环境条件，判断污染物从污染源迁移至环境介质的可能性；造成生物损害的，进一步判断污染物到达生物的可能性。建立从污染源经环境介质到生物的迁移路径假设，识别划分迁移路径的每一个单元，利用空间分析、迁移扩散模型等方法分析污染物迁移方向、浓度变化等情况，分析判断各个单元是否可以组成完整的链条，验证迁移路径的连续性、合理性和完整性。

（4）生物暴露可能性分析。识别生物暴露于污染物的暴露介质、暴露途径和暴露方式，结合生物内暴露和外暴露测量，判断生物暴露于污染物的可能性。

（5）生物损害可能性分析。通过文献查阅、专家咨询和毒理实验等方法，分析污染物暴露与生物损害间的关联性，阐明污染物暴露与生物损害间可能的作用机理；建立污染物暴露与损害间的剂量-反应关系，结合环境介质中污染物浓度、生物内暴露和外暴露量等，分析判断生物暴露水平产生损害的可能性。

（6）分析自然和其他人为可能因素的影响，并阐述因果关系分析的不确定性。

70. 污染源与环境介质中的特征污染物一致或存在相关性时，是否可以认定环境污染物存在同源性？

同源性是指损害受体中的污染物与源端污染物具有同源性，即受体中的污染物来自源端污染物。如果受体和源端污染物完全相同，可以认为其存在同源性；如果受体中的污染物可以由源端污染物通过生物化学转化得到，也可以认为其存在同源性，因为污染物在从源端释放到进入受体之前，可能在迁移路径上经历一系列物理、化学和生物过程，在该过程中可能转化为其他的污染物。因此，只要证实污染源和受体端的污染物相同或相关，即可认定其存在同源性。至于受体端的污染物是否确定来源于污染源，需要结合迁移路径分析作进一步的论证。

71. 生态环境损害和生态系统服务功能损害之间是什么关系？期间损害是指生态系统服务功能损害吗？

一个稳定健康的生态系统通常具有支持营养物质循环和生物多样性存在、提供物质产品、调节大气和水循环流动、提供休闲娱乐等文化服务的生态服务功能，生态系统受损可能导致其具有的支持功能、产品供给、调节服务和文化服务等生态系统服务功能的损害；生态环境损害指因污染环境、破坏生态造成环境空气、地表水、沉积物、土壤、地下水、海水等环境要素和植物、动物、微生物等生物要素的不利改变，及上述要素构成的生态系统的功能退化和服务减少，因此可以认为，当环境要素受到污染但还没有造成生态系统服务功能受损时，生态环境损害仅指环境要素损害，这时作为生态环境损害组成部分的期间损害也仅指环境要素受损至恢复期间对环境资源本身的损害，当环境受到污染并造成生态系统服务功能损害或由于生态破坏直接造成生态系统服务功能损害时，生态环境损害包括环境资源损害和生态系统服务功能损害，期间损害亦然。

根据 GB/T 39791.1—2020 的规定，对于生态环境损害推荐采用恢复费用法进行评估，既包括基本恢复，也包括针对期间损害的补偿性恢复，其核心思想是将生态环境要素及其服务功能作为一个整体来进行评估，只有无法恢复时，才利用环境资源价值评估方法对环境要素以及生态系统的支持功能、供给服务、调节服务和文化服务等生态系统服务功能进行分类评估，相较于恢复费用法，分类评估技术更为复杂，涉及的模型和参数更多，存在更大的不确定性。因此，期间损害的量化，也是将生态系统作为一个整体来计算，根据计算结果设计补偿性恢复方案并计算相应的补偿性恢复费用，将其作为期间损害的生态环境损害赔偿数额，期间损害量化的具体计算方法见 GB/T 39791.1—2020 附录 B.3。

72. 什么是生态环境的基本恢复、补偿性恢复和补充性恢复？三者之间是什么关系？

基本恢复是指使受损的生态环境及其服务功能恢复至基线，包括防止污染或破坏扩大采取的措施和/或生态环境修复措施。补偿性恢复是补偿生态环境从损害发生到恢复至基线期间受损的生态环境及其服务功能。经过恢复效果评估，基本恢复或补偿性恢复没有达到既定目标时，需要采取补充性恢复措施确保生态环境及其服务功能恢复至基线，期间损害得到补偿。

基本恢复和补偿性恢复的目标不同，基本恢复是要将受损生态环境及其服务功能恢复至基线，而补偿性恢复是要补偿期间损害。当不存在期间损害时，即生态环境损害持续时间不超过一年时，一般只需要开展基本恢复。补偿性恢复可以采用和基本恢复相同的措施或方案，也可以采用替代性恢复。但基本恢复的周期会影响期间损害的大小，从而影响补偿性恢复的规模，因此，在进行方案比选时，应充分考虑基本恢复和补偿性恢复之间的相互影响，选择最佳的组合方案。

补充性恢复是指当基本恢复无法完全恢复受损的生态环境及其服务功能，或补偿性恢复无法补偿期间损害时，采取额外的、弥补性的措施进一步恢复受损的生态环境及其服务功能并补偿期间损害的过程。补充性恢复既可以是对基本恢复的补充，也可以是对补偿性恢复的补充。

73．生态环境恢复的周期如何确定?

生态环境恢复的周期受多种因素影响，包括污染物类型、受损介质类型、受损生物或生态系统类型、损害程度、损害范围、所选择的损害恢复技术手段和方案等，在确定生态环境恢复周期时，应综合考虑上述因素，结合文献资料调研、专家咨询、模型模拟、试验研究、案例对比等手段和方法，进行预判。由于生态环境恢复周期存在一定的不确定性，所以生态环境损害的量化也具有一定的不确定性。如问题34所述，磋商协议中应该针对恢复周期的不确定性对支付生态环境恢复保证金作出规定，多退少补。

74．生态环境恢复费用包括哪些?

生态环境恢复费用从类型来分，可分为环境修复费用和生态恢复费用；从使用目的来分，可分为基本恢复费用、补偿性恢复费用和补充性恢复费用；从构成来分，可分为直接费用和间接费用，直接费用包括生态环境恢复工程主体设备、材料、工程实施等费用，间接费用包括恢复工程监测、工程监理、质量控制、安全防护、二次污染或破坏防治等费用。

75. 生态环境损害价值量化的原则是怎样的？量化的方法有哪些？应如何选择合适的损害价值评估方法？

GB/T 39791.1—2020 确定的生态环境损害价值量化的总体原则是：对可以恢复的生态环境损害进行恢复，采用恢复费用法对生态环境损害进行价值量化；对不能恢复的生态环境损害通过环境资源损害价值评估方法进行价值量化。GB/T 39791.1—2020 共推荐了 4 种方法进行价值量化，包括实际费用法、恢复费用法、环境资源价值评估法、虚拟治理成本法，其适用情景如下所述。

（1）污染环境或破坏生态行为发生后，在生态环境损害评估启动前，已经采取必要合理措施的，对已经产生的实际支出费用进行统计汇总，通常用于污染清除费用的统计。

（2）对于生态环境及其服务可以恢复的部分，根据基本恢复和补偿性恢复的目标和恢复技术采用恢复费用法进行测算，具体可以采用费用明细法、指南或手册参考法、承包商报价法、案例比对法等方法进行测算。

（3）当污染环境或破坏生态行为事实明确，但损害事实不明确或无法以合理的成本确定生态环境损害范围和程度时，采用虚拟治理成本法量化生态环境损害数额。

（4）对于不可恢复或不能全部恢复（包括实施恢复方案的经济成本过高，大于恢复实施所产生的环境效益、经济效益和社会效益的情形）造成永久性损害时，采用环境资源损害价值评估方法确定生态环境损害数额。常用的生态环境损害价值量化评估技术主要有两大类：一是基于成本的技术；二是基于损害的技术。

基于成本的损害价值评估技术比较简单、信息容易获取，但是它只能提供采取措施的成本，没有揭示采取措施可以得到的效益，恢复费用法、虚拟治理成本法就是这种技术的代表，其他常用的基于成本的价值量化技术还包括避免损害成本法，也称为防护费用法。基于损害的技术主要是针对环境污染或生态破坏行为对环境要素、生物要素或生态系统造成的实际功能损害进行评估，这种方法相对于基于成本的技术更为合理，但实际操作也更为复杂，实施成本也更高。按照损害对象的不同，适用不同的评估方法，对于供给服务一般采用市场价值法评估，调节服务一般采用替代成本法进行评估，文化旅游服务采用旅行费用法进行评估，栖息地和景观服务功能采用假想市场法进行评估，如支付意愿法、随机效用评估模型等方法；对于环境要素本身损害的评估技术还包括资产品质评估法（又称隐含价格法、享乐价格法）、机会成本法、影子价格法等方法。

76. 生态环境损害价值量化与生态产品价值量化的关系是怎样的？GEP 核算方法适用于生态环境损害价值量化吗？

2021 年，中共中央办公厅、国务院办公厅印发《关于建立健全生态产品价值实现机制的意见》，提出要制定生态产品价值核算规范，推动生态产品价值核算结果在生态保护补偿、生态环境损害赔偿、经营开发融资、生态资源权益交易等方面的应用。

国际上和我国目前发布的生态产品核算相关技术标准可以分为两大类：

第一类是基于弱可持续发展的自然资本核算（也称生态系统服务价值核算）标准，即生态产品价值核算技术规范。该方法的核心思想是通过量化生态系统和生物多样性为人类提供的供给、调节和文化服务产生的惠益，计算得出生态系统服务价值流量，即每年生态系统为人类提供的生态产品价值。这类标准最有代表性的是联合国统计司 2021 年发布的《环境经济核算体系：生态系统核算》（SEEA-EA），主要提出了生态系统服务流量的计算框架与计算原则，以及生态系统功能存量的计算原则。在我国，相关部门印发的《生态产品总值核算规范（试行）》、《陆地生态系统生产总值（GEP）核算技术指南》、《森林生态系统服务功能评估规范》（GB/T 38582—2020）、《海洋生态资本评估技术导则》（GB/T 28058—2011），以及福建、浙江、江西等地发布的地方标准或技术文件主要对生态系统服务流量的评估方法进行了规定，没有涉及生态系统功能存量的计算。

第二类是基于强可持续发展的自然资本核算标准，该方法的核心思想是受损害的生态环境资源和生物多样性必须得到等量修复或恢复，确保生态系统服务功能不降低，这种方法通过对环境资源损害的实物量评估以及以生态环境资源或生物多样性为核心指标的环境修复或生态恢复方案的实施，确保修复或恢复措施获得的资源（服务）收益等于环境损害造成的资源（服务）损失，当对类似栖息地或资源的修复或恢复措施不可行或难以实施时再进行环境资源损害价值评估。2020 年生态环境部和国家市场监督管理总局发布的 GB/T 39791.1—2020、GB/T 39791.2—2020、GB/T 39792.1—2020、GB/T 39792.2—2020、《生态环境损害鉴定评估技术指南　基础方法　第 1 部分：大气污染虚拟治理成本法》（GB/T 39793.1—2020）、《生态环境损害鉴定评估技术指南　基础方法　第 2 部分：水污染虚拟治理成本法》（GB/T 39793.2—2020）6 项国家标准以及 2022 年生态环境部和国家林业和草原局联合印发的《生态环境损害鉴定评估技术指南　森林（试行）》（环法规〔2022〕48 号）即采用了以上思路，美国、欧盟在进行生态环境损害评估时也采用了类似的技术方法，其中关于期间损害存量的计算方法也与联合国统计司发布的《环境经济核算体系：生态系统核算》（SEEA-EA）保持一致。

第一种方法重点评估生态系统服务产生的价值，主要关注流量，适用于宏观层面对社会经济和生态环境的可持续性发展目标进行总体衡量，通常采用替代成本法或效益法来评估；第二种方法重点关注自然生态、环境资源的实物值，把生态环境资源作为整体来评估，既关注流量也关注存量，用于确定中微观层面环境修复和生态恢复方案的制定，当需要评价方案的价值量时，主要采用环境污染的治理成本或自然资源的恢复成本来评估。

综上所述，生态环境损害的评估赔偿范围大于生态产品价值核算范围，评估方法也不完全相同，GB/T 39791.1—2020 等系列标准推荐的计算方法以恢复费用法为主，环境价值评估法和生态产品核算法为辅，现有生态环境损害评估推荐标准中包括生态产品核算方法，如已经发布的 GB/T 39792.2—2020、《生态环境损害鉴定评估技术指南　森林（试行）》（环法规〔2022〕48 号）在附录中分别给出了湿地和森林主要生态产品核算方法，GB/T 39791.1—2020 给出了常用环境价值评估方法。在实践中，由于生态产品核算需要大量的模型参数支持，调查工作量大、实施成本高，在恢复费用法适用的前提下，不推荐采用这种方法进行生态服务功能期间损害的计算。

77．等值分析方法（资源等值分析法、服务等值分析法、价值等值分析方法）的适用条件是什么？

当生态环境损害可以恢复时，适用等值分析方法中的资源等值分析方法、服务等值分析方法进行评估；当生态环境损害无法恢复时，适用等值分析方法中的价值等值分析方法进行评估。具体评估方法见GB/T 39791.1—2020中的附录B。

78．《环境损害鉴定评估推荐方法（第Ⅱ版）》中的环境修复、生态恢复两个阶段和GB/T 39791.1—2020中的生态环境恢复有什么区别和联系？

在实践中，根据生态环境损害类型的不同，可能存在三种情况：第一，仅开展环境修复；第二，仅开展生态恢复；第三，既需要开展环境修复，也需要开展生态恢复。

由于《生态环境损害赔偿制度改革方案》（中办发〔2017〕68号）中没有对修复和恢复进行区分，同时，考虑到部分实践情况中环境修复和生态恢复过程可能合二为一，GB/T 39791.1—2020除规定了“污染清除”“环境修复”两个术语外，还规定了“生态环境恢复”，指采取必要、合理的措施将受损生态环境及其服务功能恢复至基线并补偿期间损害的过程，包括环境修复和生态服务功能的恢复。

79．GB/T 39791.1—2020中关于期间损害的表述是否可以理解为，损害时间短于等于一年的不存在期间损害？该要求是否适用于土壤、地下水、大气、水等各种要素？

损害时间短于等于一年的，不存在期间损害，该要求对于大气、水、土壤、地下水等各种要素均适用。一般认为大气污染不存在期间损害，除非有证据表明大气污染对植物、动物以及其他环境介质造成持续性损害。水污染是否考虑期间损害要视情况而定，由于水体的稀释、扩散、降解作用，水质通常可以通过自净作用或者采取一定的修复措施在较短时间内恢复到基线水平，对地表水生态系统造成期间损害的可能性较小，对于不能在短时间（一年）内恢复的情况，则需要考虑地表水生态系统的期间损害。土壤和地下水的损害具有累积性，当发现损害时，往往可能已经持续了较长时间，再加上土壤和地下水的修复周期比较长，因此，损害时间可能超过一年，通常需要计算期间损害；对于一些倾倒类的案件，如果倾倒时间距离评估时间较近，且很快进行了彻底清理，未对下方土壤和地下水造成影响，损害时间有可能小于一年，则不需要计算期间损害。此外，根据 GB/T 39792.1—2020，功能性损害不计算期间损害。

80．补偿性恢复方案是否仅针对期间损害？补偿性恢复存在异位恢复、原位恢复、替代性恢复三类，基本恢复是否也存在异位恢复、原位恢复、替代性恢复？

补偿性恢复方案仅针对期间损害。期间损害除了采用异位恢复方式外，也可以采用原位恢复方式进行恢复。例如，由于污染造成河流中的鱼类种群数量减少 50%，可以采用原位恢复的方式，要求河流中的鱼类种群数量恢复至原来基线水平的 1.3 倍，以补偿期间损害。这里的 1.3 倍只是举例说明，具体需要根据案例的损害持续和恢复需要的年份计算获得。

当基本恢复无法在原位实施时，也可以以替代性恢复方式进行，替代性恢复可以在原位实施，也可以在异位实施。

替代性恢复是指基本恢复方案或补偿期间损害的恢复方案无法实施时，以被损害的实物量（如面积、体积、生物丰度、鱼的数量等）指标来衡量的一种异地或原地恢复的措施。例如，10 000 m^3 的地下水受到污染失去饮用水功能，但通过评估，应该采用自然恢复的方式恢复其饮用水功能，可以要求赔偿义务人修建一座相同容量的自来水供水设施或污水处理设施来作为替代性恢复方案。目前，实践中将赔偿后的资金做任何形式的环境修复或生态恢复也称为替代性恢复，是一种扩大性解释。

81．采用替代修复时需要注意什么？

采用替代修复时，关键要确保通过恢复获取的实物量收益与受损的实物量对等，否则将失去赔偿的基本衡量标准。例如，汽车超标排放了 1 000 m^3 的非甲烷总烃有害气体，要求种植 1 000 m^2 的森林，两者之间并没有实质上的实物量或价值量对等关系。

82．相关技术指南中规定在不能实施基本恢复，或者不能通过补偿性恢复补偿损害时，采用环境价值评估方法进行损失计算。既然基本恢复或补偿性恢复可以采用替代性恢复方式，为什么还会存在不能补偿损害的情形？

替代性恢复需要基于等量替代的原则，结合损害发生地的实际需求进行选择，因此，可能存在找不到合适的替代性恢复措施的情况。当找不到合适的替代性恢复措施时，需要将生态环境损害进行价值量化，实施货币赔偿。

83．生态环境损害评估与生态环境风险评估有什么区别？

生态环境损害评估是按照规定的程序和方法，综合运用科学技术和专业知识，调查污染环境、破坏生态行为与生态环境损害情况，分析污染环境或破坏生态行为与生态环境损害间的因果关系，评估污染环境或破坏生态行为所致生态环境损害的范围和程度，确定生态环境恢复至基线并补偿期间损害的恢复措施，量化生态环境损害数额的过程。

生态环境风险评估是利用环境化学、毒理学、生态学、水文地质学等各方面的知识，采用定量的方法评估、预测环境介质中的各种污染物对人体健康或生态系统产生有害影响的概率及其强度。

生态环境损害是以污染环境或破坏生态行为发生后，污染物浓度或其他指标是否超过基线水平为判断依据的，评估的是现在的损害状况；而生态环境风险是以环境介质中的污染物是否会对人体健康或生态环境产生不可接受的影响为判断依据的，预测的是将来产生影响的概率。

84．当生态环境损害鉴定费用可能高于损害价值时，是否还有必要开展鉴定评估工作？

一般来说，需要完成损害鉴定后才能明确损害价值。如果损害鉴定启动前就能作出损害价值较低且损害鉴定成本较高的基本判断，赔偿权利人可以和赔偿义务人协商，由赔偿义务人自行开展修复，将受损环境恢复到损害前的状态，或开展一定的替代性修复，避免再开展损害鉴定评估，造成人力、物力、财力的浪费。

85．生态环境污染破坏行为造成的公私财产损失包括哪些内容？

生态环境污染破坏行为造成的公私财产损失是指实施《中华人民共和国刑法》第三百三十八条、第三百三十九条（污染环境罪、非法处置进口的固体废物罪、擅自进口固体废物罪、走私固体废物罪）规定的行为直接造成财产损毁、减少的实际价值，为防止污染扩大、消除污染而采取必要合理措施所产生的费用，以及处置突发环境事件的应急监测费用。在评估公私财产损失时需要和“生态环境损害”（包括生态环境修复费用，生态环境修复期间服务功能的损失和生态环境功能永久性损害造成的损失，以及其他必要合理费用）区分开来。

86．农产品、畜牧产品、矿产资源、土地购买或租赁等损失是否纳入生态环境损害赔偿？

污染环境或破坏生态的行为造成农产品、畜牧产品、矿产资源损失，或者购买或租赁土地价值的损失，属于公私财产损失的范畴，不宜纳入生态环境损害赔偿。对于公私财产损失可以通过民事侵权诉讼获得赔偿。对非法采矿、破坏性采矿构成犯罪的，其非法财物和违法所得，要求依法追缴或者责令退赔。

（二）生态环境损害鉴定评估技术标准的选用

87. 生态环境损害鉴定评估系列技术标准的总体框架是如何考虑的？各标准之间如何衔接适用？

生态环境损害鉴定评估是一项跨部门、跨专业、跨领域的复杂的技术工作。为了统一和规范污染环境或破坏生态导致的生态环境损害的鉴定评估，目前从两个方面着手建立技术标准体系。

一方面，从构建技术方法体系入手构建技术方法体系，包括总纲和关键环节技术指南、基础方法技术指南，作为制定生态环境损害专项技术指南的依据。其中，总纲和关键环节技术指南规定生态环境损害鉴定评估的一般性原则、程序、内容和方法。基础方法类技术指南规定生态环境损害鉴定评估中应用的关键技术方法。

另一方面，从指导具体生态环境损害鉴定评估实践入手，逐步健全环境要素类和生态系统类专项技术标准。在这两类技术标准的制定过程中，遵循总纲、关键环节技术指南的原则、程序和要求，同时充分考虑不同类型生态环境损害评估的特点。其中，环境要素类技术指南侧重因污染环境致地表水、沉积物、土壤、地下水、海水等环境要素损害的鉴定评估。生态系统类技术指南侧重因破坏生态致森林、草原、湿地、海洋等生态系统及其生态服务功能损害的鉴定评估。

在具体的生态环境损害赔偿案件中，应以环境要素类和生态系统类技术指南为主，总纲和关键环节、基础方法类技术指南为辅开展生态环境损害鉴定评估。对于尚未制定标准的环境要素和生态系统类损害，按照总纲和关键环节规定的一般性原则、程序、内容和要求开展。如果标准之间存在矛盾的地方，以环境要素类和生态系统类技术指南为准。

在已经发布的标准中，容易产生交叉的主要是环境要素和生态要素类技术标准。GB/T 39792.2—2020 除规定了地表水和沉积物两类环境介质的损害评估方法，也对湿地生态系统提供的主要支持功能以及调节服务的损害评估方法进行了规定，在专门的湿地生态系统损害评估方法出台前，可以适用地表水和沉积物标准。GB/T 39792.1—2020主要偏向于土壤和地下水两类环境介质的损害评估，涉及陆地生态系统的生态环境损害主要参照《生态环境损害鉴定评估技术指南　森林（试行）》（环法规〔2022〕48号）执行。

88. GB/T 39791.1—2020 等系列标准发布后，《环境损害鉴定评估推荐方法（第Ⅱ版）》（环办〔2014〕90 号）是否还适用？二者如何衔接？

GB/T 39791.1—2020 等系列标准发布后，以技术文件下发的《生态环境损害鉴定评估技术指南　总纲》（环办政法〔2016〕67号）、《生态环境损害鉴定评估技术指南　损害调查》（环办政法〔2016〕67号）、《生态环境损害鉴定评估技术指南　土壤和地下水》（环办政法〔2016〕67号）、《生态环境损害鉴定评估技术指南　地表水和沉积物》（环办法规函〔2020〕290号）不再适用。但由于内容不完全重合，《环境损害鉴定评估推荐方法（第Ⅱ版）》（环办〔2014〕90号）（简称《推荐方法》）仍然适用。两者的主要区别和衔接原则如下：

（1）GB/T 39791.1—2020 仅适用于污染环境或破坏生态导致的生态环境损害的鉴定评估，《推荐方法》制定于 2014 年，当时规定适用于污染环境或破坏生态行为导致的所有类型损害的鉴定评估，包括人身、财产、生态环境损害、应急处置费用和其他事务性费用的鉴定评估。因此，生态环境损害的鉴定评估以 GB/T 39791.1—2020 为准，人身、财产和其他事务性费用的鉴定评估以《推荐方法》为准。

（2）《推荐方法》和 GB/T 39791.1—2020 中对环境损害、生态环境损害、基线、环境修复、生态恢复、期间损害等专业术语作了规定，前后不一致的，以 GB/T 39791.1—2020 为准，《推荐方法》有规定、GB/T 39791.1—2020 没规定的以《推荐方法》为准。例如，《推荐方法》对环境修复的定义为“环境污染发生后，为防止污染物扩散迁移、降低环境中污染物浓度、将环境污染导致的人体健康风险或生态风险降至可接受风险水平而开展的必要的、合理的行动或措施”，该定义包括了污染清除和修复；GB/T 39791.1—2020 对环境修复的定义为“污染清除完成后，为进一步降低环境中的污染物浓度，采用工程和管理手段将环境污染导致的人体健康或生态风险降至可接受风险水平的过程”，GB/T 39791.1—2020 对污染清除另行规定，环境修复的定义以 GB/T 39791.1—2020 为主。《推荐方法》对生态恢复作了规定，GB/T 39791.1—2020 未作规定，生态恢复的定义适用《推荐方法》中的规定。

89.《突发环境事件应急处置阶段环境损害评估推荐方法》（环办〔2014〕118 号）、《突发生态环境事件应急处置阶段直接经济损失核定细则》（环应急〔2020〕28 号）、《环境损害鉴定评估推荐方法（第Ⅱ版）》（环办〔2014〕90 号）与 GB/T 39791.1—2020、GB/T 39791.2—2020、GB/T 39792.1—2020、GB/T 39792.2—2020 等系列标准的关系是怎样的？如何衔接使用？

《中华人民共和国环境保护法》第四十七条规定“突发环境事件应急处置工作结束后，有关人民政府应当立即组织评估事件造成的环境影响和损失，并及时将评估结果向社会公布”，《突发环境事件调查处理办法》第九条规定“突发环境事件调查应当查明：……（三）突发环境事件造成的人身伤亡、直接经济损失情况，环境污染和生态破坏情况”，同时，直接经济损失也是突发环境事件分级的重要依据。因此，环境保护部于 2014 年专门针对突发环境事件应急处置阶段的损害评估工作组织编制了《突发环境事件应急处置阶段环境损害评估推荐方法》（环办〔2014〕118 号）（简称《突发环境事件推荐方法》），并于 2020 年专门针对突发环境事件应急处置阶段直接经济损失的核定编制了《突发生态环境事件应急处置阶段直接经济损失核定细则》（环应急〔2020〕28 号）（简称《核定细则》）。该问题中的 3 个技术文件和系列标准的适用与衔接原则如下：

（1）突发环境事件应急处置阶段环境损害的评估主要适用《突发环境事件推荐方法》和《核定细则》，其中前者适用于对突发环境事件应急处置阶段可量化的应急处置费用、人身损害、财产损害、生态环境损害等各类直接经济损失进行计算，对生态功能丧失程度进行划分；后者进一步说明细化了《突发环境事件推荐方法》中直接经济损失的计算范围和核算方法。

（2）突发环境事件应急处置结束后仍然持续存在的生态环境损害适用 GB/T 39791.1—

2020、GB/T 39791.2—2020、GB/T 39792.1—2020、GB/T 39792.2—2020等系列国家标准。需要特别注意的是，《突发环境事件推荐方法》制定时GB/T 39791.1—2020尚未印发，因此，《突发环境事件推荐方法》中关于应急处置阶段生态环境损害的计算方法参照《环境损害鉴定评估推荐方法（第Ⅱ版）》（环办〔2014〕90号）执行的相关规定，已经不合时宜。

（3）突发环境事件应急处置结束后仍然持续存在的人身、财产和其他事务性费用的评估适用《环境损害鉴定评估推荐方法（第Ⅱ版）》（环办〔2014〕90号）。

（4）《突发环境事件推荐方法》9.4.2规定“突发环境事件发生后，如果环境介质（水、空气、土壤、沉积物等）中的污染物浓度在两周内恢复至基线水平，环境介质中的生物种类和丰度未观测到明显改变，可以参考HJ 627—2011中的评估方法或附件F的虚拟治理成本法进行计算，计算出的生态环境损害数额，可作为生态环境损害赔偿的依据，不计入直接经济损失”，其中“两周”的规定与应急处置持续时间以及生态环境损害期间损害一年以上之间缺乏有效衔接，其附件F中的虚拟治理成本法目前也已经不适用，被GB/T 39793.1—2020和GB/T 39793.2—2020替代，关于生物生态环境损害评估方法也在GB/T 39792.2—2020、《生态环境损害鉴定评估技术指南　森林（试行）》（环法规〔2022〕48号）等标准和技术文件中作了详细规定，利用虚拟治理成本法计算得出的生态环境损害数额可作为生态环境损害赔偿的依据，不纳入直接经济损失。以上问题将通过技术文件修改单或印发新的技术文件或国家标准的形式予以解决。

90. GB/T 39791.1—2020等6项国家标准发布前已经完成的生态环境损害鉴定评估工作是否可以申请按照新的标准重新鉴定评估？正在开展的生态环境损害鉴定评估工作是否应该按照新的标准开展鉴定评估？

在GB/T 39791.1—2020、GB/T 39791.2—2020、GB/T 39792.1—2020、GB/T 39792.2—2020、GB/T 39793.1—2020、GB/T 39793.2—2020等6项国家标准发布前，生态环境损害鉴定评估主要执行生态环境部印发的《生态环境损害鉴定评估技术指南　总纲》（环办政法〔2016〕67号）、《生态环境损害鉴定评估技术指南　损害调查》（环办政法

〔2016〕67号）、《生态环境损害鉴定评估技术指南　土壤与地下水》（环办法规〔2018〕46号）、《生态环境损害鉴定评估技术指南　地表水与沉积物》（环办法规函〔2020〕290号）等技术文件，由于生态环境损害鉴定评估工作具有延时性，在制定上述标准时专门针对新旧标准适用的问题，规定在系列标准实施之前发生的生态环境损害的鉴定评估，继续参照已经发布的技术文件开展，但损害持续至这6项标准实施的除外。

上述规定意味着标准实施日期之前正式委托开展生态环境损害鉴定评估的，或者已经完成生态环境损害鉴定评估但申请重新鉴定评估的，仍参照生态环境部发布的技术文件执行。但经原被告和委托单位协商同意的，可以按照新的国家推荐性标准执行。标准实施日期之后正式委托开展生态环境损害鉴定评估的，或者已经完成生态环境损害鉴定评估但申请重新鉴定评估的，按照新的国家推荐性标准执行。

上述原则同样适用于生态环境损害鉴定评估领域已经或即将发布的其他技术文件或标准。

（三）虚拟治理成本法

91．哪些情形下适用虚拟治理成本法？哪些情形下不适用？

根据GB/T 39793.1—2020和GB/T 39793.2—2020的规定，虚拟治理成本法适用于污染物排放行为事实明确，但损害事实不明确或无法以合理的成本确定生态环境损害范围、程度和损害数额的情形；不适用于突发环境事件中实际发生的应急处置费用或治理费用明确、通过调查和评估可以确定的生态环境损害的鉴定评估。

92．污染物的单位治理成本如何确定？有哪些方法？

根据GB/T 39793.1—2020和GB/T 39793.2—2020的规定，污染物单位治理成本的确定方法包括实际调查法和成本函数法。

单位治理成本确定优先采用实际调查法。通过实际调查，获得相同或邻近地区，相同或相近生产规模、生产工艺、产品类型、处理工艺的企业，治理相同或相近污染物，能够实现稳定达标排放的单位污染治理成本。在上述因素中，相同或相近产品类型、生产规模、能够实现稳定达标排放为首要考虑因素，相同或邻近地区为次要考虑因素，最后是相同或相近生产工艺和处理工艺。

当调查样本量足够大时，可采用成本函数法。如利用污染源普查、环境统计等数据库，建立特定行业污染物的单位治理成本函数，计算污染物的单位治理成本。

93. 如何确定大气污染虚拟治理成本法和水污染虚拟治理成本法中的调整系数？两类方法中调整系数的确定因素有什么不同？

根据 GB/T 39793.1—2020 的规定，调整系数包括污染物危害系数、受体敏感系数、超标系数和环境功能系数四种，分别根据污染物危害性质分类、大气污染源与下风向区域中人群集聚地的最近距离、大气污染物浓度超标倍数和污染源排放区域环境功能区确定。

根据 GB/T 39793.2—2020 的规定，调整系数包括危害系数、超标系数和环境功能系数三种，分别根据污染物危害性质分类、污染物超标倍数和排放行为发生地的环境功能确定。

与大气污染虚拟治理成本法相比，水污染虚拟治理成本法的调整系数没有考虑受体敏感系数，主要原因是在水污染虚拟治理成本法中，危害系数的确定已经考虑了受体因素。

94. 应用虚拟治理成本法时，环境功能系数应该根据实际的环境功能区划级别确定，还是根据规划的环境功能区划级别确定？

应用虚拟治理成本法时，环境功能系数应该根据实际的环境功能区划级别确定。

95. 用虚拟治理成本法计算得到生态环境损害后，是否还需要计算期间损失？

虚拟治理成本法的计算结果已经包括期间损失，因此不需要另外计算期间损失。

96. 涉及土壤损害的，是否可以采用虚拟治理成本法？参照什么标准进行计算？

涉及土壤损害的，一般应该以土壤的实际调查结果为依据进行土壤环境资源损害或土壤环境修复费用的计算；如果污染物排放行为事实明确，但无法以合理的成本确定土壤生态环境损害范围、程度和损害数额的，或不具备开展实际调查条件的特殊情况，才可以采用虚拟治理成本法，具体参照《关于虚拟治理成本法适用情形与计算方法的说明》进行计算。

四、污染物性质鉴定

97．污染物性质鉴定中的取样份数如何确定？

根据《环境损害司法鉴定执业分类规定》（司发通〔2019〕56 号）的规定，污染物性质鉴定包括固体废物鉴定、危险废物鉴定、有毒物质（不包括危险废物）鉴定、放射性废物鉴定、含传染病病原体（不包含医疗废物）鉴定、污染物筛查及理化性质鉴定等。针对危险废物鉴定，HJ 298—2019 中规定了待鉴别固体废物的份样数。针对固体废物鉴定、有毒物质（不包括危险废物）鉴定、放射性废物鉴定、含传染病病原体（不包含医疗废物）鉴定、污染物筛查及理化性质鉴定等目前尚无相关标准规范对取样份数进行规定，可根据实际情况确定，或参考 HJ 298—2019 中关于份样数的相关规定确定。

98．实际工作中经常遇到不常见的污染物，在没有可用的国内外标准检测方法的情况下，如何进行鉴定？

根据 GB/T 39791.2—2020 的规定，无相关采样、检测标准方法规范的情况下，“可参照国外相关适用性标准或专家认可的技术方法”。

99．如何鉴定某种污染物是否属于有毒物质？

根据《最高人民法院、最高人民检察院关于办理环境污染刑事案件适用法律若干问题的解释》（法释〔2023〕7 号）的规定，有毒物质包括：

（1）危险废物，是指列入国家危险废物名录，或者根据国家规定的危险废物鉴别标准和鉴别方法认定的，具有危险特性的固体废物；

（2）《关于持久性有机污染物的斯德哥尔摩公约》附件所列物质；

（3）重金属含量超过国家或者地方污染物排放标准的污染物；

（4）其他具有毒性，可能污染环境的物质。

目前，我国尚未出台关于有毒物质鉴定的标准规范。实际工作中可以参考《危险废物鉴别标准　毒性物质含量鉴别》（GB 5085.6—2007）中附录中的物质清单、《危险化学品目录》中具有健康危害的物质清单、《有毒有害水污染物名录》和《有毒有害大气污染物名录》中的物质清单，结合污染物含量、毒理学数据以及毒性测试数据等内容，进行鉴定。

100．污染物性质在实际工作中是否必须通过检测进行鉴别？是否可以依据文献或材料进行鉴别？

污染物性质不是必须通过检测进行鉴别。如果根据有关文献或材料可以明确物质来源、主要污染物等信息，足以支撑鉴定结论，则不需要进行检测。

101．一般的环境损害鉴定评估机构或环境检测机构没有能力开展“含有传染病病原体的废物鉴定”，如何解决？

我国的医疗机构、各地疾病预防控制中心和医学检测实验室等机构具备传染病病原体的检测能力。对涉及含传染病病原体废物的鉴定，可以向上述机构咨询相关业务。

102．如何理解《环境损害司法鉴定执业分类规定》（司发通〔2019〕56号）中的“危险废物及有毒物质致植物/动物损害”？

“危险废物及有毒物质致植物/动物损害”指植物或动物与危险废物直接接触造成损害，而非危险废物进入水、大气、土壤等环境介质后，间接对植物或动物造成损害。

103．某检测机构仅具备“固体废物腐蚀性”的检测能力，是否可以申请环境损害司法鉴定资质，开展污染物性质鉴定中的“危险废物鉴定”的有关工作？

《环境损害司法鉴定机构登记评审细则》（司发通〔2018〕54 号）要求检测实验室能力与申请业务鉴定项目相关，但并未明确要求具备检测能力的项目数量。原则上，具备“固体废物腐蚀性”的检测能力，可以申请环境损害司法鉴定资质。开展危险废物鉴定，更重要的是要具备根据实际情况制定鉴别工作方案的能力，能够根据废物鉴别相关技术标准和文件以科学的技术方案和合理的成本进行危险废物鉴定。在危险废物鉴定中，检测仅是获取数据资料作为鉴定依据的一个方面。

生态环境部 2021 年发布的《关于加强危险废物鉴别工作的通知》（环办固体函〔2021〕419 号）规定，对危险废物鉴别报告存在异议的，可向鉴别委托方所在地省级危险废物鉴别专家委员会提出评估申请；对省级危险废物鉴别专家委员会评估意见存在异议的，可向国家危险废物鉴别专家委员会提出评估申请；对司法案件涉及的危险废物鉴别，按照司法鉴定有关规定执行，可以通过庭审质证或申请重新鉴定、补充鉴定等方式解决。

五、大气生态环境损害鉴定评估

104．如何确定大气环境是否受到损害，具体包括哪些情形?

大气环境损害是指因污染环境造成环境空气质量和植物、动物、微生物等生物因素的不利改变，通常是由超标排放大气污染物造成环境空气中特征污染物浓度超过基线，环境空气中物质的浓度足以导致生物毒性反应，评估区生物个体发生死亡、病变、行为异常、肿瘤、遗传突变、生理功能失常、畸形，评估区生物种群特征（如种群密度、性别比例、年龄组成等）、群落特征（如多度、密度、盖度、频度、丰度等）或生态系统特征（如生物多样性）与基线相比发生不利改变等。

105．大气环境损害鉴定评估过程存在哪些不确定性?如何减小损害量化的不确定性?

由于大气污染具有扩散速度快的特征，大多数情况下出现污染物排放事实明确，但损害事实不明确或无法以合理的成本确定大气生态环境损害范围、程度和损害数额的情况，因此，通常采用虚拟治理成本法进行损害量化。采用虚拟治理成本法评估大气环境损害过程中，不确定性主要是污染物排放量估算的不确定性和单位治理成本的不确定性导致的，污染物排放量可以采用实测浓度法、物料平衡法、里程能耗法进行计算，单位治理成本可采用实际调查法、成本函数法确定。

106．无组织排放是否可能造成大气环境损害？包括哪些情形？该如何计算？

无组织排放也可能造成大气环境损害。包括无组织排放导致污染物浓度超过相关排放限值，根据《挥发性有机物无组织排放控制标准》（GB 37822—2019）表明造成了大气环境损害等情形。可基于排放浓度和排放时长等参数计算排放量，采用虚拟治理成本法评估损害。

107．大气环境损害是否需要计算期间损害？该如何计算？

由于空气中污染物扩散较快，大气环境本身的损害通常不会持续超过一年，因此，大气环境损害一般不计算期间损害。但对于长期的大气环境污染物排放或短期高浓度有毒大气污染物排放的情况，考虑到其对周边受体有长期累积性有害效应，在采用虚拟治理成本计算大气环境损害时，将这种可能存在的期间损害通过污染物危害系数、受体敏感系数给予考虑。

108．是否需要考虑大气环境生态服务功能损害？该如何量化计算？

一般情况下大气环境损害不会导致生态服务功能的损害，不对这部分损害进行计算。但对于长期的大气环境污染物排放或短期高浓度有毒大气污染物排放的情况，也可能给排放源周边植被甚至土壤和地表水生态环境带来服务功能损害，这种情况应该按照 GB/T 39791.2—2020、GB/T 39792.1—2020、GB/T 39792.2—2020 推荐的方法开展生态环境损害调查，并计算相应的损失。

109．废水或固体废物排放进入土壤后，已经针对土壤污染制定基本恢复和补偿性恢复方案，或根据基本恢复和补偿性恢复方案的实施费用予以赔偿，在排放或清挖污染土壤和固体废物的过程中有挥发性有毒气体释放，是否需要计算大气生态环境损害？

废水或固体废物排放进入土壤后，已经针对土壤污染制定基本恢复和补偿性恢复方案，或根据基本恢复和补偿性恢复方案的实施费用予以赔偿，在排放或清挖污染土壤和固体废物的过程中有挥发性有毒气体释放，通常应采取相应措施，避免污染物浓度超标，如果监测到挥发性有毒气体的浓度超过相关环境质量标准，应计算大气生态环境损害。

110．如果采用虚拟治理成本法计算非法处置危险废物的生态环境损害后，是否还需要计算非法处置期间有毒有害气体排放造成的生态环境损害？

如果有毒有害气体没有对其他环境介质造成影响或对其他敏感受体（人、动植物等）造成损害，不需要再进行计算，因为采用虚拟治理成本法计算危险废物的生态环境损害时，单位治理成本是全流程工艺的成本，如采用焚烧方式处置危险废物，其单位治理成本已经包含了废气排放口的处置成本。

六、地表水与沉积物生态环境损害鉴定评估

111．地表水生态破坏基本情况调查包括哪些内容？其中，水生态系统服务功能调查具体包括什么内容？

地表水生态破坏基本情况调查包括水生生境（包括水文、水文地质、水环境质量等）、水生生物和水生态系统服务功能受损害的时间、方式、过程和影响范围等信息。其中，水生态系统服务功能调查主要包括水生态系统的功能类型和服务水平，如水产品供给等供给服务，生物多样性维护，洪水调蓄、水质净化、气候调节等调节服务，以及旅游文化服务等。

112．地表水与沉积物环境的调查指标有哪些？

地表水与沉积物环境的调查指标取决于特征污染物。对于污染源明确的情况，参考行业排放标准，通过现场踏勘、资料收集和人员访谈，根据排污企业的生产工艺、使用原料助剂，以及污染物质在地表水和沉积物迁移转化中发生物理、化学变化或者与生物相互作用可能产生的二次污染物，综合分析识别特征污染物，确定地表水与沉积物环境的调查指标。对于污染源不明的情况，通过对采集样品的定性和定量化学分析，识别特征污染物，确定地表水与沉积物环境的调查指标。

特征污染物的筛选应优先选择我国相关水环境质量标准和污水排放标准、优先控制化学品名录以及有毒有害水污染物名录中规定的物质，结合区域水功能特征和化学物质的理化性质、易腐蚀性、环境持久性、生物累积性、急慢性毒性和致癌性等特点，

筛选识别特征污染物。必要时结合相关实验测试，评估其危害，确定是否作为特征污染物。

水环境污染事件涉及的常见特征污染物及指标主要包括：①无机污染物：重金属、酸、碱、氰化物、氟化物等；②有机污染物：油类、脂肪烃、卤代烃类、多环芳烃类、苯系物、有机酸、醇类、醛类、酮类、酚类、酯类等；③富营养化特征指标：总磷、总氮等营养物指标，叶绿素 a、透明度、藻类生物量等生物学指标，微囊藻毒素和致嗅物质等藻华产生的有毒物质。

影响污染物对地表水和沉积物环境及水生生物潜在损害的指标主要包括：①水文指标：温度、流速、水深及其他与流动变化有关的水文指标；②水质指标：pH、硬度、电导率、溶解氧、浊度、COD、氧化还原电位等；③沉积物理化性质指标：粒度、有机碳、硫化物等。

113．地表水和沉积物环境采样调查的方法及参考标准与规范有哪些？

对于突发水环境污染事件，主要通过现场调查、应急监测、模型模拟等方法，重点调查研判污染源、污染物性质、可能涉及的环境介质、受水文和水文地质环境以及事件应急处置影响污染物可能的扩散分布范围和二次污染物、污染物在水体中的迁移转化行为、水生态服务功能和水生生物受损程度和时空范围。因未能及时开展应急监测，无法获取地表水中污染物浓度的情形，可采用模型进行模拟预测，并利用实际监测数据进行模型校验。

对于累积水环境污染事件，主要通过实际环境监测和生物观测等方法，重点调查污染源、污染物性质、可能涉及的环境介质、污染物的扩散分布范围、污染物在水体、沉积物、生物体中的迁移转化行为及其可能产生的二次污染物、水生态服务功能和水生生物受损程度和时空范围。

地表水和沉积物环境采样调查参考标准有《地表水环境质量监测技术规范》（HJ 91.2—2022）、《近岸海域环境监测技术规范　第四部分　近岸海域沉积物监测》（HJ 442.4—2020）、《水质　采样样品的保存和管理技术规定》（HJ 493—2009）、《水质采样技术指导》（HJ 494—2009）、《水质　采样方案设计技术规定》（HJ 495—2009）、《突发环境事件应急监测技术规范》（HJ 589—2021）等。

114．评估河流或湖泊的沉积物损害的监测指标与评价标准是什么？

河流或湖泊的沉积物损害的监测指标一般根据水环境损害指标确定，沉积物损害监测指标一般和河流或湖泊监测指标一致，常见的沉积物理化性质指标包括粒度、有机碳、硫化物等，损害特征指标根据特征污染物确定。

在判断河流或湖泊的沉积物是否需要开展风险管控或修复时，可以参考《底泥品质指标之分类管理及用途限制办法》（台湾省）等相关标准进行判断，也可以通过将沉积物的浸出液污染物浓度同《地表水环境质量标准》（GB 3838—2002）等与需要保护的水体相关的水质标准进行比较进行判断。

115．水生生物损害评估指标的选取原则是什么？是否必须进行全部水生生物调查或全要素调查？

水生生物损害评估指标的选取原则包括：①根据地表水生态环境事件类型和影响水域实际情况，选择代表性强、操作性好的水生生物指标开展监测。②重金属、有毒有机物、石油类等污染物导致的水环境污染事件的水生生物调查指标包括生物种类、数量或生物量、形态和水生生物组织中特征污染物的残留浓度。③酸、碱、氮、磷等污染物和有机质、溶解氧、电导率、温度等指标变化导致的水环境污染事件的水生生物调查指标包括种类组成、数量、生物量；浮游生物调查指标包括种类组成、生物量；底栖动物调查指标包括种类组成、数量和生物量；鱼类及其他大型水生生物调查指标包括种类组成、数量和生物量等；水禽调查指标包括种类组成和数量。重点关注国家重点保护野生水生动物和鸟类相关物种。

不一定进行全部水生生物或全要素调查，可选择指示性物种，指示性物种对水生态环境要求较高，其数量或生物量等指标极易受到水生态环境变化的影响，其变化可反映水生态环境的变化，也可以选择优势种以及其他具有较高价值的物种及保护物种等。

116．对于不参与评价的指标，监测的目的和作用是什么？

对于不参与评价的指标，监测的目的和作用是为地表水与沉积物环境损害评估过程中损害量化、损害因果关系分析、恢复方案制订等环节提供参数或依据。如调查受影响的河流边界、水深、流速、流量等指标，可用于计算水体受损量；在进行水环境损害因果关系分析时，可能需要用到水温、pH、Eh、溶解氧、高锰酸盐指数等指标的监测数据；进行受损水体恢复方案制订时，可能需要考虑流速、流量、降雨量、蒸发量、泥沙含量、地表水深与地下水位等指标。

117．水生生物布点采样是否应该和水体、沉积物调查采样点位一致？

水生生物布点采样不需要和水体、沉积物调查采样点位保持一致，水体、沉积物调查采样点位是以掌握地表水生态环境损害发生流域（水系）状况、反映发生区域的污染状况或生态影响的程度和范围为目的，根据水系流向、流量、流速等水文特征、地形特征和污染物性质等，结合相关规范和指南的要求，合理设置监测断面或采样点位。依据水生态服务功能和事件发生地的实际情况，以最少的监测断面（点）和采样频次获取足够有代表性的信息，同时考虑采样的可行性。对于感潮水域，应根据事件实际情况选择涨平潮、退平潮等不同时段开展监测。而水生物布点采样根据水体面积、水功能区、水生生物空间和时间分布特点和调查目的，采用空间平衡随机布点法布置采样点或沿生物、水生态受损害梯度布置采样点。采样时间应考虑生物节律，包括植物的季节变化以及动物的季节变化和日变化。布点采样方法具体参照《生物多样性观测技术导则　鸟类》（HJ 710.4—2014）、《生物多样性观测技术导则　两栖动物》（HJ 710.6—2014）、《生物多样性观测技术导则　内陆水域鱼类》（HJ 710.7—2014）、《生物多样性观测技术导则　淡水底栖大型无脊椎动物》（HJ 710.8—2014）、《生物多样性观测技术导则　水生维管植物》（HJ 710.12—2016）、《淡水浮游生物调查技术规范》（SC/T 9402—2010）、《淡水生物调查技术规范》（DB43/T 432—2009）以及《污染死鱼调查方法（淡水）》（农渔函〔1996〕62号）等相关标准执行，缺少规定的，可以参考《海洋生物质量监测技术规程》（HY/T 078—2005）等相关标准和技术文件执行。

118．如何选取水生生物损害实物量化和价值量化指标？

水生生物损害实物量化阶段一般选择指示性物种数量、密度或生物量等指标表征水生生物损害。

水生生物损害价值量化一般通过恢复费用法进行，可以指示性物种或优势种的数量或密度等指标作为表征，此指示性物种或优势种能够反映总体水生态服务功能的恢复情况。对于无法恢复或无法补偿期间损害的，可选择环境资源价值损失量（如旅游收入等）作为量化指标。

119．受地表水影响的河岸带植被、陆生生物、鸟类损害鉴定是否属于地表水损害鉴定范畴？

受地表水生态环境损害事件影响的河岸带植被、陆生生物、鸟类损害鉴定均属于地表水损害鉴定范畴。

根据 GB/T 39792.2—2020 的规定，地表水生态环境损害的定义为“因污染环境、破坏生态造成地表水、沉积物等环境要素和水生生物等生物要素的不利改变，及上述要素构成的水生态功能退化和服务减少”，地表水生态服务功能包括生物多样性支持功能，可以选取受损水域的鱼类、鸟类、大型底栖动物、高等植物中的 1～3 种指示性生物物种表征地表水生态环境损害的范围和程度，这些生物同时可以作为恢复目标和恢复方案制定的表征指标。

120．水生生物损害确认的依据有哪些？

水生生物损害确认的主要依据包括：①评估区指示性水生生物种群特征（如密度、性别比例、年龄组成等）、群落特征（如多度、密度、盖度、丰度等）或生态系统特征（如生物多样性）发生不利改变，与基线相比存在差异；②水生生物个体出现死亡、疾病、行为异常、肿瘤、遗传突变、生理功能失常、畸形；③水生生物中的污染物浓度超过相关食品安全国家标准或影响水生生物的食用功能。

121．采用环境资源价值量化方法对地表水、沉积物与水生态环境损害进行评估的要点包括哪些？

涉及地表水和沉积物的生态环境事件，存在不能通过实施恢复措施进行恢复或完全恢复到基线水平，或不能通过补偿性恢复措施补偿期间损害的情况，GB/T 39792.2—2020 针对不同的地表水体功能，给出了适合的地表水环境资源价值量化方法，具体适用原则如下：

（1）对于以生产功能为主的水资源受损事件，推荐采用市场价值法进行评估，包括水产品供给、航运支持服务功能；但对于以水资源供给为主的水域，考虑饮用水水源的资源稀缺性，推荐采用水资源影子价格法评估。

（2）对于地形地貌和岸带稳定等支持功能受损与/或危害洪水调蓄、水质净化、气候调节、土壤保持等调节服务功能受损的生态破坏类事件，推荐采用恢复费用法进行评估，这里需要注意的是，地形地貌受损的同时可能造成水源涵养、土壤保持功能的受损，由于恢复措施可以使地形地貌、水源涵养和土壤保持功能同时恢复，因此，恢复费用只能计算 1 次，不能重复计算。

（3）对于以生物多样性和自然人文遗产维护为主要服务功能的水域，推荐采用恢复费用法计算支持功能损失，当恢复方案不可行时，首先推荐采用基于效益的、评估价值更高的支付意愿法进行计算，支付意愿法不可行时，可以采用基于成本的物种保育法计算。

（4）对于以休闲娱乐、景观科研为主要服务功能的水域，推荐采用旅行费用法计算文化服务损失，一般基于直接旅行费用（如门票、交通、食宿等费用）的评估结果偏低，但相关数据更容易获取；在经费和时间允许的情况下，可以采用考虑了消费者剩余的支付意愿法来进行评估，对景观、科研等生态系统的内在价值、遗赠价值进行更全面的评估。

（5）对于超过地表水环境质量基线，但没有超过地表水环境质量标准并影响水环境生态功能的情况，GB/T 39792.2—2020 规定根据损害发生地的水资源非使用基准价值和根据超过基线倍数确定的水资源非使用基准价值调整系数计算。GB/T 39792.2—2020 强调，如果计算得到的水生态功能损害价值小于受损的水资源非使用价值，可以以受损的水资源非使用价值作为计算结果，但两者不能相加，以避免重复计算。

（6）由于 GB/T 39792.2—2020 是推荐标准，且环境资源价值评估存在其他可能，标准强调，对于采用非标准推荐的方法进行水环境资源价值量化评估的，需要详细阐述方法的合理性。

122.“部分环境污染事件因不易被发现，无法第一时间获取现状数据，而发现时浓度已经降低”的情形下，如何确定事件发生时的污染物浓度水平？如何量化地表水环境损害？

涉及排污单位的，应调查其生产工艺、生产原料和辅料、产品和副产品、副产物等使用或产生情况；主要产污节点及特征污染物、污染处理工艺、污染处理设施的运行状况等。

对于排放其他废水的，调查外排废水中的主要污染物（特别是特征污染物）、排放规律（稳定连续排放、周期性连续排放、不规律连续排放、有规律间断排放、不规律间断排放等）、排放去向、排放量、污水处理工艺及处理设施运行情况。

通过上述信息计算分析污染源的排放浓度，根据污染物在地表水体迁移转化时间和规律，以及地表水动力模型或水质模型反推计算事件发生时的地表水的污染物浓度水平。

对于这种情形，无法开展全面系统的损害调查，可通过调查固体废物或废水的排放量、单位治理成本、受纳水体环境功能等，采用虚拟治理成本法计算损害价值。

123. 航行噪声或水流扰动导致的损害是否属于生态环境损害赔偿的范围？

对于合法合规的航行噪声或水流扰动导致的损害不应该列入生态环境损害赔偿的

范围，而对于违法情况下的航行噪声或水流扰动导致生态环境受到损害的，可以纳入生态环境损害赔偿范围。

124．废水偷排进入其他工业废水或城市污水管网后，造成工业废水或城市污水处理设施超负荷运行，没有达到排放标准，应如何计算生态环境损害？如果经过工业废水或城市污水处理设施后达标排放，应该如何计算生态环境损害？

废水偷排进入其他工业废水或城市污水管网后，造成工业废水或城市污水处理设施超负荷运行，没有达到排放标准，建议在核实因果关系的前提下，按照造成的实际损害或采用虚拟治理成本法计算生态环境损害。如果经过工业废水或城市污水处理设施后达标排放，建议由污染处理设施所属企业向废水偷排责任方进行污水处理费用的民事索赔。

125．非法采砂案件生态环境损害评估的要点是什么？

非法采砂活动可能对河流地形地貌、岸带稳定性、水文情势、水质、河流及岸带生境和水生生物等产生负面影响，因此，非法采砂事件的生态环境损害实物量通常通过河床结构受损程度、水源涵养减少量、水质恶化程度、岸带受损程度和水生生物资源损失等指标表征。

量化河段非法采砂事件生态环境损害价值量时，由于生态服务功能量化存在较大的不确定性，GB/T 39792.2—2020 首先推荐以实际恢复的方式予以赔偿；当实际恢复不可行时，对主要生态服务功能进行价值量化，实施货币化赔偿。

针对非法采砂事件对河床原始结构和水资源涵养功能的破坏，建议通过修复工程措施，采用从附近淤积区采砂修复的方式，恢复非法采砂区的原始河床结构及水源涵养能力，稳固岸带，提高防洪和航运安全水平。需要说明的是，河道非法采砂活动结束后，水流本身的挟沙能力可能已经部分填补了非法采砂造成的河湖底部的结构损失，但由于生态环境损害鉴定评估对象为非法采砂案件造成的河湖底部结构受损程度及水源涵养减少量，因此设计修复工程时不考虑后期河湖的自然填补砂量。

126．开展地表水生态环境恢复效果评估工作时的注意事项有哪些？

开展地表水生态环境恢复效果评估工作时的注意事项包括：

（1）开展地表水生态环境恢复效果评估时，首先应根据需要确定是否开展恢复过程评估，不是所有的项目都开展恢复过程评估。

（2）恢复目标完成情况评估阶段，首先应构建概念模型，梳理地表水生态环境恢复的起始时间、范围、目标、主要技术、工艺参数等内容，为恢复目标完成情况评估阶段的监测调查布点、指标确定、时间和频次确定等提供依据。

（3）河流修复和湖（库）修复的调查监测布点要求不同，具体参照 GB/T 39791.3—2024 进行设置。

（4）在进行修复目标完成情况评估时，根据样品数量选择相应方法进行分析，包括逐一比对法和统计分析法，具体参照 GB/T 39791.3—2024。

127．地表水生态环境恢复效果评估指标如何确定？

地表水生态环境恢复效果评估指标应考虑环境介质本身的恢复和水生生物以及水生态系统的恢复。环境介质本身的恢复效果评估主要考虑恢复方案中设定的目标指标，主要为环境介质中污染物的浓度。水生生物和生态系统的恢复效果评估则需要在考虑生物多样性、生物量等恢复方案中设定的目标指标的同时，考虑水体所能提供的主要生态系统服务功能，选择相应的表征服务功能的指标进行评估，确保恢复过程中水生态服务功能也得到了提升。例如，当水体能提供生物多样性维持功能时，可以选择动物种类和数量、植物种类和数量等指标，当水体能提供产品供给等功能，可以选择渔业产品、供水量等指标。由于土壤保持、水流调节等调节服务的表征指标调查观测难度较大，恢复效果评估一般不选择调节服务类指标进行评价。

七、土壤与地下水生态环境损害鉴定评估

128．土壤环境损害与土壤污染的本质区别是什么？

根据《土壤环境　词汇》（HJ 1231—2022）中的定义，土壤污染是指人为因素导致某种物质进入陆地表层土壤，引起土壤化学、物理、生物等方面特性的改变，影响土壤功能和有效利用，危害公众健康或者破坏生态环境的现象。根据 GB/T 39791.1—2020，土壤环境损害可以理解为因污染环境、破坏生态造成土壤环境要素的不利改变及土壤生态系统的功能退化和服务减少。

损害是相对于基线水平而言的，即环境中污染物浓度、自然资源数量质量、生态系统服务功能等相对于基线水平而言发生了变化，则认为受到了损害；而污染是相对于标准值而言的，即环境中污染物浓度水平高于可接受风险水平对应的浓度限值（如标准值、筛选值等），则认为受到了污染。

129．哪些行为会造成土壤和地下水环境损害？土壤和地下水环境损害包括哪些类型？

可能造成土壤和地下水环境损害的行为包括工业生产过程中的跑、冒、滴、漏，固体废物、废水的倾倒、填埋、堆放，废气、废水的排放，农药、化肥的不当使用等。

土壤环境损害包括土壤中污染物浓度超过基线水平、土壤不能用于原来的功能等。地下水环境损害包括地下水中污染物浓度超过基线水平、地下水资源减少、地下水不能用于原来的功能等。具体损害情形包括：

（1）调查点位土壤和地下水中特征污染物的浓度或相关理化指标（包含 pH、电导率等）超过基线水平；

（2）评估区域土壤和地下水呈现明显颜色或气味异常，经实验或测试表明对土壤无脊椎动物或植物产生毒性；

（3）因土壤和地下水污染造成评估区域生物死亡、疾病、行为异常、肿瘤、遗传突变、生理功能失常、畸形等；

（4）评估区域指示性生物种群特征（如密度、性别比例、年龄组成等）、群落特征（如多度、密度、盖度、丰度等）或生态系统特征（如生物多样性）发生不利改变，指示性指标超过基线水平；

（5）土壤和地下水的其他性质发生改变，导致土壤和地下水不再具备基线状态下的生态服务功能，如土壤的农产品生产功能、地下水的饮用功能等；

（6）造成土壤和地下水损害的其他情形。

130．采用历史数据确定基线水平时，对历史数据的选择有何要求？

采用历史数据确定土壤或地下水基线水平时，历史数据应符合以下要求：

（1）历史数据应具有较好的时间代表性，数据获取时间应在损害行为发生之前，且尽可能靠近损害发生时间，数据获取时间到损害行为发生期间，不存在导致土壤物理、化学和生物学状态发生明显变化的因素；

（2）历史数据应具有较好的空间代表性，数据采集点位尽可能位于评估区内部或者周边，如果位于评估区周边，应确保与评估区为同一土地利用类型或没有导致其物理、化学和生物学状态与评估区存在明显差异的因素；

（3）历史数据对应的调查点位数量应≥5 个，如评估区域面积较大，污染物分布情况较复杂，应适当增加对照点数量；

（4）历史数据对应的调查点位在评估区内部或周边区域原则上应均匀分布，确保空间上的均匀性；

（5）历史数据对应的调查点原则上应与需要确定基线水平的土壤位于同一深度，

且土壤类型相同；

（6）历史数据的采样、保存流转、检测等方法与评估区生态环境损害调查过程所用的方法相同或具有等效性、可比性；

（7）历史数据获取过程的质量控制措施及结果符合相关标准规范要求，为有效数据；

（8）不同来源且符合上述要求的历史数据可以进行合并，但对于不同时间采集的历史数据，应进行适当分析和筛选。

131．采用对照区数据确定土壤基线水平时，对照点数量应如何确定？如果有多个对照点数据，在与评估区数据进行比对时，应采用平均值、最大值还是95%置信上限？

采用对照区数据确定土壤基线水平时，应该分阶段调查，第一阶段至少布设5个对照点，当第一阶段调查结果显示变异系数大于1时，开展补充调查。补充调查阶段，根据评估区面积和调查指标类型确定第二阶段补充调查点位数量。如评估区域面积较大，污染物分布情况较复杂，根据《生态环境损害鉴定评估技术指南　总纲和关键环节　第4部分：土壤生态环境基线调查与确定》（GB/T 39791.4—2024）增加对照点数量。当损害评估指标为土壤中重金属时，由于重金属分布的空间异质性较强，同样应设置更多的对照区点位数量。

如果有多个对照点数据，在与评估区数据进行比对时，应先判断数据是否服从正态分布，对于服从正态分布的数据，当污染或破坏导致评价指标升高时，采用对照数据的90%参考值上限（算术平均数+1.65标准差）作为基线；当污染或破坏导致评价指标降低时，采用对照数据的90%参考值下限（算术平均数–1.65标准差）作为基线。对于不服从正态分布的数据，当污染或破坏导致评价指标升高时，采用历史数据的第90百分位数作为基线；当污染或破坏导致评价指标降低时，采用历史数据的第10百分位数作为基线。

132．对照点的采样深度是否应和评估点一致，比对时是否应在同一深度进行比对？

对照区采样深度应尽可能与受影响区域内采样深度相同，且为同一土壤类型。比对时原则上应该在同一深度进行比对。如果对照点和评估点的地层结构相似，但地面存在一定起伏。例如，对照点的黏土层位于地表以下 3～4 m，而评估点的黏土层位于地表以下 2～3 m，则应用对照点 3～4 m 的污染物浓度水平作为评估点 2～3 m 土壤中污染物浓度的基线水平。

133．在进行基线确定时，如果历史数据或对照区数据中存在异常值时，是否都应进行剔除？

在进行基线确定时，先要采用奈尔（Nair）检验法、格拉布斯（Grubbs）检验法、狄克逊（Dixon）检验法、偏度峰度检验法、箱线图法等识别异常值。异常值一方面可能是采样、检测等过程的误差导致的；另一方面有可能代表真实的背景水平。因此，在识别出异常值后，首先应检查相关原始记录，分析异常值是否是由样品采集、保存流转、分析检测、数据输入等过程的过失或错误等导致，如果是，应进行剔除；如果不是，应进一步查阅区域土壤环境背景值相关数据。判断异常值是否在背景范围内，如果在背景值范围内，予以保留；如果明显高于背景值，予以剔除。GB/T 39792.1—2020 的同源性分析方法或《区域性土壤环境背景含量统计技术导则》（HJ 1185—2021）中的富集系数方法，主要用于辅助判定异常值是来源于污染或者高背景。

134．在污染源明确和污染源不明确两种情况下，应如何确定损害调查时的检测指标？

对于污染源明确的情况，优先采集能够代表污染源特征的样品，通过分析检测，根据污染源中检出的污染物确定特征污染物；也可通过现场踏勘、资料收集和人员访谈，根据污染源的生产工艺、行业特征、评估区域环境条件、污染物性质和转化规律等，综合分析，识别并选取特征污染物。

对于污染源不明确的情况，通过采集可能受损的土壤和地下水样品，进行污染物的定性和定量分析，筛选特征污染物。从检出的污染物中筛选特征污染物应结合评估区域特征，优先选择我国相关环境质量标准中的物质。对于检测到的环境质量相关标准中没有的物质，应通过查询国外相关标准、研究成果，必要时结合相关实验测试，评估其危害，确定是否作为特征污染物。当污染源为酸性或碱性物质时，应将 pH 列为评估指标。当没有识别出特征污染物，但评估区域土壤或地下水呈现出明显的颜色或气味异常，应将颜色或气味列为辅助评估的指标。对于其他有明显污染环境行为，但特征污染物不明确，也不存在酸碱性、异常颜色或气味的情形，根据实际情况筛选土壤和地下水相关的理化指标作为特征指标或辅助评估的指标。

特征指标选取时还应考虑污染物转化过程中可能产生的二次污染物、前期应急处置和修复过程中引入的物质以及前期应急处置和修复过程中可能产生的二次污染物。

135. 地质和水文地质调查是否为土壤、地下水损害调查必须开展的工作？

地质和水文地质调查不是土壤、地下水损害调查必须开展的工作，只有在进行损害范围空间模拟、因果关系判定等过程中，需要了解场地的地质和水文地质条件时才开展。损害范围空间模拟时，需要用到土壤岩性、地下水埋深、地下水流向等参数，在进行因果关系判定时，尤其是在进行迁移路径分析时，需要用到评估区的地质和水文地质条件。

136. “当评估区域土壤或地下水呈现出明显的颜色或气味异常，可对颜色或气味异常的样品进行生物毒性测试”，进行生物毒性测试的目的是什么？如何进行生物毒性测试？

当评估区域土壤或地下水呈现出明显的颜色或气味异常，但无法识别特征污染物时，难以通过比对标准进行风险判别，因此，需要通过生物毒性测试，判断土壤或地下水是否需要进行修复或风险管控。生物毒性测试可采用 GB/T 39791.2—2020 中的方法，目前综合毒性判定的相关标准规范正在制定中。

137．什么情况下可以参考环境质量标准确定基线水平？

GB/T 39792.1—2020 规定，当历史数据或对照数据不可行时，则根据评估区域土地利用方式和地下水使用功能，参考适用的国家或地方土壤和地下水环境质量标准或基准确定基线。历史数据或对照数据不可行的情况多指以下两种情形：①评估区位于工业园区或其他工业聚集区，周边存在一种或多种可能影响土壤特征污染物含量的因素；②评估区存在复杂的土地利用历史，且前期土地使用者造成的土壤污染情况不明等。

138．因果关系判定是否为必须开展的工作？如果土壤和地下水受到污染，周边除疑似企业外无其他污染来源，是否可以不开展因果关系判定？

因果关系判定不是必须开展的工作，是否开展取决于委托方的需求。如果土壤和地下水受到损害，损害原因明确（如爆炸产生的特定污染物污染、废水倾倒在未利用地造成的污染等），可以不开展因果关系判定。如果损害原因不明确或者存在多个潜在污染源（如历史上存在多个可能的污染来源、多人曾在不同时间向某坑塘倾倒固体废物或废水、固体废物或废水倾倒点历史上还存在其他生产经营历史等），则需要开展因果关系判定，以识别污染源，并确定各个污染源对损害的贡献。

139．利用同位素技术开展同源性分析的适用条件有哪些？

利用同位素技术开展同源性分析的适用条件有两个：一是场地的特征污染物中含有具备稳定同位素的元素，即特征污染物为铅、镉、锌、汞等重金属或含有氯、碳、氢等元素的有机物；二是能采集到代表污染源端和受体端的样品进行同位素检测。只有具备上述两个条件，才能对潜在污染源和受体端土壤和地下水样品进行同位素分析，根据同位素组成和比例等信息，结合多元统计分析等方法，判断受体端和潜在污染源的同源性。

140．多元统计分析方法在同源性分析中如何发挥作用？

同源性分析过程中，可以采集潜在污染源及受体端土壤和地下水样品，分析污染物类型、浓度以及同位素组成、比例等，采用相关分析、主成分分析、聚类分析、因子分析等统计分析方法分析污染物与土壤、地下水理化指标及其时空分布相关性，判断受体端和潜在污染源的同源性。例如，对源端和受体端进行布点采样，对各个样点测得的某种特征污染物浓度数据进行聚类分析，可以将调查点位聚成几类，若部分源端和受体端点位被聚成一类，可以推测这些受体端点位和污染源端点位污染物具有同源性。

141．如果无法采集源端样品，如何进行同源性分析？

根据 GB/T 39792.1—2020，同源性分析常用的方法包括污染特征比对法、同位素技术、多元统计分析法等，这些方法都需要采集源端和受体端样品进行分析，并通过比对源端和受体端样品分析结果，得出是否具有同源性的结论。

无法采集到源端样品时，可将前期识别的特征污染物与受体端污染物进行同源性分析。在特征污染物识别阶段，对于无法采集到源端样品的情况，可以综合运用访谈调查、生产工艺和产排污分析、污染物转化机理分析等方法。

142．如何使用土壤资源价值法量化土壤损害价值？调整系数的确定有何依据？

当基于风险的环境修复目标值或现状污染水平与基线水平对应的土壤利用类型相同，可以按照以下方法计算与基线之间的损害：当能够获取土壤中污染物从基于风险的环境修复目标值或现状污染水平修复至基线水平的理论治理成本，基于该理论治理成本进行计算；当无法获取理论治理成本、全部不需要修复且污染物排放量可获取，可以利用基于污染物排放量的虚拟治理成本计算；否则，可以采用计算受损土壤资源价值的方法来量化损失。

土壤资源价值法是用土壤非使用基准价值乘以调整系数乘以受损土壤方量得到土壤损害价值。土壤资源非使用基准价值为损害发生地与受损土壤类型相同、质量相当的土壤购置单价，土壤购置单价优先采用实际购置单价，不包含运输、人工等费用，当无法获取实际购置单价时，取 25 元/t 作为非使用基准价值；当损害涉及多个地方时，根据多个地方的土壤购置单价和受损土壤方量确定。

调整系数主要根据土壤中污染物浓度的最大超基线倍数确定、当最大超基线倍数≤200 时，取 0.2；200＜最大超基线倍数≤2 000 时，取 0.4；2 000＜最大超基线倍数≤5 000 时，取 0.6；5 000＜最大超基线倍数≤30 000 时，取 0.8；最大超基线倍数＞30 000 时，取 1。

143．如何使用地下水资源价值法量化地下水损害价值？调整系数的确定有何依据？

当基于风险的环境修复目标值或现状污染水平与基线水平对应的地下水利用类型相同，可以按照以下方法计算与基线之间的损害：当能够获取地下水中污染物从基于风险的环境修复目标值或现状污染水平修复至基线水平的理论治理成本，基于该理论治理成本进行计算；当无法获取理论治理成本、全部不需要修复且污染物排放量可获取，可以利用基于污染物排放量的虚拟治理成本计算；否则，可以采用计算受损地下水资源价值的方法来量化损失。

地下水资源价值法是用地下水非使用基准价值乘以调整系数乘以受损地下水方量计算地下水损害价值。地下水资源非使用基准价值为损害发生地水资源价格；当损害涉及多个地方时，根据多个地方的水资源价格和受损水量确定。

调整系数主要根据地下水中污染物浓度的最大超基线倍数确定。当最大超基线倍数≤20 时，取 0.2；20＜最大超基线倍数≤100 时，取 0.4；100＜最大超基线倍数≤500 时，取 0.6；500＜最大超基线倍数≤2 000 时，取 0.8；最大超基线倍数＞2 000 时，取 1。

144．如何确定土壤和地下水生态服务功能？

土壤和地下水的生态服务功能与土地利用方式和地下水环境功能有关，通过查阅当地的土地利用规划和地下水环境功能区划相关文件和图件确定。如果是建设用地土壤，提供的主要是支持功能；如果是农用地土壤，提供的主要是供给服务；如果是旅游用地土壤，提供的主要是文化服务；如果是生态用地土壤，提供的主要是生物多样性支持服务。对于饮用功能的地下水以及用于工农业用途的地下水，提供的主要是供给服务；对于生态功能的地下水，提供的主要是生物多样性支持服务。

145．如何量化土壤和地下水生态服务功能的损失？

不同的生态服务功能损失应采用不同的量化方法。如提供的是生物多样性支持服务，可采用支付意愿法进行评估；如提供的是供给服务，可采用市场价值法等方法进行评估；如提供的是文化服务，可采用旅行费用法进行评估。如损害前用地类型为未利用地，优先参考规划用地类型进行土地资源功能损失计算，如果没有进行用地规划，参考周边土地利用类型进行土地资源功能损失计算，如未利用地附近存在多种土地利用类型，综合考虑不同利用类型的土地资源功能，通过平均处理，计算未利用地功能损失。

当采用非指南推荐的方法进行生态环境价值量化评估，需要详细阐述方法的合理性。

146．土壤的功能性损害如何计算其生态环境损失？

土壤的功能性损害是指采挖等活动导致土地作为生产、生活与生态用地等支持功能的一次性损害，是存量的损失，通常通过基本恢复使其恢复到基线水平。如果土壤还同时具有其他服务性功能，如农业用地可以提供农产品，生态用地可以提供水源涵养或生物多样性维护等功能，这时除计算基本恢复费用外，还需要计算农产品服务供给或生物多样性维护丧失等服务的期间损失，关于期间损失计算应遵循的原则和方法见问题 71。

147．地下水损害范围调查时，需要寻找受损含水层边界，传统钻探-检测的调查方法需要很长的时间周期，是否有相对快捷的技术手段可以快速实现地下水损害范围界定？

一般来说，地下水损害边界的查找只能通过传统钻探、检测方法进行。对于一些涉及挥发性有机污染物的场地，可以采用搭载膜界面探测器（MIP）的 Geoprobe[①]钻机进行钻探，通过在钻探过程中 MIP 采集的信号，获取垂向上污染物的大致分布情况，初步判断含水层污染物的相对浓度，辅助损害范围的识别。

此外，调查评估区域周边是否有可供地下水监测的水井（包括民用水井和灌溉水井等），利用已有的地下水监测井，进行初步的检测分析，也能辅助进行地下水损害范围确定。

148．如果评估结果表明，地下水需要修复，在对地下水损害进行实物量化时，应该计算受损含水层的体积还是受损地下水资源量？

如果评估结果表明，地下水需要修复，在对地下水损害进行实物量化时，应同时计算受损含水层的体积以及受损地下水资源量。因为如果采用不同的修复方式，可能需要以不同的数据作为依据进行损害恢复方案设计和损害恢复费用估算。如采用原位化学氧化还原等方法进行修复，需要依据受损含水层的体积设计药剂注入和监测方案，并估算修复费用；如采用抽出处理等方法进行修复，需要依据受损地下水资源量设计抽提方案以及估算修复费用。

149．恢复期间，地下水损害范围仍然在扩大，新增的损害范围如何计算，是否应纳入损害实物量化范围？

恢复期间，地下水损害范围仍然在扩大，新增的损害范围也应纳入损害实物量化范围，具体的损害范围计算方法应结合恢复方案来确定。当采用抽出处理技术对地下水进行恢复时，如果抽出后回流至评估区的地下水中污染物浓度超过基线，也需要将

① Geoprobe 是一家外国公司的名字。

其纳入损害范畴，具体的方量根据抽提速率、抽提量等因素确定。当采用原位化学氧化、监测自然衰减等技术对地下水进行恢复时，如果受污染地下水在自然条件或药剂注入的压力条件下向周边扩散，导致周边地下水污染物浓度也超过基线，则应将这部分纳入损害范畴，具体的方量根据水流速率、水力梯度等进行计算。

150．如何确定受损土壤和地下水的实际修复目标？

土壤和地下水受损后，不一定要实际恢复到基线水平，需要综合考虑土壤和地下水中污染物的人体健康风险与环境风险。因此，受损土壤地下水的实际修复目标通常是基于土壤和地下水中污染物可接受风险水平对应的污染物浓度水平确定的，即修复只需要确保土壤和地下水中污染物的风险可接受就行，对于基线和目标值之间的部分，则用理论治理成本、虚拟治理成本或资源价值法进行量化，由责任人对这部分损害进行赔偿或替代性恢复。对于健康风险而言，致癌污染物的可接受风险水平定为 10^{-6}，非致癌污染物的可接受风险水平为 1。对于环境风险而言，如土壤对地下水的风险，可接受风险水平通常是基于地下水的用途确定，即要确保污染物浓度水平满足相应用途的限值。

151．当污染地块存在多种污染物时，如何确定土壤和地下水中污染物浓度的最大超基线倍数？

对于能够区分不同污染物的损害范围的情况，可以按照不同污染物的最大超基线倍数确定该参数；对于无法区分不同污染物的损害范围的情况，通常选择所有污染物中最大超基线倍数确定该参数。如果能够确定不同超基线倍数受损土壤地下水的恢复周期，可以分别对不同超基线倍数范围内的土壤地下水量进行分段统计，对于不同超基线倍数范围内的水量采用不同的最大超基线倍数进行计算。

152．对于没有开发利用的地下水，如果被污染，是否不需要计算其生态服务功能损失？

对于没有进行开发利用的地下水，当地下水损害的持续时间大于一年时，也应结合损害范围、程度以及预估的备选基本恢复方案年恢复速率和恢复到基线水平的时间，计算地下水所能提供的服务的期间损害。

153．采用抽出处理技术修复地下水时，抽出的地下水资源是否需要赔偿，如需赔偿，采用何种方式？如何确定其价值？

采用抽出处理技术修复地下水时，如果修复后的地下水按照相关法律法规要求可以进行回灌或以合理方式加以利用，则不需要进行赔偿；如果按照相关法律法规要求不能进行回灌或不能以合理方式加以利用，则需要基于水资源量的损失进行赔偿。

抽出地下水资源造成的损失作为恢复过程新增的损害，应合并到总的损害数额中进行考虑。

抽出的地下水资源价值可以采用环境价值评估方法进行量化，具体参照 GB/T 39791.1—2020 附录 D 常用环境价值评估方法。

154．估算修复费用时，如果需要采用多种修复技术联用的方式，修复费用该如何计算？

估算修复费用时，如果需要采用多种修复技术联用的方式，不能采用指南或手册中给出的修复技术单价进行费用的简单叠加计算，应采用费用明细法、承包商报价法或案例比对法计算修复费用。

费用明细法是列出恢复方案的各项具体工程措施、各项措施的规模，明确需要的设施以及需要用到的材料和设备的数量、规格、能耗等内容，根据各种设施、材料、设备、能耗的单价，列出恢复工程费用明细。承包商报价法是选择 3 家或 3 家以上符合要求的承包商，由承包商根据恢复目标和恢复方案提出报价，对报价进行综合比较，确定合理的恢复工程费用。案例比对法是通过调研与本项目规模、损害特征、生态环境条件相类似且时间较为接近的案例，基于类似案例的恢复费用，计算恢复工程费用。

八、陆地生态系统生态环境损害鉴定评估

155．陆地生态系统损害评估的内容有哪些？

陆地生态系统损害评估包括针对森林、湿地、草原、荒漠、农田等生态系统结构与服务功能及各类生态环境要素（如土壤、植被、野生动物等）的损害调查与确认、因果关系分析、损害实物量化与价值量化以及恢复效果评估等。

156．陆地生态系统损害事件的定义是什么？

由于乱砍滥伐、毁林开垦、非法采矿及采砂采土、违规工程建设、违法采挖移植、人为火灾、违规旅游开发等生态破坏行为或污染物排放倾倒等环境污染行为，造成陆地生态系统生境质量下降、物种数量减少、生态系统结构受损、生态服务功能降低甚至丧失的事件。

157．陆地生态系统基线确定的主要方法有哪些？如何选择？

陆地生态系统基线确定的主要方法包括：

（1）利用受损前最近历史数据确认基线。通过查阅相关历史档案或文献资料，包括针对调查区开展的森林资源清查数据资料、专项调查、学术研究等过程获得的文字报告、监测数据、照片、遥感影像、航拍图片等结果，获取能够表征调查区生态系统环境质量和生态系统功能与用途历史状况的数据。

（2）利用未受生态破坏或环境污染行为影响的相似现场数据确定基线。通过对照

区的调查数据，确定基线水平。对照区应对评估区域具有较好的时间和空间代表性，且其数据获取调查方法应与评估区域具有可比性。利用卫星影像、航空照片、地形图、森林资源清查数据等资料结合野外勘查，调查对照区植被类型、数量及分布情况，野生动物物种、数量及分布情况。

（3）对于生态系统中环境介质的损害，优先基于历史数据确定基线水平。对于生物损害，优先基于对照数据确定基线水平，其次基于历史数据确定基线水平。基于历史数据确定生物基线水平时，需要考虑生物物候（包括动植物）、物种及其数量的年际（如大小年）、年内（如季节性变化）变化过程，选择相同或相近的历史数据。

（4）对于以上方法都无法确定基线水平的，采用专家判定法进行基线判定。

基于历史数据或对照数据确定基线水平时，应对历史数据或对照区数据的变异性进行统计描述，识别数据中的极值或异常值并分析其原因，确定是否剔除极值或异常值，根据专业知识和评价指标的意义确定基线。对于数据符合正态分布的，应采用95%置信区间上限或下限确定基线水平（生态破坏导致某一指标数据降低的，采用下限；生态破坏导致某一指标数据升高的，采用上限）；对于数据不符合正态分布的，采用中位数确定基线水平。

158．确定陆地生态系统的基线水平时，应如何选择合适的表征指标？

基线水平表征指标根据陆地生态系统实际情况确定，应统筹考虑生物物种组成、生态服务功能状况等多方面，具体指标包括物种组成、数量、高度、覆盖度、物种丰富度、均匀度等。对于特种用途林的生态服务功能损害，基线水平表征指标包括涵养水源量、土壤保持量、固沙量或其他能够表征生态服务功能的指标，如枯枝落叶层持水量、植被覆盖度、土壤侵蚀量等；对于风景名胜区等的旅游服务功能的损害，基线水平表征指标包括旅游人次、旅游消费等；对于自然保护地等栖息地服务功能的损害，基线水平表征指标包括栖息地面积和指示性物种的数量或密度、种群或群落的数量或密度；对于涉及污染的陆地生态系统损害，基线水平表征指标主要包括环境介质和生物体内污染物浓度、生物个体受损害程度指标，如高度、数量、覆盖度或主要服务功能指标等。

159．如何选择合适的对照区域来确定陆地生态系统的基线水平？

应选择一个或多个与评估区具有可比性且未受污染环境或破坏生态行为影响的对照区域。对照区域数据应具有较好的时间和空间代表性，且其数据收集方法应与评估区具有可比性，并遵守评估方案的质量保证规定，样本数（点位数量或采样次数）一般不少于5个。

陆地生态系统损害评估过程中，对照区域的选取原则包括：①地理位置上，对照区应在调查区域周边邻近区域；②应与调查区域地理位置、气候条件、地形地貌、土地利用类型等相同或类似且未受影响；③对照区应对评估区域具有较好的时间和空间代表性，且其数据获取调查方法应与评估区域具有可比性。

160．陆地生态系统损害的确认需要满足哪些条件？

由生态破坏或环境污染导致的陆地生态系统损害确认需要满足的条件主要为：

（1）陆地生态系统植被面积、物种组成及数量、密度、覆盖度等指标，与基线水平相比存在差异；

（2）动物栖息地或物种组成、数量、密度及分布范围等指标，与基线水平相比存在差异；

（3）陆地生态系统土壤养分或土壤、植物体内污染物浓度水平，与基线水平相比存在差异；

（4）损害事实明显、基线水平无法获取的情况，可通过查获的受损林木数量等信息确认损害。

对于以供给服务（如林业生产等）为主的陆地生态系统，重点关注各类生态产品的损害。对于特定用途（如涵养水源、土壤保持、防风固沙等）的生态系统，重点关注其主要生态服务功能损害。涉及动物栖息地的，重点关注重点保护物种和物种栖息地损害；涉及文化旅游服务的，重点关注休闲娱乐和景观美学等服务功能损害。

161．陆地生态系统损害因果关系判定与环境污染行为导致的损害因果关系判定方法有何差异？

环境污染行为导致的损害因果关系判定主要包括污染物同源性分析和迁移路径分析两个步骤，是以污染物的源—途径—受体为依托进行证据链构建的；而陆地生态系统损害因果关系判定则主要是根据生态学和环境学理论分析生态破坏与生态环境损害之间的关联性，同时，在进行陆地生态系统损害因果关系判定时会更多用到排除法，即排除除损害行为以外的其他人为或自然原因对生态环境损害的贡献。

162．陆地生态系统损害价值量化方法有哪些？分别适用于哪些情形？

陆地生态系统损害价值量化方法主要包括恢复费用法或环境资源价值法。

对于可恢复的陆地生态系统服务功能损害采用恢复费用法计算。

对于不可恢复的陆地生态系统服务功能损害根据陆地生态系统类型采用支付意愿法、旅行费用法、生态服务功能评估法等环境资源价值量化方法进行计算。①对于损害前主要生态服务功能为物种栖息地的，采用陈述意愿法将物种栖息地整体作为问卷调查对象，根据实际功能对生态系统的存在价值、遗赠价值、选择价值等服务功能价值损失进行调查评估。当支付意愿法不可行时，采用物种保育法进行物种栖息地的损害评估，并根据恢复时间或永久性丧失计算相应的物种保育期间损失。②对于损害前主要生态服务功能为旅游和休闲娱乐的，根据实际情况采用旅行费用法或陈述意愿法对生态系统的文化服务功能损失进行调查评估，并根据恢复时间或永久性丧失计算相应的生态服务功能期间损失。③采用陈述意愿法进行栖息地生态服务功能价值量化的，一般不再考虑其他服务功能损失。

对于不实际实施的基本恢复或补偿性恢复，可以用理论恢复费用作为生态服务功能损失。

163．对于同时具有多项生态服务功能的陆地生态系统，计算服务功能价值量时，选择某一项生态服务功能还是多项服务功能之和？

如问题 71 所述，根据 GB/T 39791.1—2020 的规定，对于生态环境损害主要推荐采用恢复费用法进行计算，其核心思想是将生态环境要素及其服务功能作为一个整体来进行评估，只有无法恢复时，才利用环境资源价值评估方法对环境要素以及生态系统的支持功能、供给服务、调节服务和文化服务等生态系统服务功能进行分类评估。

当需要采用环境资源价值法进行分类评估时，由于很多案件规模较小，为了简化计算，《生态环境损害鉴定评估技术指南　森林（试行）》（环法规〔2022〕48 号）规定小型破坏或污染事件仅计算主要生态服务功能损害即可。例如，当森林生态系统损害面积小于 30 hm^2 时，对于损害前森林的主要生态服务功能为涵养水源、土壤保持或防风固沙中的一种，通常只计算其主要服务功能的实物量与价值量损失。其他陆地生态系统可参考此项规定执行，具体适用的规模大小有待相应的标准出台后明确。

164．涉及自然保护地和重点保护物种受损的陆地生态环境损害，应如何体现与一般陆地生态系统损害价值量化的差别？

陆地生态环境损害量化的主要方法为替代等值分析法，通过替代等值分析法确定期间损害与补偿性恢复规模，进而通过恢复费用法，确定基本恢复工程和补偿性恢复工程费用，确定损害价值。自然保护地和重点保护物种具有区别于一般生态系统和物种的价值，可在恢复费用的基础上，通过相关调整系数或专家意见进行调整，例如，《生态环境损害鉴定评估技术指南　森林（试行）》（环法规〔2022〕48 号）中 9.2 节规定了生态恢复费用调整系数，对自然保护地和保护物种进行恢复费用调整，以体现其区别于一般生态系统和物种的价值。例如，对于涉及国家一级保护物种，且案件发生在国家公园内的，调整系数为 6，其他陆地生态系统可参考此项规定执行。

165．陆地生态环境损害涉及名胜古迹或重要区位地段等时，其损害价值量化如何体现区别于一般陆地生态系统的差异？

可通过损害评估方法的选择体现与一般陆地生态系统损害价值量化的差异。对涉及风景名胜区、名胜古迹或重要区位地段等以旅游和休闲娱乐为主的陆地生态系统的损害评估，应重点关注休闲娱乐和景观美学等服务功能损害，选择旅游人次、旅游收入等指标作为基线确定、恢复目标确定及期间损害量化等损害评估的主要指标，根据实际情况采用旅行费用法或陈述支付意愿法对生态系统的文化服务功能损失进行调查评估，并根据恢复时间或永久性丧失计算相应的生态服务功能期间损失。文化服务价值计算方法参照《生态环境损害鉴定评估技术指南　森林（试行）》（环法规〔2022〕48 号）、GB/T 38582—2020 等相应的标准规范。

166．幼龄林、中龄林、成熟林、过熟林等处于不同生长发育阶段的林地，其服务功能价值不同，在评估其损害价值量时，如何体现差异？

对于幼龄林和中龄林等服务功能随着林龄的增加而增强的林地，林龄越大，其损害恢复所需时间越长，期间损害越大，相应的补偿性恢复量越大，进而损害价值量越大，因而，其受损的价值量差异通过期间损害得以体现，期间损害参照 GB 39791.1—2020 规定的方法进行计算。采用等值分析方法确定补偿性恢复规模的步骤包括：①量化生态环境损害发生至生态环境恢复至基线的期间损害；②确定补偿性恢复方案的单位效益；③确定补偿性恢复的规模。期间损害的大小与基本恢复的方式和恢复所需时间有关。计算期间损害需要预测恢复时间以及实施基本恢复方案后受损生态环境服务功能每年的损害量，即受损生态环境服务功能在损害发生到恢复至基线期间每年损失的生态环境服务功能的大小，通常以受损百分比表示。

167. 小规模的林地，如“四旁”树的损害评估程序和内容是否与森林一致?

不一致。根据《生态环境损害鉴定评估技术指南　森林（试行）》（环法规〔2022〕48 号）的规定，对于面积小于或等于 0.667 hm^2、郁闭度未达到 0.2 及以上的小规模林地，可以开展简易调查评估，主要调查受损区域和对照区域林木的类型、受损林木数量（或密度和面积）、受损程度等，通过市场价值法，确定林木的资源资产价值量，按受损林木资产价值的 5 倍进行计算，或者按照恢复林地植被所需费用的 3 倍进行价值量化，该费用通常为相关法律法规或技术文件中明确的恢复单价。

168. 陆生生态系统中涉及野生动物的损害价值量化方法有哪些?

陆地生态系统损害中，涉及野生动物的损害价值量化，若损害数量较少，采用市场价值法计算物种资源损失；对于受损物种为特有种、国家重点保护物种、列入《中国物种红色名录》《濒危野生动植物种国际贸易公约》及我国参与签署的其他公约或协定的物种，可参照《野生动物及其制品价值评估方法》《陆生野生动物基准价值标准目录》或国务院相关主管部门发布的其他涉及野生动物价值的规定。以森林生态系统的野生动物为例，《生态环境损害鉴定评估技术指南　森林（试行）》（环法规〔2022〕48 号）规定“对于森林生态环境损害涉及野生动物的，将《野生动物及其制品价值评估方法》中的《陆生野生动物基准价值标准目录》或国务院相关主管部门发布的其他涉及野生动物价值的规定，作为野生动物资源损害价值，以野生动物资源损害价值乘以生态服务功能调节系数作为生态服务功能损害价值”，并规定了野生动物生态服务功能调节系数，国家一级保护动物取值 5，国家二级保护动物取值 2，非国家重点保护动物但有重要价值的取值 1，其他野生动物取值 0。

计算物种资源价值损失，也可采用避免损害成本法、条件价值法等环境价值评估方法计算野生动物损害价值量。

169．受损生态环境不可逆，或无法恢复到原状，或恢复成本极高，难度极大、无法实施或无法保证恢复效果和恢复成功率，或恢复过程中生态系统类型发生了改变，如湿地变成了林地，损害如何调查和评估，如何量化？

原则上以基线水平的植被物种组成及各项生长指标等作为恢复目标；对于生长条件严重受损、难以恢复到基线水平的，或者恢复成本极高，难度极大、无法实施或无法保证恢复效果和恢复成功率的，可根据实际情况，参考相应的标准规范，必要时结合专家判定法，确定合理的恢复目标和恢复方案，恢复目标和方案的确定应当符合区域土地利用总体规划以及林地、湿地、草地、农田保护利用等专项规划要求。

恢复过程中生态系统类型发生了改变，如将湿地变成了林地，应建立恢复行动所产生的实物或价值贴现与受损生态环境的实物或价值贴现间的等量关系，确保恢复行动所产生的服务功能等于受损环境的服务功能损失。

170．对于不同服务功能的生态系统的恢复目标，如何选择相应的评价指标？

（1）对于生态服务功能主要为供给服务的生态系统，一般选择面积与供给服务实物量作为基本和补偿性恢复方案的恢复目标；

（2）对于生态服务功能主要为物种栖息地的生态系统，一般选择面积与能够表征森林生态系统结构完整性的1～3种物种数量（建群种、优势种或指示种）或密度作为基本和补偿性恢复方案的恢复目标，植物和动物物种均选择原生本地种；

（3）对于生态服务功能以涵养水源、水土保持、防风固沙其中一项服务功能为主的生态系统，一般选择面积或水土保持量、涵养水源量、固沙量等服务功能的实物量作为基本和补偿性恢复方案的恢复目标；

（4）对于生态服务功能主要为旅游和休闲娱乐的生态系统，一般选择旅游或休闲娱乐人次作为基本和补偿性恢复方案的恢复目标；

（5）涉及土壤破坏或环境质量下降的，还应以土壤环境质量指标以及污染物浓度作为基本恢复方案的恢复目标。

根据需要，可以同时选取基线水平确认中的部分相关指标作为恢复目标。

171．对于损害时间长，跨度大，已自然恢复、更新、演替的生态系统，是否需要按照原状恢复？

恢复目标不一定是损害发生前的基线水平。对于损害时间长、跨度大，已自然恢复、更新、演替的生态系统，若其演替为正向演替（进展演替），即物种多样性有增加趋势、生活型多样化、生产力趋于增加、土壤剖面的发育成熟以及种群生境逐步优化等，则无须再按照原状恢复，应在已有自然恢复的基础上，采取适当人为辅助措施，促进恢复、更新、演替，达到系统稳定、平衡与可持续发展状态。若其演替为逆向演替（逆行演替），即群落结构简单化、从以大型植物为主趋向于小型植物占优势、物种多样性有减少趋势、群落生物量趋向减少、生产力趋于减少、土壤剖面弱化以及种落生境恶化等，则需要按照原状恢复，将受损生态系统恢复到基线或合理水平。

对于生长条件严重受损、难以恢复到基线水平的，可参照相应标准，制定合理的恢复目标，如《生态环境损害鉴定评估技术指南　森林（试行）》（环法规〔2022〕48号）规定，对于难以恢复到基线水平的植被和土壤恢复目标，可以分别参照《土地复垦质量控制标准》（TD/T 1036—2013）中的林地复垦质量控制标准和损毁土地复垦质量要求制定合理的恢复目标，恢复后的林地土壤质量和生产力水平不低于TD/T 1036—2013中对应区域及对应类型林地的复垦质量控制标准。对于其他陆地生态系统类型严重受损且难以恢复到基线水平的，也可参考相应的标准规范，确定合理的恢复目标。

172．采用恢复费用法进行损害量化时，恢复方案制定的原则有哪些？

基本恢复方案和补偿性恢复方案的制定原则参照GB/T 39791.1—2020。由于基本恢复方案和补偿性恢复方案的实施时间与成本相互影响，应考虑损害的程度与范围、不同恢复技术和方案的难易程度、恢复时间和成本等因素，对包括基本恢复和补偿性恢复的综合恢复方案进行比选，综合恢复方案的比选需要考虑不同方案的成熟度、可靠性、社会效益、经济效益和环境效益等方面，必要时采用专家评分法确定最佳恢复方案。

综合恢复方案需要同时考虑基本恢复方案和补偿性恢复方案。具体包括：

（1）基本恢复和补偿性恢复方案为原位恢复，补偿性恢复目标为受损的生态系统具有更高生态服务功能水平时，如生物物种类型或数量高于基线水平，统筹制订基本恢复和补偿性恢复方案。

（2）基本恢复方案为原位恢复、补偿性恢复方案为异位替代性恢复，补偿性恢复目标为补偿性恢复的区域与受损区域具有相同生态服务功能水平时，根据受损和补偿性恢复区域的土壤和生境特征分别制定基本恢复方案和补偿性恢复方案。

（3）受损生态系统无法原位恢复或用途变更不需要恢复，基本恢复和补偿性恢复方案可以同时采用异位替代性恢复。基本恢复和补偿性恢复在同一区域实施的，情形同（1）；基本恢复和补偿性恢复在不同区域实施的，情形同（2）。

（4）受损生态系统无法原位恢复或用途变更不需要恢复，也无法采用异位替代性恢复方案进行基本恢复和补偿性恢复，通过生态服务功能量化模型以及适当的生态环境资源价值评估方法对受损生态系统的生态服务功能及其期间损害进行实物和价值量化。

基本恢复或补偿性恢复没有达到恢复目标，应根据实际恢复效果与基本恢复目标、补偿性恢复目标之间的差距计算补充性恢复量，制订并实施补充性恢复方案。

实施异位恢复的，应当符合区域土地利用总体规划和林地、湿地、草地、农田等保护利用专项规划。

另外，恢复方案的制订应以恢复并改善当地生态环境为主要目标；恢复方案及生态恢复施工过程不应对当地生态环境造成二次破坏；恢复方案中采用的各类辅助措施也需要考虑生态友好型的手段、措施和方法，避免农药、杀虫剂或其他有毒化学物质的使用。

173. 生态恢复费用的计算依据和参考标准有哪些？

针对生态恢复的费用明细法，明确需要的设施与材料（如苗木、种子及动物等），列出恢复工程费用明细，具体包括种苗购买费、投资费、运行维护费、技术服务费等。投资费包括场地整理、土石方工程、材料购置、植物种植、动物引入或孵化设备租用或购买等费用；运行维护费包括管护抚育、监测、水电消耗和其他能耗等费用，可参照当地的建设工程计价依据——预算定额、工程造价信息以及建设工程工程量清单计量规范等进行计算。

生态恢复相关成本和费用以恢复方案实施当地成本和费用的实际调查数据为准，其中，植被恢复的技术经济指标可参照《防护林造林工程投资估算指标》（林规发〔2016〕58 号）等相关标准或规范性文件，植被恢复和复垦费用标准也可参考当地植被恢复与土地复垦的具体费用标准确定。物种孵化、栖息地建设等生境恢复的技术经济指标根据相关技术文件或经验参数确定。

174．非法采矿、违规建设、乱砍滥伐等原因导致的生态系统损害，在评估过程中有什么不同的侧重点？

非法采矿导致的生态系统损害评估通常需要通过资料收集、历史遥感影像分析等手段系统调查非法采矿历史，从而准确界定生态系统损害的起始时间、损害的空间范围及其随时间的变化。违规建设导致的生态系统损害可能涉及不同的土地类型，并造成环境污染和生态破坏等不同的损害后果，因此，在评估损害时，应针对可能的受体，设计不同的调查技术路线，采用适宜的方法开展评估。乱砍滥伐导致的生态系统损害主要为林木损害，重点计算林木的一次性使用和多年供给价值，根据用材林、能源林、经济林、苗圃等不同用途确定林木与林副产品的资源经济价值。

175．农田生态系统与其他生态系统损害评估的主要差异在哪里？

由于农作物和农产品可能受气候变化、自然灾害、高背景值、耕作方式、农艺管理等多种因素影响，因此，在开展损害确认和因果关系判定时，需要重点关注这些因素对损害的可能贡献。

农田生态系统的主要服务功能是供给服务，因此，在评估损害价值时，需要重点关注其供给服务的损失。此外，农田生态系统服务功能主要还包括土壤保育、生物多样性保持、水源涵养等。

176.《生态环境损害鉴定评估技术指南　生态系统　第1部分：农田生态系统》（GB/T 43871.1—2024）中将排除性调查放在损害调查之前的主要考量是什么？

农田生态系统较为脆弱，容易因气候变化、自然灾害、高背景值等因素受到影响，因此，在进行农田生态损害评估时，先对气候变化、自然灾害、高背景值等因素造成的影响进行排除，能够简化后续调查评估工作，提高损害鉴定的效率。

177．GB/T 43871.1—2024 中对于基线确认的顺序是优先考虑对照数据，其次考虑历史数据，原因是什么？

由于农田生态系统的土壤条件、植被条件等受耕作等人为因素干扰较大，不同年份土壤条件、植被条件可能发生较大变化，因此，在确定农田生态系统基线水平时，优先以评估区附近未受损害的相似区域的数据作为基线水平，能够确保更好的时间代表性和空间代表性。如果有合适的历史数据，且数据获取时间与损害发生时间接近，可以以历史数据确认基线。

178．农田生态系统受损应如何确定恢复措施？

受损农田生态系统的恢复措施应根据恢复目标进行选择。对于需要控制经食物链摄入污染导致的风险的情形，应参照 GB/T 39792.1—2020、《受污染耕地治理与修复导则》（NY/T 3499—2019）等标准，并结合《农用地土壤环境质量类别划分技术指南（试行）》（环办土壤〔2017〕97 号）的相关要求，进行风险管控或修复技术的选择，包括优先保护、安全利用、严格管控等；对于需要恢复农田种植条件、灌溉条件的情形，应结合农田类型，参照《水土保持综合治理　技术规范　坡耕地治理技术》（GB/T 16453.1—2008）、《高标准农田建设　通则》（GB/T 30600—2022）、《灌溉与排水工程设计标准》（GB 50288—2018）等选择适宜的恢复措施。

179. 湿地生态系统受损应如何评估其损害?

湿地的定义为具有显著生态功能的自然或者人工的、常年或者季节性积水地带、水域，包括低潮时水深不超过 6 m 的海域，但是水田以及用于养殖的人工的水域和滩涂除外。因此，湿地损害可能同时涉及地表水、沉积物、土壤、地下水、水生生物、海洋等多种生态环境要素。目前湿地损害导致的地表水和沉积物、水生生物损害评估主要参考 GB/T 39792.2—2020 进行评估，涉及土壤和地下水的损害时主要参考 GB/T 39792.1—2020 进行评估，涉及海洋湿地的损害时可参考《海洋生态损害评估技术导则　第一部分：总则》（GB/T 34546.1—2017）、《海洋生态损害评估技术导则　第二部分：海洋溢油》（GB/T 34546.2—2017）进行评估。生态环境部将针对湿地生态系统损害鉴定评估出台专门的技术指南，对湿地生态损害涉及的技术要求进行统一规定。

九、近岸海洋与海岸带生态环境损害鉴定评估

180．海洋生态环境损害赔偿由谁进行管辖？

根据《中华人民共和国海洋环境保护法》，“对污染海洋环境、破坏海洋生态，给国家造成重大损失的，由依照本法规定行使海洋环境监督管理权的部门代表国家对责任者提出损害赔偿要求。前款规定的部门不提起诉讼的，人民检察院可以向人民法院提起诉讼。前款规定的部门提起诉讼的，人民检察院可以支持起诉”。

181．海洋生态环境损害鉴定评估的主要依据有哪些？

目前，海洋生态环境损害鉴定评估的主要依据有《海洋溢油生态损害评估技术导则》（HY/T 095—2007）、《海洋生态损害评估技术指南（试行）》（国海环字〔2013〕583 号）、GB/T 34546.1—2017、GB/T 34546.2—2017 等。对于上述标准和 GB/T 39791.1—2020 不一致的地方，需要重新根据 GB/T 39791.1—2020 修订执行。

182．海洋生态环境损害鉴定评估的对象主要包括哪些？

海洋生态环境损害鉴定评估的对象除包括海水水质、海洋沉积物、海洋生物和生态以外，还涉及水文动力环境、地形地貌与冲淤环境等。

183．海洋生态环境损害鉴定评估时如何确定基线水平？

通常选择海洋生态环境损害事件所在海域或具有可比性的邻近海域近 3 年内的检

测资料；对于海洋生物生态背景值，选择与损害事件发生同一季节的本底数据；对于受损海域处于河口区的，水质和水文背景值首选相同水期（丰水期、枯水期等）的数据。

184．海洋溢油导致的生态环境损害如何进行分级评估？

海洋溢油导致的生态环境损害根据油品性质（持久和非持久）、扩散范围（$A<100\ km^2$、$100\ km^2 \leqslant A<1\ 000\ km^2$、$A \geqslant 1\ 000\ km^2$）、海域类型（所有海域、近岸海域、远岸海域）进行分级评估，油品持久性越强、扩散范围越大、涉及远岸海域时，等级相对越高，相应的评估要求越严格。

185．海洋生态损害价值与其他生态环境损害价值的计算方法有何异同？

海洋生态环境损害价值评估同样采用基于生态修复措施的费用进行计算，同时应包括恢复期的海洋生态期间损害损失。海洋生态修复费用包括消除和减轻损害等措施费用、海洋生态修复费用（包括受损生境修复费用、受损生物种群恢复费用等）。恢复期海洋生态期间损失包括恢复期海洋生物资源和生态系统服务的损失价值量，和陆地生态系统类似，如果可以恢复，海洋生态环境期间损害应该以恢复费用的贴现累加值作为其赔偿数额，当无法恢复时，采用环境资源价值评估方法对海洋生态系统服务价值进行分项计算。

十、其他类生态环境损害鉴定评估

186．噪声、振动、光、热、电磁辐射、电离辐射等造成人体健康或养殖动物（家禽、家畜、水产等）的损害，是否属于生态环境损害赔偿的范围？

根据《中华人民共和国民法典》、《生态环境损害赔偿制度改革方案》（中办发〔2017〕68号）、《生态环境损害赔偿管理规定》（环法规〔2022〕31号）的规定，涉及人身伤害、个人和集体财产损失要求赔偿的，适用《中华人民共和国民法典》等法律有关侵权责任的规定，因此，民事纠纷案件中常见的因噪声、振动、电磁辐射等造成人体健康、养殖动物或农产品损害赔偿，原则上属于人身或财产损害赔偿范围。

187．噪声、振动、光、热、电磁辐射、电离辐射等其他类生态环境损害鉴定评估的内容包括哪些方面？

该类鉴定评估的内容包括识别噪声、振动、光、热、电磁辐射、电离辐射等污染来源，评估各类污染源对声、振动、辐射等环境质量的影响范围和程度，评估各类污染导致野生动物损害的数量和程度并判定其因果关系，制定各类污染治理方案并评估其生态环境损害数额，评估污染治理的效果等。

188．噪声、振动、电磁辐射等对人体健康损害的鉴定评估主要存在哪些难点？

噪声、振动、电磁辐射等对人体健康损害的鉴定评估，主要难点是判定其因果关系以及损害的程度。噪声、振动、电磁辐射等可以引起特异性的变化，如噪声可以引起听力损失、噪声性耳聋等，也可以引起非特异性的变化，如影响睡眠质量、使人疲劳等。如何证明个体的健康损害与环境噪声、振动、电磁辐射等存在关联以及健康损害到何种程度，并排除其他原因，是该类鉴定评估面临的最大难题。

189．鉴定评估过程中，主要从哪些方面判定噪声、振动、电磁辐射等对人体健康损害的因果关系？

主要从以下 3 个方面进行因果关系的分析判定：①分析噪声、振动、电磁辐射等造成人体健康损害的时间顺序；②利用流行病学、临床医学、基础医学等研究成果，分析噪声、振动等与人体健康损害间的关联并分析其可能的作用机制；③排除其他危险因素（如疾病、意外伤害）等对人体健康的损害。实践中，应利用《中华人民共和国民法典》关于举证责任的规定，由行为人就法律规定的不承担责任或者减轻责任的情形及其行为与损害之间不存在因果关系承担举证责任。

190．如何评估噪声、振动、光、热、电磁辐射、电离辐射等造成的损害？

在确定损害确实由噪声、振动、光、热、电磁辐射、电离辐射等造成的前提下，按照基于恢复费用量化损害的原则，依据消除噪声、振动、光、热、电磁辐射、电离辐射影响的整改或治理费用量化损害价值。

十一、突发生态环境事件生态环境损害鉴定评估

191．突发生态环境事件直接经济损失包括哪些内容？

根据《突发环境事件应急处置阶段环境损害评估推荐方法》（环办〔2014〕118 号）的规定，直接经济损失是指与突发环境事件有直接因果关系的损害，为人身损害、财产损害、应急处置费用以及应急处置阶段可以确定的其他直接经济损失的总和。

根据《突发生态环境事件应急处置阶段直接经济损失核定细则》（环应急〔2020〕28 号）的规定，突发生态环境事件应急处置阶段直接经济损失包括人身损害、财产损害和应急处置阶段可以确定的生态环境损害数额，应急处置费用以及应急处置阶段可以确定的其他直接经济损失。

因此，根据最新的文件，突发生态环境事件直接经济损失包括事件造成的人身损害和财产损害、应急处置阶段可以确定的生态环境损害数额、应急处置费用以及应急处置阶段可以确定的其他直接经济损失。

192．突发生态环境事件生态环境损害鉴定评估的工作流程、评估对象与一般生态环境损害鉴定评估的区别有哪些？

在工作流程方面，突发生态环境事件生态环境损害鉴定评估通常包含应急处置阶段直接经济损失评估与中长期生态环境损害鉴定评估两个阶段。应急处置工作结束后，应当立即组织开展直接经济损失评估工作，并于 30 个工作日内完成；情况特别复杂的，可以延长 30 个工作日。应急处置阶段直接经济损失评估按照《突发环境事件应急处置

阶段环境损害评估推荐方法》（环办〔2014〕118 号）以及《突发生态环境事件应急处置阶段直接经济损失评估工作程序规定》（环应急〔2020〕28 号）、《突发生态环境事件应急处置阶段直接经济损失核定细则》（环应急〔2020〕28 号）等相关要求开展；中长期生态环境损害鉴定评估按照 GB/T 39791.1—2020 要求开展，包括工作方案制定、损害调查确认、因果关系分析、损害实物量化、损害价值量化、评估报告编制等流程。

一般生态环境损害鉴定评估不需要分为两个阶段开展，直接按照 GB/T 39791.1—2020 要求开展。

在评估对象方面，突发生态环境事件生态环境损害鉴定评估需要评估人身损害、财产损害、生态环境损害数额、应急处置费用，而一般生态环境损害鉴定评估不涉及人身损害、财产损害和应急处置费用的评估，只需要评估生态环境损害数额。

193．突发生态环境事件应急处置阶段的损害调查应重点调查什么内容？可采用什么方法？

突发生态环境事件应急处置阶段损害调查应对突发生态环境事件的发生发展过程、控制和清理污染的应急处置措施及其成本等进行调查。可采用资料收集、现场踏勘、人员访谈、问卷调查等方式开展。

突发生态环境事件应急处置阶段还应对受影响环境介质（包括水、空气、土壤等）的常规指标和污染物含量、受影响生物的生物量和污染物含量等开展调查。环境介质监测具体要求参照《突发环境事件应急监测技术规范》（HJ 589—2021），生物调查具体要求参照 HJ 710 生物多样性观测系列导则。

此外，突发环境事件应急处置阶段还应对因突发环境事件造成的人员就医治疗、误工或者致死等产生的相关费用以及固定资产、流动资产、农产品和林产品等财产损毁数量和价值等开展调查。人身损害需要有专业医疗或鉴定机构出具的鉴定意见，或者相关政府部门出具的正式文件。财产损害具体数量应通过现场调查、测量等方式方法进行核定。

194．突发生态环境事件人身损害包括哪些内容？如何评估？

突发生态环境事件人身损害费用指在应急处置阶段可以确定的、因突发生态环境事件污染造成的人员就医治疗、误工、致残或者致死产生的相关费用。人身损害需要有专业医疗或鉴定机构出具的鉴定意见，或者相关政府部门出具的正式文件。

就医治疗的：人身损害费用=医疗费+误工费+护理费+交通费+住宿费+住院伙食补助费+营养费+其他。

致残的：人身损害费用=医疗费+误工费+护理费+交通费+住宿费+住院伙食补助费+营养费+残疾赔偿金+残疾辅助器具费+被扶养人生活费+后续康复费+后续护理费+后续治疗费+其他。

致死的：人身损害费用=医疗费+误工费+护理费+交通费+住宿费+住院伙食补助费+营养费+丧葬费+被抚养人生活费+死亡赔偿金+亲属办理丧葬事宜支出的交通费/住宿费/误工费+其他。

以上医疗费、误工费、护理费、交通费、住宿费、住院伙食补助费、营养费、残疾赔偿金、残疾辅助器具费、被抚养人生活费、丧葬费、死亡赔偿金等费用的计算参考《最高人民法院关于审理人身损害赔偿案件适用法律若干问题的解释》，计费标准应符合国家或地方相关规范标准要求。

195．突发生态环境事件财产损害包括哪些内容？如何评估？

财产损害费用指因环境污染或者采取污染处置措施导致的财产损毁、数量或价值减少的费用，包括固定资产、流动资产、农产品和林产品等损害的直接经济价值。

财产损害费用=固定资产损害费用+流动资产损害费用+农产品损害费用+林产品损害费用+其他。

固定资产损害费用=固定资产维修费+固定资产重置费。

流动资产损害费用=流动资产数量×购置时价格–残值，其中残值应由专业技术人员或专业资产评估机构进行定价评估。

农林产品损害费用=农林产品损害总量×（正常产品市场单价–工业原材料市场单价）。

当农林产品质量受损但不影响其作为工业原材料等其他用途时，计算其用途变更后造成的直接经济损失，即计算农林产品本身市场价值与其作为工业原材料对应的价值的差额，作为直接经济损失。

196．突发生态环境事件应急处置费用与应急处置阶段可以确定的生态环境损害的关系是怎样的？

突发环境事件应急处置费用是指突发环境事件应急处置期间，为减轻或消除对公众健康、公私财产和生态环境造成的危害，各级政府与相关单位针对可能或已经发生的突发环境事件而采取的行动和措施所发生的费用。应急处置费用包括污染处置费用、保障工程费用、应急监测费用、人员转移安置费用以及组织指挥和后勤保障费用等。其中污染处置费用是指从源头控制或者减少污染物的排放，以及为防止污染物继续扩散，而采取的清除、转移、存储、处理和处置被污染的环境介质、污染物和回收应急物资等措施所产生的费用。

应急处置阶段可以确定的生态环境损害是指突发生态环境事件对生态环境造成损害、不能在应急处置阶段恢复至基线水平、需要对生态环境进行修复或恢复且修复或恢复方案及其实施费用在环境损害评估规定期限内可以明确的生态环境损害。这部分生态环境损害费用根据修复或恢复方案的实际实施费用计算。环境介质中的污染物浓度恢复至基线水平、在没有产生期间损害情况下的生态环境损害量化费用以及后期预估的修复费用，不包含在内。需要对生态环境进行修复或恢复，但修复或恢复方案不能在应急处置阶段生态环境损害评估规定期限内完成的修复或恢复费用，不包含在内。

两者是并列的关系。

197．突发生态环境事件损害评估是否可以由责任主体自行开展？

根据《突发生态环境事件应急处置阶段直接经济损失评估工作程序规定》（环应急〔2020〕28号）的规定，各级生态环境部门应当在本级人民政府的统一部署下，组织开展突发生态环境事件应急处置阶段直接经济损失评估工作。跨行政区域的突发生态环境事件应急处置阶段直接经济损失评估工作，由共同上级人民政府生态环境部门组织开展，或者协商由一个区域牵头组织开展。生态环境部门可以组织突发生态环境事件的责任方、受影响方等相关单位开展应急处置阶段直接经济损失评估工作，并做好相关协调和监督工作。组织开展评估的单位可以委托有技术能力的第三方机构开展评估工作。

在地方的实际工作中，对于一般突发环境事件等影响范围小、评估工作简单的事件，可以由评估工作责任主体自行开展直接经济损失评估。

198．直接经济损失评估应什么时候启动？对于完成时限有何要求？

根据《中华人民共和国环境保护法》第四十七条及《突发生态环境事件应急处置阶段直接经济损失评估工作程序规定》（环应急〔2020〕28 号）的规定，各级生态环境部门可以在突发生态环境事件应急处置期间组织开展与评估相关的资料数据收集等前期准备工作，为了保证数据的有效性，特地做了这个规定。应急处置工作结束后，应当立即组织开展评估工作，并于 30 个工作日内完成。情况特别复杂的，可以延长 30 个工作日。

199．突发生态环境事件发生后，如果企业主动开展应急处置和治理修复，相关费用是否纳入损害中？

根据《突发生态环境事件应急处置阶段直接经济损失核定细则》（环应急〔2020〕28 号）的规定，突发生态环境事件责任方为保护公众健康、公私财产和生态环境，减轻或者消除危害主动支出的应急处置费用，不计入直接经济损失。但这个主动支出是指政府启动响应之前企业开展的先期处置工作的实际支出，不包括应急响应之后企业的支出。

根据《关于推进生态环境损害赔偿制度改革若干具体问题的意见》（环法规〔2020〕44 号）的规定，主动开展应急处置和治理修复的企业，责任可以减免，具体说明见问题 28。

200．如何对应急处置费用的逻辑性进行检验？

对于同一突发生态环境事件，不同单位、不同地区填报的损失和费用数据要符合逻辑，具体包括：

（1）同类型损失和费用单价的差异要控制在合理范围内，根据实际调查或者历史相关数据，以上下浮动在 1 倍以内视为合理。

（2）因突发生态环境事件发生造成的材料、交通、人工等价格上涨，以不高于市场价 1 倍视为合理。

（3）由其他突发事件次生突发生态环境事件的情况，应当明确原生事件的核定时限和地域范围，避免重复或遗漏核定。